한국의 춤을 찾아서

한국의 춤을 찾아서

초판 1쇄 인쇄   2023년 11월 5일
초판 1쇄 발행   2023년 11월 10일

지은이 | 이찬주 · 전이연

발행인 | 전이연
편집, 디자인, 제작 | 임춘섭
제작지원 | 김지영
표지캘리 | 별하 이지은

발행처 | 한양춤길
등록번호 | 제2014-61호
등록일자 | 2014. 9. 25
주소 | 04976 서울시 광진구 자양로 206 2층
전자우편 | nonumegi@naver.com
홈페이지 | www.hanyangchoomgil.com
전화번호 | 02)2201-3226

이 책은 저작권법에 의해 보호를 받는 저작물이므로, 저자와 출판사의 허락없이
내용의 일부를 인용하거나 발췌하는 것을 금합니다.

값은 뒤표지에 있습니다.
ISBN 979-11-954250-6-8(03600)

한국의 춤을 찾아서

이찬주·전이연 지음

춤이음길

차례

들어가는 글　　　　　　　　　　　　　6

한국춤의 역사　　9

1. 선사　　　　　　　　　　　　　　10
2. 고조선·성읍국가　　　　　　　　　14
3. 삼국·통일신라　　　　　　　　　　27
4. 고려·조선　　　　　　　　　　　　55
5. 근대　　　　　　　　　　　　　　82

한국의 춤을 찾아서 I　　99

1. 살풀이춤　　　　　　　　　　　　100
2. 태평무　　　　　　　　　　　　　128
3. 양주별산대놀이　　　　　　　　　138
4. 범부춤　　　　　　　　　　　　　161

한국의 춤을 찾아서 II　　191

1. 승무　　　　　　　　　　　　　　192
2. 충청도 앉은굿　　　　　　　　　　223
3. 안성남사당패놀이　　　　　　　　267
4. 풍월도　　　　　　　　　　　　　279

한국창작춤   301

1. 한국춤의 유형   302
2. 한국창작춤의 태동   310
3. 한국창작춤 40주년 좌담   313

부록   323

한국춤의 저작권 문제   324
참고 문헌   327
한국무용의 예맥   333

들어가는 글

춤의 역사는 인간의 역사와 맞물려 시작되었다고 할 수 있으며, 인간이 삶과 생활 속에서 생성시킨 춤은 역사 속에서 끊임없이 변화하고 발전되었다. 인간은 본질적으로 자기 자신을 파악하기 위해 끊임없이 노력하는 존재이다. 몸을 움직여 현실의 대상을 발견하고 춤을 만들어 내며 인간 존재의 본질을 발견하고 그 안에서 삶의 의미를 찾아낸다.

춤은 시대에 따라 바뀌어 왔는데, 그것은 개인적인 것을 넘어 개인과 세계를 맺어 주는 매체로서 사회적·역사적 사건 속에 전개되었다. 이에 제1장은 인간이 환경에 지배되는 선사 시대로 시작한다. 자연현상에 따른 욕구를 날 것 그대로의 열광적인 율동으로 표현하고 생활환경에서의 인간의 심리를 표현한 원초적 형태의 춤이 생겨난 때이다. 그리고 고조선의 성립 이후 성읍국가, 삼국 시대까지의 고대, 고려 시대인 중세, 조선 시대를 거쳐 근대와 오늘날까지로 구분하여 살펴보았다.

제2장과 3장에는 한국 전통춤의 정수(精髓)로 불리는 살풀이춤, 승무, 태평무를 담았다. 이 춤들은 미학적인 관점에서 예술성이 뛰어난 춤으로 높게 평가되고 있다. 춤의 역사와 유래 및 춤과 관련된 문헌의 기록의 내용, 춤을 추는 데 필요한 무복과 무구, 동작의 춤사위의 변화과정을 짚어 보았다.

더불어 경기 지역을 중심으로 행해진 〈양주별산대놀이〉, 〈안성남사당패놀이〉, 충청도 문화권을 중심으로 자리 잡은 〈앉은굿〉을 만나 본다. 지리적으로 경남의 중심인 밀양의 〈범부춤〉은 풍년을 기원하고 농민을 위로하며 작업 능률을 향상시킨 춤이다. '한양교방굿거리춤'의 〈풍월도〉는 교방춤 기법과 궁중무용, 궁중춤등이 어우러진 현시대의 전통춤으로 두 춤을 살펴본다.

제4장에서 다룬 유형은 창작 활동을 지배하는 정신적 원리가 서로 다름에

따라 구분되는 예술 및 예술가의 근본 유형이다. 유형은 서로 다른 역사적 조건 가운데 특정한 주제나 개념들이 대상이나 사건들의 어떠한 형태로 표현되는가의 과정을 조망하는 것으로 유형은 예술을 이해하는 중요한 조건이 되기도 한다. 또한 춤계에서 '한국창작춤'이 한 예술 장르로서 40년 정도 지속되었다. 이는 새롭게 융기되는 역사를 만든 것으로 이 장르는 여전히 진화하고 있다.

부록에는 한국춤의 계보와 저작권 문제에 대해 담았다. 한국춤의 계보는 춤의 맥(脈)을 파악할 수 있는 계기를 마련하는데, 흥미로운 변화는 춤꾼들의 예맥이 지역에도 서서히 뿌리를 내리고 있다는 점이다. 한국춤의 저작권 문제는 이매방류 〈삼고무〉와 최종실류 〈소고춤〉을 중심으로 다뤘다. 4년간의 법적 분쟁에서 이매방의 유족이 승소하였다. 창작자의 춤이 온전히 지켜지게 된 것은 다행스러운 일이지만, 문제는 저작권 등록으로 인해 그 춤이 널리 무대에 오르는 데 있어 어려움에 직면한다는 점이다.

춤은 늘 새로움을 추구하기에 여러 작업을 해 왔지만 그렇게 지나온 과정에서 많은 한국춤 역사 관련 책들이 쌓여 갔다. 이 책은 오랜 기간 절판되거나 생애사, 교육사, 창작사, 비평사를 중심으로 썼던 책에서 춤의 역사로 연구했던 부분들을 골라 책에 담았고 중간중간 새롭게 쓴 글들을 추가한 것이다.

젊은 시절 일찍이 무지(無知)에서 발표했던 글들이 발판이 되어 지혜를 보태며 여전히 배워 나간다는 것을 느낀다. 춤의 역사 속에는 우리가 잃어버릴 수 있는 것이 지닌 가치가 크다는 생각이 든다. 이 글이 춤 예술을 견고히 재확립하고 춤 예술의 가치를 보존하는 데 조금이라도 일조하기를 바라는 마음이다.

2023년 11월
이찬주 · 전이연

제1장

한국춤의 역사

1. 선사

　인간은 초기에 몸짓으로 생각을 전달하다가, 차츰 어떤 의례를 통해 기쁠 때도 슬플 때도 춤으로 감정을 표현하게 되었다. 자연에서 얻은 소의 꼬리, 나뭇가지, 나뭇잎 등의 도구들을 손에 들고 춤을 추었다. 도구를 사용한 춤의 증거는 대략 후기 구석기 시대의 동굴벽화에서 확인된다. 프랑스에 있는 라스코(Lascaux) 동굴, 페슈 메를(pech-Merle) 벽화,[1] 레 트루아 프레르(Les Trois Frères) 벽화, 그리고 불가리아의 마구라(Magura) 동굴벽화 등에서 살펴볼 수 있다. 세계 각지의 동굴벽화들은 삶의 기억에 대한 표상을 형상화한 놀이로써 새겨지는 한편, 선사 시대에는 주술적인 의식이 내포되어 있기도 했다.

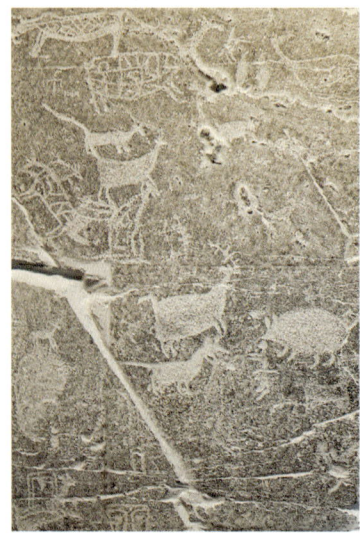

울주반구대 ⓒ 이찬주

---

1) 1922년 발견된 프랑스의 로트주(州)에 있는 페슈 메를(pech-Merle) 동굴 벽화 구석시 유적, 프랑스의 레모지(M.Lémozi)가 조사발굴

선사 시대는 인간이 환경에 지배되는 시대였다. 인간은 자연현상에 따른 욕구를 날것 그대로의 열광적인 율동으로 표현하기도 하고, 때론 그러한 움직임을 통하여 황홀경의 상태에 도달하기도 하였다. 이는 동물의 행위나 자연, 그리고 신의 위력 등을 모방한 춤으로 생활환경에서의 인간 심리를 표현한 것이다. 환경이 원초적 형태의 춤이 생겨나는 데 역할을 하였을 것으로 짐작된다.

모방춤은 아름다운 신체의 동작을 우아하게 표현하거나 신체를 왜곡하는 추한 동작을 따라 하는 것에서 시작되었다. 신체 일부분을 일부러 흔들어 대는 것과 같은 춤의 형태도 볼 수 있다. 모방춤에서 인간이 동물의 특징적인 움직임을 정확히 파악하고 있었으리라 여겨진다.

초기 구석기 시대에 인간의 춤은 다소 발전하게 되는데, 예를 들어 땅바닥에 구른다든가 손뼉을 친다든가 머리를 흔든다든가 껑충껑충 뛰어오른다든가 하는 몸짓을 했다. 제르멘느 프레뒤모『무용의 역사』에는 세 명의 사람이 각기 다른 동물의 가죽을 뒤집어쓰고 껑충껑충 뛰며 춤을 춘다. 맨 왼편부터 반 사슴, 반 들소, 반 영양 순이다. 이들은 비슷해 보이면서도 다르다. 사슴은 앞쪽으로 뛰어오르고, 영양은 아주 높이 뛰는 모습을 볼 수 있듯이 미세한 부분도 잘 살리고 있다.[2]

동물의 동작을 모방하는 모방춤 외에 이성의 관심을 끌기 위한 성애의 몸짓도 등장했다. 그 외 엑스터시적인 발작 춤, 에로틱한 남근숭배 춤, 달을 숭배하는 춤 등 상징적인 것과 비상징적인 형태를 몸으로 표현하기도 하였다.

이러한 춤은 무질서하며 아무런 장식이 없는 자연 그대로의 모습에서 순차적으로 질서가 생겨나면서 다양한 춤으로 변화하였다. 사냥으로 먹을 것을 얻었던 시대이니만큼 그에 따라 수렵무용이 발전했다. 사냥에 나서기 전에 부락에서 신에게 기원하고, 사냥을 하는 장소에서도 많은 사냥감을 얻게 해 달라고 기원하며 춤을 춘다. 사냥을 마치고 돌아

---

2) 제르멘느 프뤼모『무용의 역사』양선희역 삼신각 1990 p71

와 신에게 감사하고 가족에게 사냥의 상황을 보고하며 축하의 춤을 춘다. 한편 외부 세력에 대한 방어를 스스로 해야 하므로 다른 부족과의 전투에서 이기도록 신에게 기원하며 열렬히 춤을 추었다. 이것이 전투 무용이 되었다.

원시 사회에서는 특정 집단이나 인물에게 종교적으로 연결될 수 있었던 야생 동물이나 식물 등을 숭배했다. 이러한 대상을 '토템(totem)'이라고 하는데 죽은 사람, 동식물, 자연물의 영혼을 신성한 것으로 숭배하였고 이에 맞추어 영혼이나 정령을 모시는 행사가 행해졌다. 이와 같은 숭배하는 춤, 정령으로 가장한 춤은 유적지에서 발견된 동물을 본떠 만든 토템들을 통해 알 수 있다.

주물숭배는 이들이 숭배하는 대상의 상징을 만들어 주물의 제를 지내면서 원하는 바가 이루어지기를 바라는 기원이 깃든 춤으로 표현되었다. 때론 미움의 악감정을 담은 기원이 되기도 했다. 춤에는 광적인 열렬함이 가해졌고, 종교적인 기원을 넘어 주술로 변형되기도 하였다.

수렵과 채집을 하던 구석기 시대를 지나 인류는 신석기 시대에 이르러 농경을 하게 된다. 파종과 수확을 축하하는 행사를 열었으며 가뭄이 계속되면 기우제도 지냈다. 기원을 목적으로 하는 춤과 작업 행사를 중심으로 하는 춤, 신에게 감사하고 축하하는 춤 등이 생겨났다.

농경무용 시대에 접어들면서 춤에 대한 여성의 참여가 늘어났다. 이전에도 감정 표현을 몸짓으로 나타내거나 신에 대한 기원과 감사 표현에 남녀 구별이 없었다. 스페인 동부 지역에서 뻗어 나간 이베리아반도 동부 지중해 연안에 분포하고 있는 암각화 유적에서 춤추는 여성의 모습이 그려져 있다는 점에서 그 근거를 찾을 수 있다. 농경 생활을 영위하면서부터 여성의 역할이 보다 커졌음을 벽화 등에서 발견할 수 있다.

선사 시대 춤에서 거론할 수 있는 형식으로는 어떠한 것이 있을까? 이는 원형으로 추는 윤무(輪舞)로, 가장 오래된 춤 형식이다. 고대 브라질 카잉강족(Caingang) 등의 전설에서 이러한 풍습을 발견할 수 있다. 이는 넓은 공간이 있어서 함께 춤을 출 수 있는 공간 개념에서 만들어진 것으로 보인다. 부족의 일체감을 위해 형성되었다고 볼 수 있다. 그들은 하나의 발걸음, 하나의 몸짓, 하나의 움직임을 행하며 집단을 이루어 춤을 추는 가운데 서로의 손을 맞잡게 되면서 춤이 지닌 신비로운 친화력에 이끌려 단결을 꾀했을 것으로 유추된다.[3]

윤무는 횃불이나 모닥불 주위 또는 땅에 파 놓은 구덩이 주위를 돌며 춤을 추는 것인데, 이는 인간의 감정을 뿜어내는 생동적인 춤 형태로서 세계적으로 윤무가 활발히 자리 잡은 이유가 될 것이다. 궁극적으로 선사 시대에는 자연현상과 척박한 환경에서 원초적 본질에 가까운 감정 표현의 다양한 춤이 있었고, 이러한 기능을 수행하면서 즐거움을 찾고 삶의 가치를 구현하였다.

윤무 (An invocatory round)

---

3) 이찬주 『춤예술과 미학』 금광출판 2007 p12

2. 고조선·성읍국가

1) 고조선의 춤

한반도 최초의 고대국가는 단군왕검이 세웠다고 전해지는 조선(朝鮮, 기원전2333?~기원전 108)이다. 이성계가 건국한 조선과 구별하기 위해 '고조선(古朝鮮)'이라 부른다. 대한민국의 역사학계는 일반적으로 고조선을 고대국가라고 한다.[4]

『삼국유사』에 의하면 단군에 의해 건국된 고조선은 청동문화를 가지고 만주, 한반도, 중국의 산동반도 등 넓은 지역에 정착하여 오늘날의 한민족을 형성한 것이다. 고고학계에서는 무문토기(무늬 없는 토기)를 사용한 알타이족이 한국인의 조상이라고 본다.[5]

환웅천왕이 천상의 무리 3천 명을 거느리고 신단수(神檀樹) 아래 강림하였고, 곰이 사람으로 화한 웅녀와 혼인하여 낳은 아들이 단군왕검(檀君王儉)이다. 사학자들은 단군은 제사장, 왕검은 군왕의 뜻이 내포되어 있는 말로 해석한다.[6] 즉 제정일치로서 단군왕검은 제사장과 통치자의 역할을 겸하여 신권통치를 행하였다는 것이다. 고조선은 청동기 시대와 철기 시대를 거치며 여러 부족국가를 합하여 부족 연맹체를 이루면

---

4) 한영우 외, 한국사특강위원회『한국사특강』서울대학교 출판부 2006 p40 농업 경제와 청동기문화를 영위한 이래로 한반도와 중·남부 만주 지역 각지에서 새로운 정치적인 움직임이 서서히 태동하는 가운데서 가장 먼저 역사의 무대에 두각을 나타낸 것이 조선이다. 고조선[古朝鮮] (한국민족문화대백과, 한국학중앙연구원)/기원전 7세기의 현존하는 중국 문헌에서 조선이라는 국호가 처음으로 등장하였다.
5) 고조선의 특징적인 청동기인 요령식 동검은 몸체가 비파를 악기를 닮아 '비파형 동검' 이라고도 불린다. 전형적인 요령식 동검의 형태는 검몸(劍身) 아랫부분이 폭이 넓고 둥근 비파 모양을 이루며, 좌우 돌기가 뚜렷한 것이 특징이다. 또한 검몸과 자루를 따로 만들어 조합하는 형식으로, 한 몸으로 만드는 중국식 동검과는 차이가 있다. 요령식 동검은 중국 랴오닝 지역을 중심으로 지린(吉林), 한반도 등지에서 출토되고 있다.
6) 이찬주『춤-all that dance』이브출판 2000 p97

서 고대국가를 형성하였다. 평야 주변 구릉지대를 중심으로 목축이나 사냥, 고기잡이, 농사를 지으며 살았던 것으로 추정된다.

단군왕검   ⓒ이찬주

고려 시대 일연이 지은 『삼국유사』와 『위지(魏志)』 동이전(東夷傳)의 조선전(朝鮮傳)에 의하면 신속생활(神俗生活)을 통한 사회생활을 지배했던 것은 그들의 신앙이었다. 자연의 피해를 인간의 힘만으로는 도저히 막을

고인돌 화진포일대   ⓒ이찬주

수 없다는 것을 깨달으면서 거기에는 보이지 않는 정령의 존재가 숨어 있는 것으로 보았다.

그래서 그들은 자연을 경제생활의 주축으로 섬기면서도 한편 공포의 대상으로 여겼다. 자연의 파괴 행위가 신의 노여움의 결과라고 생각한 데서 숭배의 관념이 생겨나고 제사의식이 생기기 시작하였다. 이에 주술과 무축(巫祝)의 의식이 생겨나고 춤을 동반한 가무의식의 출현으로 제의식에 의한 춤 예술이 태동하게 된 것이다.[7]

(1) 영선무(비천무)

고조선 무악의 기록으로는 『주례(周禮)』라는 책이 있는데, 이 책은 12세기경 서주(西周)의 주공(主公)이 편찬한 것으로 여기에는 한민족의 음악과 춤에 관한 내용, 즉 춤추는 사람들의 서열과 인원 수, 춤추는 사람의 신발 등이 기록되어 있다.[8] 그리고 중국 하소강 때에 한국 음악과 춤을 중국에 전하는 자료가 나온다. 고조선 시대에는 악공과 궁녀가 분리되어 있었고 영선무(迎仙舞)라는 춤이 있었는데, 이 춤은 천신숭배사상에서 비롯된 비천무(선녀춤) 또는 신맞이 춤이라고도 불렀다.[9]

〈비천무〉는 동화 속에서 봄직한 선녀의 의상을 연상시킨다. 긴 소맷자락으로 팔을 뿌리며 춤을 추고 어깨 위로 손을 올리고 한 손으로 악기를 두드리기도 한다. 악기와 어우러진 춤 솜씨는 아름다운 움직임에 따라 옷깃의 긴 유려한 곡선을 그리는 장면이 펼쳐질 듯하다.

근래 창작된 〈비천무〉는 이 춤의 뜻풀이처럼 '날 비(飛)'에 '하늘 천(天)'자를 담고 있듯이 새처럼 한 발을 들고 서 있는 모습과 한껏 등을 뒤로 뻗치는 형태라든가 날갯짓을 하는 동작, 원을 그리며 노니는 장면 등이 표현된다.[10] 새가 날아오르는 형태의 움직임을 본떠 만들어 추기

---
7) 정병호 『한국의 전통춤』 집문당 2002 p58
8) 김매자 『한국의 춤』 춤 1978 1월호 p95
9) 이병옥 『한국 무용사 연구1』 도서출판 노리 1996 p71
10) 권순주 『정재만의 창작춤에 내재된 전통적 성향 연구』 숙명여자대학교 전통문화예술 대학원 2004

도 한다. 춤으로 자유로움을 갈망하는 인간의 이상적인 정신세계를 표현한 것으로 보인다.

(2) 지모무

『오경통의(五經通義)』에 "동이지락 지모무 조시생야(東夷之樂 持矛舞 助時生也)"[11]라는 대목이 있는데, 지모무는 병기창을 들고 추었다[12] 하였으며 그 당시의 상황으로 보아 농사와도 관련이 있는 전투무적 성격의 무속의식의 춤이었으리라 짐작된다. 또한 『주례춘관주소(周禮春官註疏)』에는 "동이의 악(樂) 주리(侏離)는 양기를 발생하여 만물을 소생시킨다."라는 말로 '지모무'와 '주리악'은 생산적인 것과 관련해서 연희한 농경 성장의례의 무악인 것으로 추측할 수 있다.[13]

성경린은 『한국전통무용』에서 그 내용과 형태는 알 수 없으나 문헌에 나타나 있는 고조선의 춤으로 지모무(持矛舞)와 영선무를 소개하였다.[14] 이병옥은 이것을 '모무(矛舞)'라고 소개하며, 삼지창을 들고 있는 매사(韎師)의 화보를 인용하여 무기를 사용한 전투적이며 강렬한 춤사위를 지녔을 것으로 여겼다.[15]

중국의 고고학자들이 1993년 상해 북방 연운항 부근에서 고대 동이족의 지석묘에서 제천의식 제단을 발견한다. 암석으로 된 제단에 그림이 새겨져 있는데, 위에는 태양·달·별 등이 그려져 있고, 땅에는 벼와 같은 작물과 양이 있는 가운데 탈을 쓴 사람이 서 있는 것을 볼 수 있다. 이 암석화에 대하여 중국의 고고학자들은 고대 동이족이 천지인의 우주적 철학관을 가졌으며 이들의 제천의식은 하늘에 제사 지낸 농경의식이라 하였다. 중국 무도사에는 서주의 춤 기록인 서주적 사이악무

---

11) [네이버 지식백과] 열선전[列仙傳] 고전해설ZIp 지만지 2009
12) 김매자 『한국무용사』 삼신각 1995
13) 이종숙 『동이지악 지모무에 관한 고찰』 한국공연문화학회 2013
14) 성경린 『한국전통무용』 일지사 1979 p22
15) 이병옥 『한국무용통사』 민속원 2013 pp80-81(장사훈 1977)

표에 동이족의 지모무가 중국으로 수입되었다는 기록이 상세히 나와 있다.

이것은 지모무를 더욱 구체적으로 입증해 주는 자료이다. 지모무는 하늘에 빌고 천신을 맞이하는 농경의 춤으로 고조선의 대표적인 춤이다.[16]

장사훈은 지모무와 영선무가 가진 유풍(遺風)이 현재까지 이어진 강릉별신굿이나 은산별신굿 등의 전신으로 짐작하기도 한다.[17] 제천의식을 주관하며 소도(蘇塗: 솟대)에 방울과 북을 울리면서 신(神)을 섬겼다. 자연스럽게 집단적인 가무(歌舞)를 동반하며 시가(詩歌)와 함께 삼위일체로서 종합예술형태를 갖추었을 것이다.

점차 춤이 사회화의 도구로서 커다란 영향력을 발휘하게 되고 고대의 사회도 생활이 향상되고 이성의 지배를 받게 되면서 자제와 선택을 배우게 되고, 이로 인해 과도한 감정을 억제하려는 경향은 형식의 발달을 만들어 냈을 것이다. 춤 예술이 공적인 삶의 측면에 강하게 작용하고 제의가 축제라는 한 측면을 통해 사회 가치의 통일성으로 작용하게 되면서 춤이 일상 속에서 크게 자리 잡게 된다.

비천무 ⓒ박정자

지모무 매사(韈師)

---

16) 이찬주 『춤, all that dance』 이브출판 2000 p99
17) 이병옥 『한국무용통사』 민속원 2013 pp80-81면(장사훈 1977)

2) 성읍국가의 춤

 삼한은 북방의 개마족이 남하하여 한반도의 남부의 소규모의 부족국가를 형성하고 다시 그 부족국가들이 모여 마한·진한·변한, 이른바 삼한을 이루었다. 이들 부족국가는 각각의 지리적 환경에 따라 다른 양상의 생활을 누렸으나 천신 및 자연신 숭배사상에 있어서는 닮아 있다. 고조선이 멸망하고 여러 부족국가가 병립하고 나서는 농경의식을 중요한 행사로 시행하였는데, 그 시기는 정월이나 5월 파종기 그리고 10월 수확기였다.

 한국의 추석과 서구의 추수감사절이 농사에 기반을 두고 한해의 수확에 감사를 드리는 것처럼 성읍국가의 10월 추수기의 계절제는 가장 성대하게 시행되었다. 이러한 농경적인 제천의식은 부여에서는 '영고', 고구려에서는 '동맹', 마한에서는 '천군', 예에서는 '무천'이라 하였다.[18]

(1) 부여 – 영고 (迎鼓)

 『삼국지』 후한서를 보면 부여에서는 영고라는 공동제가 정월에 있었다.[19] 영고는 오늘날의 무속의식인 '맞이굿', 곧 강릉단오제의 본 제사를 알리는 시작의 제의인 영신제의 원조인 것으로 추측된다. 이러한 공동제를 맞이하면 나라 전체가 떠들썩하게 매일 춤과 노래를 즐겼다. 또한 "유군사역제천(有軍事亦祭天)"이라는 것으로 보아 전쟁이 발생하였을 때도 이러한 천신제를 지낸 것으로 보인다.

 영고제는 무축신사에서 나온 말로 무당을 일러 '단군' 또는 '천군'이라 하였고 무당은 춤을 통해 재물과 복을 주고 재앙을 물러가게끔 하는 역할을 하였다. 영고제의 춤은 분명치 않지만 무당들이 정월에 춤을 추

---

18) 이찬주 『all that dance』 이브출판 2000 p100
19) 이민수 『관혼상제』 을유문화사 1983

는 별신굿과 유사한 일종의 신놀이로 농경의식의 지신밟기 같은 춤이었으리라 여겨진다.

영고(迎鼓)는 신령(神靈)의 계시(啓示)를 담음으로써 '신맞이 북춤', '맞이굿'[20]이라 불리며 '북을 치면서 신내림굿'을 하며 제천의식과 부분적으로 닮아 있었다.

(2) 예 - 무천

예는 『후한서』에 무천제의 기록이 있는데, 항상 10월이 되면 하늘에 제사를 지내고 밤낮으로 술을 마시며 가무하였으며 이것을 무천이라 하였다. 또한 사당을 지어 제사 지내며 신을 만나고 무격을 시켜서 북을 두드리며 춤추고 평안하게 하였는데 이러한 제사를 '도당제'라 하였다. 그것이 어떤 형식의 춤이었는지는 정확하게 알 수 없으나, 하늘에 제사 지내고 술을 마시고 노래를 부르고 춤을 추는 집단적인 춤으로 추정된다.

양주동은 『고가연구(古歌硏究)』에서 무천의 음역어를 '한밝춤'이라 하였고[21] 안호상은 '한얼춤', '한얼맞이춤'이라 하였으나 이 춤도 영고와 마찬가지로 하늘에 대해 춤을 추는 비천무로서 '하늘춤'이라 할 수 있다.

한국 초기의 '한'은 우리가 갖고 있는 일반의 정서인 한(恨)이 아니라 긍정적인 한으로 밝은 한이었다. 한국인은 춤을 통해서 밝음을 지향했는데, 이것은 우리의 춤사위가 홍익인간의 '한' 사상을 내포하고 있기 때문이다.

'한'을 언어학적으로 풀어 보면 하나를 뜻하는 수사이지만, '한'을 명사 앞에 놓으면 여러 가지 개념으로 나타난다.[22] 한국의 역사는 고조선 이래 한밝음과 한얼의 한에서 6·25 전쟁의 고난과 일제치하 등을 겪으

---

20) 양인리우『중국고대 음악사』 1999 p35
21) 양주동『고가연구(古歌硏究)』 박문 출판사 1954
22) 이을호『한 사상의 묘맥』 사사연 1986

며 한의 존재와 사상이 변해 왔다.

이러한 '한'은 역사 속에서 그 자체가 스스로 분화·분립하는 변화운동을 금지할 수 없을 뿐만 아니라 시대에 따라 그 자체가 스스로 분화를 종합하고 분열을 통합하며 통일하는 변화운동으로 보았다.[23]

이와 같이 우리에게 '밝다'라는 말은 굉장히 중요한 의미를 지니는데, 단군 조선 2세인 부루(B.C. 2240년 즉위) 때의 〈어아가〉에서 이를 확인할 수 있다. 〈어아가〉는 활을 쏘는 행위를 흉내 내는 전쟁 춤이다. 마치 활을 쏘듯이 허공에 두 손을 치켜들고 두 손을 번갈아 가며 활시위를 당기듯이 추는 춤이다. 그리고 '어아 어아'의 후렴구가 반복되면서 주술적 몰입성이 가미되었고, 이는 활을 잘 쏘는 우리 동이족의 기본 춤의 형태와도 유사하다.[24]

> 어아 어아 우리 한배검 크신 은덕
> 우리 백전만인 큰 활 되어 무수 과녁 뚫어 내니
> 어아 어아 우리 백천만인 활같이 굳센 마음 배달나라 광영일세
> 백천만년 크신 은덕 한배검 우리 한배검

(3) 고구려 - 동맹

『삼국지』에 고구려는 귀신에게 제사를 드리기 위하여 큰 집을 지어 10월이 되면 하늘에 제사하는 큰 모임을 가졌고 이를 '동맹'이라 하였다. 남녀가 무리 지어 뒤를 따르며 즐겼다는 놀이에 대해 확실히 전해지는 것은 없다. 하지만 오늘날의 농악처럼 남녀가 원을 그리면서 빙빙 도는 종류의 놀이로 추정된다. 부락의 남녀가 밤을 택하여 귀천의 격식에서 벗어나 한자리에 모여 춤을 추었으리라 여겨진다.[25]

---

23) 신정일 『한얼정신전집』 정화사 1981
24) 강미리 『천부경의 한사상으로 시도해 본 우리춤의 새로운 깊이와 넓이』 1999
25) 『위서』「열전」 고구려편에는 "밤에는 남녀가 무리지어 노는데 귀천의 제약이 없다(夜則男女羣聚而戱, 無貴賤之節)"이라는 구절이 있다. (위서 열전 제88)

초기국가 시대에서 이어지는 제의활동으로 제의와 영신, 그리고 장례 후의 의식에서 동이족의 춤 형식인 음주 가무가 행해지며, 이 시기의 춤은 예술성 이전의 실제 생활과 관련된 초기의 춤으로 여겨진다. 동맹은 시조 동명왕(주몽)을 천신으로 섬긴 제천 의식무이다. 역사적으로 원래 동명과 고구려 시조 주몽은 다른 인물이었을 것이지만[26] 문헌 기록만으로는 동명과 주몽의 설화는 같다.[27]

안호산은 동맹은 시조 동명왕의 제천 의식을 '동녘맹세 = 한얼맹세'라고 하였으며 이병옥은 '맹'을 '명'으로 보아 이두문자로 풀어 '새벽춤'으로 보는 견해가 있다. 동명을 시조로 모시는 전통은 부여에서 고구려와 백제에 이르기까지 공통된 현상이었던 것으로 보인다. 동맹은 '단군(檀君)'의 전통과 마찬가지로 하늘에 귀속시키는 종교사회사적 특성을 보여 주고 있다.[28]

『후한서』「동이열전」고구려전에는 "동이들이 서로 전하여 오기를 고구려는 부여의 별종이라 한다. 이러한 까닭으로 언어와 법칙이 부여와 많이 같다(東夷相傳以爲夫餘別種, 故言語法則)고 한다.[29] 풍속 따위는 부여와 같은 점이 많았으나 그들의 기질이나 의복은 다름이 있다(東夷舊語以爲夫餘別種, 言語諸事. 多與夫餘同, 其性氣衣服有異)."라고 적혀 있다. 이런 기록을 토대로 역사학계에서는 영고와 동맹이 제천 행사의 내용에서 그다지 큰 차이가 없다는 해석을 내리고 있다.[30]

10월제는 주몽과 하백녀 두 신에 대한 합동제전으로, 남녀가 무리를 지어 주야로 가무를 했다는 것은 부여, 예와 같이 고구려의 무용 역시 집단 무용의 형태로서 어디까지나 신 중심의 무속 무용이었음을 말해 준다. 이는 현재 농악의 원형으로[31] 보인다.

---

26) 한국민족문화대백과사전 「주몽」
27) 『삼국사기』「고구려본기」 동명성왕
28) 김석근 『고대 국가의 제천의식과 민회』 한국정치연구 제14집 제1호 2005
29) 『삼국지』「위서동이전」 고구려전
30) 『한국무용연구』 30권 3호 p228
31) 김매자, 김영희 『한국무용사』 삼신각 1995 p21

(4) 마한 - 소도

『삼국지』「마한전」에 보면 마한에서는 5월에 곡식을 뿌리고 모두가 모여 춤을 추면서 신에게 제사를 올렸고, 10월의 추수기에 제의식을 가졌다. 이러한 행사에는 소도라 하여 제사지역을 일정하게 정하고 큰 나무에 방울과 북을 매달고 읍에서 각각 한 사람씩을 선출해서 천신에게 제사를 올리게 하였는데, 이 사람들을 천군이라 하였다. 천군, 즉 무당이 주제하는 소도의 풍습은 부락제의 무굿을 연상케 한다.[32]

마한의 5월과 10월의 굿은 분명히 농작에 관한 것이므로 5월에 강릉에서 벌어지는 별신굿 같은 것과 10월에 있는 각지의 도당굿 등이 그 유풍을 보인다.[33]

강릉의 5월 단오축제에서 세 마리의 오리 솟대를 높이 축제를 벌이는 모습은 옛 솟대의식과 연관성이 있음을 보여 준다. 이러한 소도는 시베리아 등지에 퍼져 있는 종교 현상으로 우리의 성황당과 같아서 석적은 돌무더기, 신간은 신목, 조간은 솟대, 목우는 장승으로 이 모두가 신앙의 대상물이다. 이로 미루어 볼 때 소도는 오늘날의 무당굿이나 마을굿에서 신대를 앞세우고 마을 축제를 벌이는 솟대 춤과 연관이 있다고 볼 수 있으며, 영산지방의 농기싸움놀이, 전북 익산지방의 기세배놀이는 상고시대 솟대 춤의 전승으로 볼 수 있다.

(5) 탁무

『한국학 주석 사전』을 보면 탁무의 '목탁'의 "탁은 방울로서, 金鐸(금탁)은 그 전체를 금속으로 만들고 추까지 금속으로 만든 것을 금탁이라 하고, 추를 나무로 만든 것을 목탁이라 하였다. 고대 중국에서는 교령(敎令)을 발(發)할 때 목탁을 쳤다."[34]고 전하며 탁무는 큰 방울을 손에 들고 추는 한대의 무악으로 설명하고 있다.

32) 『삼국지』 마한전
33) 이혜구 『한국음악연구』 1957 p222
34) 황충기 『한국학 주석 사전』 국학자료원 2001 p148

한국에서 실제로 대전 괴정동(지금 서구 내동)에서 1967년 동(銅)으로 만들어진 탁이라는 큰 방울이 2점 발굴되었다. 제작연대는 서기전 4세기로 추정되어 청동기 시대 이후에도 큰 방울이 줄곧 만들어져 온 것으로 보인다.[35]

탁무에 대해서 송방송은 10여 명이 일제히 시작하여 서로 따르면서 땅을 높고 낮게 밟는데 손발이 박자에 잘 맞는다고 하였다.[36] 성경린은 탁무와 비교하여 매우 질서 정연하게 연주되어 서해안 지방의 강강술래를 연상케 한다고 하였다.[37] 전라남도 해안지방에서 연희되어 온 강강술래가 옛 농경사회의 파종과 수확 때 축제에서 행해지던 놀이에서 분화(分化) 발전된 윤무(輪舞)가 아닐까 하는 추측의 견해가 발표되었다.

정병호는 이 춤의 형식에 대하여 『삼국지』「마한전」에 나타난 "서로 따르고 답무하였다."는 구절로 보아 수십 명이 하는 나선적 윤무로서 선도자가 있었으며 힘차게 도약하고 앉았다 일어났다 하면서 손과 발이 서로 응하였다고 보았다. 또한 폈다 굽혔다 하는 연기를 하는 것으로 보아 농악 춤이나 탈춤과 같은 형태라고 보았다.[38]

따라서 민속춤인 농악을 비롯하여 강강술래와 탈춤의 맥은 지신밟기에서 찾아볼 수 있는데, 강강술래는 춤의 안무의 첫 형식인 윤무를 띠며 판굿의 농악의 지신밟기와 비슷한 내용으로 이루어진 것으로 보인다.

한반도 동쪽 강원도 남부와 경상도에 위치한 진한은 노래하고 춤추고 술 마시고 피리 불기를 즐긴다고 하여 풍류스러운 성읍국가였으며, 마한과 진한 사이에 자리한 변한도 제도와 풍습이 비슷하였다.

삼한(三韓)에서는 농사를 시작하는 5월과 10월에 제사의 노래와 춤을 즐기며 놀 때 동탁(銅鐸)이라는 원뿔 모양의 방울을 흔들면서 춤을 췄을

---

[35] 손태룡 『한국음악논전』 영남대학교출판부 2002 p313
[36] 송방송 『한국음악통사』 일조각 1984
[37] 성경린 『한국의무용』 세종대왕기념사업회 2000 p29
[38] 정병호 「한국민속무용의 유형-집단무용을 중심으로」 한국민속학 제8호 1974 pp110-124

것으로 추정된다. 또한 커다란 나무를 세우고 방울과 북을 매달아 귀신을 섬겼다는데, 청동방울이나 북은 신을 부르는 악기라 할 수 있다. 중국 역사서에 삼한의 현악기에 대한 기록이 남아 있는데, "변한과 진한에 슬(瑟)이 있는데 그 모양이 중국의 축(筑)과 같고 연주하는 음악도 있다."고 기록되어 있다.

광주 신창동(마한)과 창원 다호리(변한), 경산 임당동(진한) 유적 등에서는 현을 이용해 연주하는 '슬'로 추정되는 악기가 발견되었다. 오늘날의 가야금처럼 생겼으며 10개의 줄을 매달았던 것이 밝혀졌다. 중국의 현악기는 25줄을 기본으로 하지만 삼한의 현악기는 10줄로 되어 있다. 삼한 사회는 동일한 악기를 바탕으로 비슷한 성격의 제사를 드렸음이 짐작된다.[39]

지금까지의 성읍국가들은 제천의식을 부르는 명칭이 달라 독자성을 띠는 듯 보이나 4월 파종 후와 10월 추수 후에는 두레집단의 축제 춤을 펼치고 남녀노소가 함께 어울리는 혼성 집단 춤이 성행하였다. 성읍국가 춤의 반주 악기는 오늘날 농악기의 초기 형태인 철기악기인 탁(鐸)과 목탁, 북과 같은 타악기를 들고 가락을 치면서 춤을 추는 연주 춤 형태를 갖추었다.

이처럼 국중대회의 제천의식은 숭천경신(崇天敬神) 사상을 기초로 신을 섬기며 재앙을 없애고 복을 비는 무속행사인 굿의 원초적인 형태로, 한국 가무(歌舞)의 발생 동기로 그 기원을 찾을 수 있다. 이들은 취락사회(聚落社會)로서 일탈된 춤의 형태를 취하고 있으며, 음주가무(飮酒歌舞)의 축제 형태로, 수렵제 형식에서 농경제 형식으로 넘어오는 과도기적 제의형식을 보이고 있다.[40]

삼한 시대의 춤은 고조선 시대의 춤과 비슷하나 민중 중심의 축제와 오락 춤이 대두되어 제천의식 때의 춤이 좀 더 부각되었다.[41] 이는 종교

---

39) 이병호 「고대의 악기」 조선일보 2022.11.03.
40) 주은하 『한·중·일 동물모방춤의 비교분석』 단국대학교 2007 p10
41) 이찬주 『춤-all that dance』 이브출판 2000 p103

적인 단순한 기원성에서 축제성이 나타난 복합적인 양상이다.

솟대ⓒ이찬주 (한국전통정원)

3. 삼국·통일신라

1) 삼국 시대의 춤

　삼국 시대 제천행사의 집단무용은 부족국가 시대에서 삼국 시대로 넘어가면서 변화를 겪게 된다. 부족국가들은 원시적 국가체제에서 벗어나 중앙집권적인 국가의 틀을 갖추게 되면서 중국으로부터 유학과 불교를 수용하였다. 기원후 3~4세기 이후 백제와 신라의 기록에서는 국중대회와 집단 무용에 대한 기록이 거의 나타나지 않는다. 춤은 부족국가 시대에는 국중대회 형태로 커졌다가 중앙집권적 국가에서 다시 민속 신앙으로 퍼지는 과정을 겪어 나갔다고 볼 수 있다.

(1) 고구려의 춤

　고구려는 오랫동안 한족의 적개심에 찬 군중과 일치단결하여 고조선의 위세를 찾고자 노력하였다. 4세기 이후 광개토왕과 장수왕은 남하정책을 펴서 수도를 통구에서 평양으로 옮기고, 만주에 요하 이동(以東)과 한반도 경상·전라·충남을 제외한 전 지역을 점유한 큰 국가가 되었다.
　고구려는 이러한 지리적 위치로 인하여 백제와 신라보다 여러 선진문화와의 접촉이 많았다. 낙랑문화를 비롯한 중국계·인도계·북방계 문화를 받아들여 남쪽으로 전파하는 선구적 역할을 하였다. 소수림왕 2년에는 전진으로부터 불교를 받아들여 동방 불교의 시초를 열었다. 또한 유학·천문·의학 등도 받아들여 귀족 자제의 교육을 위한 태학을 세우고 율령을 반포하였다.

앞서 언급한 고구려의 제천의식으로 10월에 거행되던 동맹은 천신에 대한 감사와 기원의 추수감사제로서 조상신인 수신을 함께 모시는 거룩한 행사였다. 이 밖에도 성신과 사직신에게 각각 제사를 지냈다.[42] 고구려 춤에 관한 기록을 전해 준 자료는 바로 고구려 고분에 있는 벽화이다. 고분벽화에 나타난 춤사위와 무복, 인원수, 반주 악기 등에서 구체적이고 사실적인 모습을 살펴볼 수 있다.[43]

안악 제3호분 〈무용총〉에는 주인공의 수레를 중심으로 하여 그 전방에는 행렬 사령관인 듯한 말을 탄 관원이 좌우 위병 사이에 앞장을 서서 나아간다. 그 뒤로 주인이 탄 말과 마부가 있고, 검무를 추는 자와 불자를 가진 여령과 말을 탄 관원들이 섰으며, 수레 뒤에는 여령과 말을 탄 관원과 의장 기수와 악대들이 서 있고 활을 가진 사람이 있다.[44] 검을 들고 행진하며 춤을 추고 있다.[45] 고분의 후실 동벽의 무용도를 보면 거문고, 월금, 통소를 부는 악사들이 있고 그 앞에는 춤꾼으로 보이는 인물이 춤을 추고 있다.[46]

최무장의 『고고학보』에는 "야외에 7명이 한 줄로 서 있는 남녀 가수의 노래 속에 긴소매가 달린 아름다운 웃옷과 통이 큰 아름다운 바지를 입은 4명의 남자와 긴소매가 달린 옷깃 치마를 입은 2명의 여자가 사바무를 추고 있다. 춤추는 대열은 정돈되어 있다가 또 변화한다. 3명의 남자 중간에 2명의 여자가 끼여서 전후로 1행을 이루고 좌측 전방은 1단의 거리를 유지하고 있다. 다른 하나의 남자 대열은 마주 보며 춤을 추는데 마치 영무처럼 보이고 또는 시범을 보여 주는 것 같다. 모든 사람이 같은 동작으로 팔을 뒤로 뻗어 긴소매가 축 늘어진 채로 앞으로 걸어간다. 획일적인 춤의 모습은 질서 정연히 나는 기러기 떼와 같고 거

---

42) 이찬주 『춤-all that dance』 이브출판 2000 p104
43) 정병호 『한국의 전통춤』 집문당 2002 p66
44) 안악제3호분 보고서 1958 p23
45) 이찬주 『춤-all that dance』 이브출판 2000 p105
46) 이병옥 『한국무용사연구1』 노리 1996 p104

기에 음률감이 첨가되어 잘 훈련된 무대인을 연상하여 준다."⁴⁷⁾ 고구려 군무의 한 장면이다.

무용총의 벽화에 한 줄로 선 춤꾼들 맨 앞에서 춤추는 사람의 머리에 꽃이 꽂혀 있다. 이는 권력자 내지는 선비로 보이며 그 뒤를 따라 춤추는 사람들은 남녀 궁중예술가로 보인다. 따라서 이 그림은 궁중에서 행한 회연(會宴)의 한 장면으로 볼 수 있다. 이 춤은 한삼으로 추는 광수무로 추측된다. 14인이 연출하는 가무에 시종을 거느리고 엄숙한 자태로 말을 타고 있는 한 명의 모습이 발견된다. 말을 타고 가무를 관람하는 귀족은 바로 이 고분의 주인공이라 할 수 있으며, 이 장면은 묘주가 생전에 활동한 장면이라 여겨진다. 이를 통해 고구려는 기악과 노래와 춤이 각각 분리되었고 전문인에 의하여 연희되었음을 알 수 있다.⁴⁸⁾

또 다른 한 폭의 벽화는 5세기 중엽에 해당하는 장천 1호이다. 앞서 말한 벽화와 춤은 비슷하나 규모가 크다. 고구려 고분벽화 중 대부분이 독무와 2인무이다. 5세기 중엽의 마천구 1호 묘에는 묘실 남벽 동단에 2인 남자의 춤이 있다.⁴⁹⁾ 통구 제12호 고분 역시 5세기 고구려 고분인데, 남북 2개의 묘실로 나뉘어 있다. 이 남자 춤꾼의 전면에 벽화가 파손되어 분명하지는 않지만 희미하게 긴치마를 입은 여자의 모습이 보인다. 이것으로 추정하여 보면 원래 묘사한 것은 남녀 합장의 쌍인무라 할 수 있다.

장천 1호 고분 전실 북벽 중부에 독무도의 독무자 뒤에 3인이 서 있다. 좌측에 1남 1녀가 대치되게 서 있고 남자의 오른손은 내리고 왼손에 한 가지의 연꽃을 들고 있는데, 꽃의 줄기가 가슴 앞에 매여 있고 그 여자의 뒤에 다른 여자가 금(琴)을 안고 서 있다. 금을 안은 여자는 반주자이며 남녀는 춤꾼이라 할 수 있다. 또 남녀가 들고 있는 연꽃은 모두 춤 도구이다. 다만 그림 중 가장 주목을 끄는 것은 등장하는 여자의 얼

---

47) 최무장 「집안고구려고분벽화중의 무용」 『고고학보』 한국고고학보 제19집 1980
48) 이병옥 『한국무용사연구1』 노리 1996 p108
49) 정병호 『한국의 전통춤』 집문당 2002 p68

굴에 연지를 바르고 이마 중간에 소홍색의 점(곤지)을 칠했다는 점이다. 고구려 벽화 인물 중에 부녀가 연지를 바르는 것은 결코 드문 일은 아니지만, 앞이마에 붉은 점을 칠한 화장은 드문 예로 일종의 전문적인 연출에 첨가된 장식으로 여겨진다. 이러한 붉은 점의 화장을 한 인물은 고구려 무용도 가운데 유일하다.[50]

통구 12호 고분의 남실 서벽 우측 벽면에는 남자 독무가 그려져 있다. 무용수는 노랑 바탕에 검은 꽃무늬가 있는 저고리와 파란 바탕에 검은 꽃무늬가 있는 바지를 입었다. 왼발은 땅을 밟고 오른발은 뒤로 쳐든 상태에서 두 팔은 앞으로 나란히 뻗어 손바닥을 두드리는 자세이다.[51]

고구려벽화에는 당시 전문춤꾼이 있었고 귀족 정원 내에서 가무를 연출하는데, 그 인원이 일반적으로 10여 명 정도 된다. 이는 공연 형태의 춤으로 발달하고 있었음을 암시한다.[52]

현재 문헌에서만 살펴볼 수 있는 고구려의 호선무가 있다. 그 배경은 수나라와 당나라가 중원을 통일시킨 후에 국경 밖 변방 국가들의 음악

무용총 후실 동벽의 소매춤

---

50) 정병호 『한국의 전통춤』 집문당 2002 p69
51) 전호태 「고구려 고분 벽화-고구려 특별 대전」 KBS한국방송공사 1994 p83
52) 이찬주 『춤-all that dance』 이브출판 2000 p107

과 춤을 모아서 당나라 황실 연회장에서 공연하게 했는데, 호선무는 고구려 춤으로 추어졌고 당나라 시인 백낙천에 의해서 불후의 작품으로

호선무

평가받았다고 전해진다.

고구려 춤을 기록한 『신당서(新唐書)』에는 고구려 춤 호선무(胡旋舞)에 대해 "바람처럼 빠르게 도는 것으로 한 무녀가 공 위에 뛰어올라 몸을 풍운과 같이 비상하여 그 율동이 비할 데 없이 날쌨다."고 적고 있다.[53] 이는 조그만 원형 양탄자 위에 떠서 빨리 회전하는 동작을 위주로 하는 춤을 묘사한 것이다. 공을 이용해서 추던 이 춤은 고구려 외에 백제에서도 추었다. 고구려나 백제의 호선무는 남북조 시대에 중국에 전해졌다.[54] 공 위에 서서 바람처럼 돌아가는 모습의 기예적 호선무이다.[55]

또한 지서무는 조용하고 섬세한 것이 특징이며 일부 문헌에 따르면, 이 춤 또한 당나라 궁정에서 연회되었다고 한다. 지서무는 현재 춤추는 방식과 형식이 전해지지는 않지만 최남선은 '짓'이란 말의 어원일 것으로 추정하였으며, 『삼국사기』 원문에 "악공인은 자줏빛 비단모자에 새

---

53) 『신당서(新唐書)』 「예악지」 高句麗之舞蹈是何善木, 其旋转速度与風一样快. 고구려의 춤은 호선무인데 바람처럼 빠르게 돈다.
54) 한민족백과사전 「호선무」
55) 이종숙 「고구려 호선무와 강국 호선녀무의 이원성 고찰」 『한국무용사학』 6, 2007

깃을 장식하고 노란 빛깔의 큰 소매에 자줏빛의 비단 띠를 하고 몹시 넓은 바지를 입고 붉은 가죽신에 오색 끈을 매었다. 춤추는 사람은 넷으로 머리를 뒤로 뭉치고 붉은 수건으로 머리를 동이고 금사슬로 장식한다. 두 사람은 노란 치마저고리에 붉고 노란 바지를 입고, 다른 두 사람은 붉고 노란 치마저고리를 착용하는데 그 소매는 몹시 길고 적피화(赤皮靴)를 신고 짝을 지어 나란히 서서 춤춘다."라고 전해지고 있다. '지서무(芝栖舞)'는 '지서가'라는 음악에 맞추어 추는 춤으로 알려진다.

주국의 당나라 시인인 이태백은 『해동역사』에서 시를 지어 고구려의 춤을 표현하였다.

금화 절풍모를 쓰고 / 백마로 더디 도네
펄렁이는 넓은 소매 / 해동새가 온 듯하이

이 시에서는 고구려무의 춤은 넓고 긴 소매를 휘날리면서 춤추는 모습이 마침 해동새가 하늘을 나는 것 같다고 표현하였다.

고구려 춤의 복장은 소매가 상당히 긴 옷이다. 중국 중원 한족의 춤 복장과도 비슷한데 이러한 사실은 고대 중국과 고구려 사이에 춤 예술 방면에서 서로 접촉이 있었음을 뜻한다. 고구려 춤의 선명한 특징은 긴 소매를 흔들면서 추는 춤이라는 점이다. 길게 늘어뜨린 소매가 달린 의상을 입고 추어서 '소매춤'이라고도 하는데 춤사위는 긴 소맷자락을 뿌리면서 춤을 추는 광수무를 연상시킨다.

(2) 백제의 춤

백제는 주변 여러 나라와 교류하면서 국제적 입지를 다졌다. 일찍부터 바닷길을 개척해 중국 여러 왕조의 다양한 문물을 수입한 후, 이를 바탕으로 문화 수준을 높이면서 독창적인 모습으로 발전시켰다. 동진을 비롯한 남조로부터 도자기와 함께 벽돌무덤과 같은 양식도 받아들였다. 백제는 이웃한 신라와 가야, 왜와도 서로 문화를 주고받으며 동아시아 문화 발전에 중요한 역할을 했다. 특히 왜에 불교를 전하고 학자와 기술자를 파견하는 등 일본 고대 아스카 문화가 성립하는 데 커다란 영향을 끼쳤다.[56]

백제는 기원 전후, 부여에서 갈라져 나온 이주민들이 토착 세력과 결합하여 한강 유역에 세운 나라다. 한성(지금의 서울)에 도읍을 정하고 점차 마한의 여러 소국을 통합하면서 고대 국가로 성장했다. 그 후 웅진(지금의 공주), 사비(지금의 부여)로 수도를 옮기면서 독창적인 백제 문화를 꽃피웠다. 한성 시기에는 국가 조직을 정비하고 왕권 중심의 고대 국가 토대를 갖춰 나갔다. 이를 바탕으로 3세기에는 마한의 여러 나라를 대표하는 국가가 되었고, 4세기에는 영토도 넓어지고 국제적 지위도 올라갔다.

백제는 삼국 중에 가장 비옥한 경기도 한강 이남으로부터 충청도, 전라도에 위치하여 농경문화가 높은 수준으로 발달하였다. 또한 백제는 중국 북방문화를 수입한 고구려와는 달리 중국 남조문화를 수용하여 섬세하고 온후하며 아담하고 이지적인 예술을 만들어 냈다. 이는 중국의 남쪽이나 백제의 기후가 따뜻하고 온화한 풍토의 영향으로 보인다.

백제는 마한에 속해 있던 지역을 통치하였기 때문에 삼한의 옛 습속이었던 5월 파종과 10월 추수가 끝나면 천지에 제사하고 주야 무휴로 음주·가무하는 풍습이 오늘날의 충청·전라도 지방의 별신굿, 두레굿 등에서 그대로 전승되고 있음을 알 수 있다.

백제 춤에 관한 기록과 자료는 고구려 춤에 비해 매우 적다. 『일본서기』에 소개된 백제 악을 보면, 고구려 악과 같이 악사 4인 중에는 황적·공후·막목·무의 역할별로 되어 있어 악사에는 따로 춤꾼이 곁들여져 있음을 알 수 있다.[57] 아울러 백제 악사들이 가르쳤던 악은 춤을 수반한 까닭에 고취와 같은 의식무악이 아니라 궁중에서 연행된 향연무악이라

---

56) 국립중앙박물관 「백제」
57) 고려악절 4인 백제악절 『일본서기』 권17 809

볼 수 있다.

　일본에 전해진 삼한 악 중에서 백제무악이 554년 이전부터 가장 먼저 일본에 전해졌으며 무악의 내용도 백제 본국의 여러 지방의 민속무였다.

　문헌에 보이는 백제 춤의 탁무는 지금의 농악의 형태와 비슷하다. 중국의 기록에도 "백제에서는 5월, 10월에 후위(後魏) 이후의 연악과 같은 탁무를 추었다."고 하였다.

　또한 5월 파종과 10월 추수에 농제를 지냈는데 그것을 '소도제'라 하였다. 매일 밤낮으로 음주가무(대동춤)로써 지내는 천제를 겸한 부족적 제전으로 일종의 계절제로 농경 의례적인 행사였다. 따라서 오늘날의 은산 별신굿과 도당굿으로 전승되었다고 보인다. 여러 사람이 타악기를 들고 발을 맞추어 함께 춤추었다는 풍속은 농악 또는 두레로 풍년을 기원하는 군무였으리라 생각된다. 그러므로 백제 시대에는 민속춤인 대동 춤, 즉 농악, 탈 춤, 소리춤(강강술래) 등이 성읍국가 시대보다 형식을 갖추어 연희되었을 것으로 추측된다.[58]

　백제에 있어 춤 역사상 가장 두드러진 흔적은 이 땅과 일본에 가면무극을 심어 넣은 사실이다. 일본 악서인 『악가록』에 백제인이 서기 554년에 백제악을 전하였다고 하였고, 서기 612년 백제 무왕 13년에 백제인이 기악무를 일본에 전하였다는 기록이 있다.[59]

　미마지(味摩之)라는 인물은 백제 무왕 때의 춤꾼이다. 미마지는 612년에, 중국 오(吳)나라에서 기악무를 익히고 돌아와 일본으로 건너가 이를 전했다. 탈춤의 일종인 가면극을 일본에 전해 준 백제의 예인(藝人)으로 일본의 전통 가면극인 기가쿠(伎樂) 형성에 크게 기여한 인물이다.[60] 『일본서기』 수이코 천황 20년조에는 다음과 같은 기록이 남아 있다. "일본으로 귀화한 미마지를 앵정이란 곳에 안주토록 하고, 소년들을 모아 기

---

58) 정병호 『한국의 전통춤』 집문당 2002 p74
59) 박은옥 「미마지의 기악무에 대한 일고, 호서대학교 2021 vol. no.66 pp109-133
60) 이찬주 『우리춤의 현장과 주변』 현대미학사 2016 p259

악무를 배우도록 명하였더니 진야의 수제사 신한, 제문 두 사람이 이를 배워 그 춤을 전했다."[61]

이러한 기록은 일본의 정창원, 법룡사, 동대사 등에 보존되어 있는 220여에 달하는 기악면이라든가 일본 아악의 3대 근간을 이루는 우악무 안에 내재되어 있는 나백 형식 등과 더불어 당시의 백제 악을 가늠해 볼 수 있는 좋은 자료이다. 이 기록에서 미마지가 가르쳤다는 기악무는 그로부터 약 600년 후인 1223년에 박근진의 『교훈초』에서 일종의 가면무라고 전하고 있다.[62]

기악무에 대한 학설은 이두현의 경우 백제의 기악이 한국 가면극의 모체를 이루고, 이에 고구려의 무악과 신라의 오기, 그리고 산악백희의 영향을 입으며, 이러한 선행 예능의 전승 속에서 조선 후기의 산대도감 계통극의 드라마가 형성되었다고 하였다.[63] 이혜구는 『산대극과 기악』을 통해 백제인 미마지가 일본에 건너가서 가르친 기악은 남중국 오나라에서 백제에 들어와 지금까지 산대도감 놀이로 전승되고 있다는 것을 증명하였다.[64] 결국 백제의 기악은 양주산대놀이와 봉산탈춤과 같이 불교의 포교를 위한 교훈극의 일종이다.

춤의 특징은 백제는 고구려와 달리 중국 남조악인 청 악계의 영향을 받아 독자적인 춤 문화를 영위하였다. 그리하여 불교적 가면무극인 기악무와 농악춤으로 보이는 탁무가 있었다고 전해진다. 악사와 춤꾼의 벼슬이 높은 지위에 있었던 것 같다. 백제는 비옥한 농토를 가진 마한, 진한 땅에 건립됨으로써 남성들의 농악과 여성들의 소리춤(강강술래)이 발달했으리라 보인다.

이후 고구려의 남진 정책으로 국력이 약해져 웅진으로 도읍을 옮겼으나, 무령왕 때 정치적 혼란을 수습하고 중국, 일본과의 외교에 힘써 재도약의 발판을 마련했다. 백제 문화가 가장 크게 번성한 때는 사비 시

---

61) 일본서기(日本書紀) 권23 추고천황 20년 pp593-628
62) 손대한 『한류문화 백제기악 콘텐츠연구』 2019
63) 이두현 『한국의 가면극』 1979
64) 이혜구 『한국음악연구』 「산대극과 기악」 국민음악연구회 1957

기였다. 생산 경제가 발달하면서 도성과 사찰, 능묘를 중심으로 우아하고 세련된 문화가 발달했다. 백제는 중국 남북조 국가를 비롯해 신라, 가야, 왜 등 주변 국가와 활발히 교류하며 고대 동아시아 문물 교류에서 중요한 역할을 하였다.

(3) 신라의 춤

오늘날 경주는 신라의 모태였던 사로국의 터전이었다. 사로국은 가까운 울산에 있던 달천에서 철광산을 개발하여 고대 왕국으로 성장할 동력을 얻었다. 4세기 신라의 지배자들은 무덤에 덩이쇠나 쇠괭이를 가득 껴묻어 자신들의 재력을 과시하였다.

나라의 힘은 쇠에서 나왔다. 쇠[철: 鐵]는 모든 연모나 물건으로 만들 수 있으며, 그 무엇보다 단단하게도 날카롭게도 만들 수 있는 뛰어난 재료이다. 쇠로 만든 연모나 무기는 이를 장악한 세력에게 엄청난 힘을 몰아주었다. 철 생산을 바탕으로 고대의 나라들은 세워지고 커질 수 있었다.

마립간 시기 신라는 새로이 영토로 편입한 주변 소국들을 관리를 직접 파견하는 대신, 그 지역 지배층의 후손들을 계속해서 지배자로 인정하는 간접 지배 방식을 썼다. 경주 시내의 무덤에서 출토되는 금관이나 허리띠, 큰칼 등과 똑같거나 비슷한 형태의 부장품이 경주 이외 지역의 무덤에서도 출토되지만, 격식과 질이 떨어지는 점에서 그러한 간접 지배 방식을 엿볼 수 있다.

삼국 시대 초기의 신라는 고구려나 백제보다 훨씬 뒤떨어졌다. 그러나 삼한 78개 소국 중의 하나인 사로가 모체가 되어 인접한 작은 여러 나라를 차례로 병합하여 4세기 중엽에 이르러 부족국가로부터 체제를 갖추었다. 중앙집권의 정치체제로 발전하게 된 것은 마립간이란 칭호를 사용하기 시작한 제17대 내물왕 때로 보인다.[65]

---

65) 이찬주 『춤-all that dance』 이브출판 2000 p111

그 뒤 제22대 지증왕 4년에는 나라 이름을 신라로 정하고 마립간 대신 왕이란 칭호를 사용하였다. 다음 제23대 법흥왕 7년에 이르러서는 율령을 반포하였다. 백관의 공복을 제정하고 527년에 이차돈의 순교로 불교의 믿음을 공인하여 제도적으로 새로운 관료적 국가체제를 이루게 되었다. 536년에는 건원이라는 연호를 사용하는 등 내치에 성과를 올렸다. 제24대 진흥왕 14년에는 백제가 회복한 한강 하류 지역을 탈취하여 한성을 중심으로 신주를 설치하고 같은 해에는 지금의 안변을 중심으로 비열홀주를 설치하였다. 진흥왕 23년에는 드디어 대가야를 병탄하여 비로소 명실상부한 삼국정립의 태세를 갖추게 된 것이다.[66]

6세기 후반에는 문화가 상당히 발달하여 가야제국을 흡수하기에 이르렀다. 7세기에는 드디어 백제와 고구려까지 합치고 당의 세력마저 몰아내 마침내 보장왕 26년에 삼국 통일을 이룩한 영광의 신라 왕조를 실현하였다. 3백여 년 동안의 전쟁 속에서 신라는 신라군의 핵심인 화랑들의 남성적인 막강한 힘을 배경으로 강국이 되었다. 이 화랑 조직은 진골 귀족들을 비롯하여 하급 귀족, 일반 평민 등의 여러 신분 계층으로 분화되었다. 또한 가야국으로부터 전래한 가야금과 천재적인 가야의 음악가가 신라에 오면서 신라 무악은 새로운 양상을 띠게 되었고 특히 우륵이 신라의 무악에 끼친 영향은 지대하였다.[67]

신라의 춤은 고분에서 출토된 토우의 무악상과 불교 유적 등에 보이는 고고학 자료와 문헌자료 『수서』의 「동이전」과 「음악지」, 『북사』의 「신라전」, 『일본후기』 그리고 『삼국사기』의 「악지」와 『삼국유사』의 단편적인 기록을 근거로 살펴볼 수 있다.

신라 무덤에서는 말, 오리 같은 동물은 물론 배, 수레, 뿔잔, 집, 신발처럼 특정한 물건을 모방해 만든 상형토기가 종종 발견된다. 상형토기는 장례를 치를 때 술 같은 액체를 담아 따르는 데 쓰였던 것으로, 의식이 끝난 뒤 사후세계를 위하여 무덤에 넣은 것으로 생각된다. 또한 신

---

66) 정병호 『한국의 전통춤』 집문당 2002 p76
67) 『삼국사기』 권32 악지

라 사람들은 굽다리접시나 긴목 항아리 등에 사람이나 동물 모양으로 작게 빚은 토우를 붙이거나 갖가지 무늬를 새겨 장식하였다. 단순하지만 사실적으로 표현된 상형토기나 토우 등에서 신라 사람의 모습과 희로애락을 엿볼 수 있다.

대부장경호(목달린 긴항아리) ⓒ이찬주

2019년 신라 적석목곽묘(돌무지덜넛무덤)인 경주 쪽샘 44호분에서 발굴된 토기에 그려진 '행렬도'가 있다. 현재 경주시 황오동 349-3에 해당하는 이 지역은 5세기에 조성된 것으로 추정된다. 행렬도가 그려진 토기는 높이 약 40㎝의 장경호(長頸壺: 긴목항아리)로, 출토 정황상 제사용 토기로 제작되어 사용된 것으로 보인다고 한다. 토기 문양은 크게 4단으로 구성되었는데, 위로부터 1단과 2단, 4단에는 기하학적인 문양이 반복되고, 3단에 다양한 인물(기마·무용·수렵)과 동물(사슴·멧돼지·말·개)이 연속으로 표현됐다. 연구진은 "앞서 신라 문양에서 기마는 일부 나타나지만 무용은 드물고 특히 수렵이 이렇게 대대적으로 표현된 것은 처음으로 인물·동물·복식 묘사가 구체적이고 회화성이 뛰어나다."고 했다.[68]

---

68) 강혜란 『중앙일보』 2019.10.16.

특히 고구려 무용총 벽화를 연상시키는 표현 방식이 눈길을 끌고 춤꾼은 각각 바지와 치마를 입었는데 이는 남녀 구분이 아니라 복식 형태로 추정된다. 신라 토우 중에 긴 두루마기를 입은 남성이 존재한다. 그리고 가장 크게 표현된 주인공의 경우 앞뒤에 개를 닮은 동물이 있는데, 고구려 고분벽화에서 개는 무덤을 지키는 수묘(守墓)의 동물로 알려져 있다. 춤과 수렵 등 그림 구성이 고구려 고분벽화와 유사하다.

신라에는 장례 때 행하는 춤이 있었다. 신라 무악인 80여 명이 서기 453년에 일본에 건너가 죽은 일본 왕을 위해 노래하고 춤추었다는 『일본서기』의 기록은 여러모로 시사하는 바가 크다. 일본 19대 윤공천황이 갑자기 죽자 신라왕은 옛정을 생각하여 조문 사절을 보냈는데, 그중에 80여 명의 무악인이 끼여 있었다. 무악인들은 대마도 축자(筑紫)에 크게 울고, 난파진(難破津)에 머물 때 모두 흰옷으로 갈아입고 장송 가무악을 하며 빈소에 나갔다고 적혀 있다. 그러나 그 춤의 내용에 대하여는

무용도 ⓒ국립경주문화재연구소

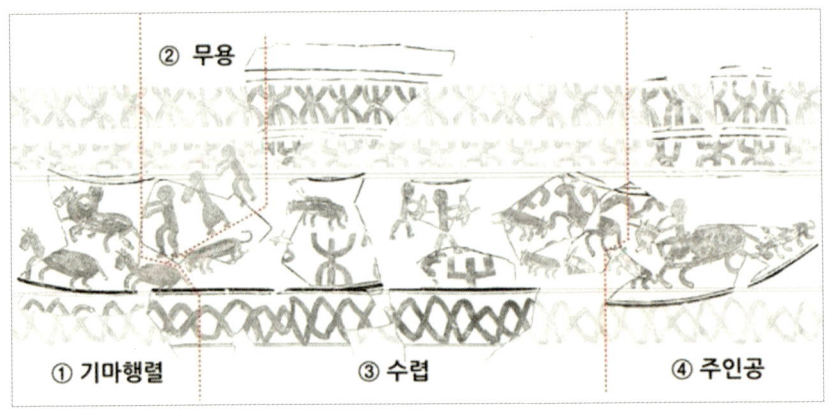

쪽샘지구 44호분 신라행렬도 ⓒ국립경주문화재연구소

자세히 알 수 없다. 다만 이러한 장례춤을 지금의 진도 다시래기, 방상씨와 같은 춤에서 연상할 수밖에 없다.

신라의 관기제도에 대한 구체적인 기록으로는 『동국여지승람』과 『동경잡기』에 실린 김유신과 천관녀에 관한 설화를 통해 유추해 볼 수 있다. 더 자세히는 신라 진흥왕대 설치된 전문 음악교육기관인 음성서를 통해 엿볼 수 있다. 전설의 주인공 천관녀는 사비(寺婢)였다고 전해지는데, 당시 절에는 사원 경제의 지탱을 위하여 민간에 연화를 받으러 다니는 사노·사비가 존재했음이 이를 뒷받침한다.

춤추는 토우 ⓒ 이찬주 국립경주박물관

신라 진흥왕 때 설치된 음성서에는 무척, 가척, 금척, 가척 등의 전문 예인들이 소속되어 있었다. 『삼국사기』「악지」에는 "나시악공지조지척(羅時樂工指謂之尺)"이라는 기록이 있는데 여기서 척(尺)은 '자이', '장(匠)이', '차비(差備)', '잡이'로 해석된다. 따라서 무척은 '춤잡이', 가척은 '노래잡이', 금척은 '가야금 잡이'로 볼 수 있다. 이들은 바로 기녀들로 간주되며 금(가야금), 무(춤), 가(노래) 등의 종합적 형태의 예능이 존재했음을 짐작케 한다. 즉, 신라의 가무는 가야금·춤·노래로 묶이거나 가야금·춤만으로 연출되기도 했다. 여기서 춤은 가야금 또는 가(茄)의 반주에 의하여 추었음을 알 수 있다.

천재적인 가야의 음악가 우륵이 신라에 오면서 신라무악에 끼친 영향은 지대하다. 『삼국사기』「신라 본기」에 의하면 우륵이 신라로 투항하여 진흥왕 13년 왕명을 받아 국원에서 계고에게는 가야금, 법지에게는 노래, 만덕에게는 춤을 가르쳤다.[69] 춤의 내용은 알 수 없으나 이것이 왕이 주관하는 잔치에서 추던 춤이므로 궁중무악이다. 우륵이 곡을 만들고 또 춤을 구성한 작품은 다음과 같다. '하신열무', '사내무', '상신열무', '소경무', '사내금무', '한기무', '미지무', '대금무', '가무' 이상과 같이 9가지 무악은 금가무 형태와 금무 형태로 되어 있음을 알 수 있다.[70] 금(琴)·가(歌)·무(舞)의 연주 형태의 구체적인 기록은 『삼국사기』,

새 · 개 · 말 · 사람 ⓒ 이찬주 국립경주박물관

---

69) 이찬주 『춤-all that dance』 이브출판 2000 p113
70) 장사훈 『한국전통무용연구』 일지사 1977 p32

『일본서기』,『일본후기』,『고사유원』 등에서 찾아볼 수 있다.

검무(劍舞)는 칼을 휘두르며 추는 춤으로 황창랑무 또는 칼춤이라고도 불린다. 이 춤의 유래는 다음과 같이 전해지고 있다. 황창랑(黃昌郞)이라는 신라의 7세 소년이 백제의 한 거리에서 검무를 추어 유명해졌고, 이 소식을 들은 백제왕이 소년을 불러 춤을 구경했다. 이리저리 몸을 돌려 검무를 추던 황창랑은 칼로 백제왕을 찔러 목숨을 잃게 했고, 이에 분개한 백제의 신하들이 소년을 살해했다. 이에 신라인들이 소년을 추모하기 위해 그의 얼굴을 본뜬 가면을 쓰고 검무를 추기 시작했다고 한다.[71]

그러나 황창랑은 혹시 실제 인물인 관창이 아닌가 하는 의혹이 있다. 『동경잡기』에서 이담은 "황창은 필시 관창일 것이나, 옮기는 이의 잘못일 것이다."[72] 하였고, 이유원의 시에도 "관창과 황창랑"의 구절로 황창랑의 사적이 후세에 와전되었음을 명백히 하고 있다. 그리고 실제 역사에도 백제왕이 살해된 바가 없기 때문에 신라 품일 장군의 아들 화랑 관창의 충용담이 와전되었다는 설이 지배적이라 할 수 있다. 또한 상고 시대 벽화에서 검무를 추는 자가 있는 것으로 미뤄 보아 이미 상고 시대부터 검무가 존재했다는 견해도 있다.

경순왕(통일신라마지막왕) 이진춘
(作)1904 ⓒ이찬주

이 밖에도 신라에는 상염무가 있다. 남산신무라고도 부르며 처용설화의 뒷부분에 나오는 남산신, 북악신, 지신 등의 신무설화에서 비롯된 것으로 처용무의 별칭으로 기록되어 있다. 그 유래는 왕이 포석정에 나갔을 때 남산

---

71) 이찬주「검무」금강일보 2014.07.08.
72) 『동경잡기(東京雜記)』풍속조(風俗條) 한민족대백과사전

의 신이 나타나 어전에서 춤을 추었는데, 다른 사람에게는 보이지 않고 왕에게만 보여 왕이 이를 모방한 춤을 추었다는 것이다. 이는 고려 말기까지 전승되었다고 하는데, 신라의 보편적인 탈춤을 독무형식으로 춘 것이라 추측된다.[73]

일본의 역사서 『일본서기(日本書紀)』(8세기)에는 신라가 "눈부신 금은의 나라"라는 기록이 있다. 966년 아랍 지리학자 알 마크디시(al-Maqdisi)는 신라에 대해 "비단과 금실로 수놓은 천으로 집을 단장한다. 밥을 먹을 때도 금으로 만든 그릇을 사용한다."라고 적었다.[74]

신라 황금 문화의 전성기는 5세기부터 6세기 전반까지 약 150년간이었다. 신라의 지배층들은 금관을 비롯하여 허리띠, 귀걸이, 팔찌, 반지, 목걸이, 장식대도 등에 금을 사용하였다. 황금 제품들은 왕이나 왕족, 귀족 등의 신분을 과시하고 권위를 나타내는 상징물이었다.

삼국 시대에는 춤예술이 상고 시대보다 더 발달하게 되었고, 춤의 영감은 신화에 유래를 두고 있다. 고대 춤의 가치는 현재의 삶을 중요시하면서 풍요롭고 아름다운 인생을 추구하기 시작하였고, 개인의 자유보다는 조직과 도덕적 생활을 추구하면서 춤은 그들에게 조화와 균형의 구체적인 표현이었다.

2) 통일신라의 춤

신라의 통일은 고대문화의 새로운 국면을 열게 하는 계기가 되었다. 물론 고구려의 활동 무대였던 만주와 발해(669~926)를 흡수하는 데는 부족함이 있었지만, 통일 후 신라는 백제, 고구려의 유민과 지배층을 적극적으로 포섭하여 삼국문화의 통합을 위한 기틀을 마련하고자 하였

---

73) 김혜정,이명진 『한국무용사의 이해』 형설출판사 2003 p77
74) 국립중앙박물관 「신라」

다.[75]

최치원 ⓒ이찬주

통일신라는 정치적 통일에서 언어와 습속을 같이하는 종족의 통합을 가져왔다. 그뿐만 아니라 당시 동양 세계를 풍미한 당 문화를 받아들여 새로운 국제문화 조류에 직접 참여하면서 삼국문화의 토대 위에 불교문화를 더욱 발전시켜 한반도의 근간이 되는 한국 고대문화의 완성을 이룩하였다. 특히 이차돈의 순교(527년) 이후 공인된 불교문화가 주류를 이루었다. 8세기 중엽 불국사, 석굴암의 창건으로 불교문화는 전성기를 맞이하며 고려 시대까지 이어졌다.[76]

통일신라 시대에는 농경문화가 발달하여 농경의례가 더욱 강해지고 이에 관련한 각종 신앙들이 성행하게 되었다. 그중에서도 특히 농경과 관련하여 용신 신앙이 발달하였다. 『삼국사기』 및 『삼국유사』에 호국용신, 벽사진경, 불교의 용왕 등으로 발전을 이루었다.

8세기 말 왕조가 쇠퇴기에 접어들면서 사회는 불안해졌다. 국가의 안녕보다는 개인의 안정에 더 큰 관심을 기울이게 되었다. 호국용신 사상은 개인의 평안을 비는 무신신앙으로 변해 갔다. 호국용신의 처용도 신라인들의 그의 형상을 대문에 붙이는 벽사진경이 된다.

---

75) 이찬주 『춤-all that dance』 이브출판 2000 p116
76) 정병호 『한국의 전통춤』 집문당 2002 p82

(1) 오기

신라의 『오기(五伎)』[77]에 관한 최초의 기록은 12세기에 고려 김부식이 편찬한 『삼국사기』 제32권 제1잡지 악조에 보이는 신라 말기 최치원의 『향악잡영(鄕樂雜詠)』 5수이다. 20여 년간 당나라 유학을 마치고 고국으로 돌아온 최치원이 어느 날 교촌마을에서 광대패들의 공연을 보고 화려한 춤과 뛰어난 기예에 탄복하여 명문의 시를 지어 화답한다.

[금환]

금환을 희롱하니 달이 구르고 별이 떠다녀서 눈에 가득 차 보이네

의료(宜僚)[78]가 있다 한들 어디 이보다 나을쏜가

이제야 큰 바다의 물결이 잠잠해진 이유를 알겠네

[월전]

어깨 높이고 목 오그라지고 머리카락 우뚝 솟아 팔뚝 걷은 여러 선비 술잔을 다투네

[대면]

황금빛 얼굴색이 바로 그 사람인데 구슬채찍 손에 들고 귀신을 부리네

[속독]

쑥대머리 남빛 얼굴이 사람 같지 않은데, 떼 지어 뜰에 와서 난새춤을 추네

북 치는 소리 둥둥, 바람은 솔솔! 남쪽으로 북쪽으로 뛰고 달리며 끝이 없구나

[산예]

멀리 유사(流沙)를 건너 만 리를 오느라, 누런 털은 다 빠지고 먼지는 뒤집어썼네

머리를 뒤흔들고 꼬리를 휘두름에 어진 덕이 배었으며

굳센 그 기상 어찌 온갖 짐승 재주와 같을쏘냐 [79]

이두현은 속독에 대해 가면을 쓴 4~6명의 군무로서 고구려가 중앙아시아 카자흐스탄 소그드 지역에서 받아들인 호선무와 호등무처럼 빠른

---

[77] 『五伎』 金在喆, 朝鮮演劇史, 學藝社, 1939
[78] 초나라 용사 弄丸(농환)을 가지고 노는 뛰어난 재주꾼, 술자리에서 만취한 선비가 난장이나 꼽추처럼 우스꽝스러워 그 자태를 묘사, 대면은 뜻은 큰 얼굴이나 가면을 쓰고 채찍을 들고 귀신을 쫓는 것을 의미한다.
[79] 김성혜 「고구려와 신라 기악의 성격」 경주신문 2014.04.25

템포를 지닌 춤으로 여겼다. 80)

위와 같이 신라의 오기는 5수에서 읊어진 5가지 놀이이다. 이것을 향악이라 하였고 『동국여지승람』, 『증보문헌비고』, 『성호사설유선』 등의 문헌에도 모두 향악이라 기록되어 있다. 최치원의 『향악잡영』 5수에 보이는 오기는 모두 신라 고유의 것이 아니고 대부분 중 서남아시아, 즉 서역 계통 무악의 영향을 입은 기악이다.

향악의 본뜻과는 거리가 있음에도 향악이라고 한 이유는 오기가 이미 신라 시대에 민속화·향악화되어 널리 연희되고 있었기 때문이라고 할 수 있다. 이 5수는 각각 금환(金丸), 월전(月顚), 대면(大面), 속독(束毒), 산예(狻猊)라는 제목으로 시의 내용을 미루어 그 대상이 잡희를 수반하는 일종의 잡기 가면 춤이라는 것을 알 수 있다.81) 영조대 사람인 이익의 『상호사설유선』에 신라 오기에 관한 간단한 해설이 있다. 여기서 그는 금환, 월전, 대면, 속독, 산예 등 오기가 청국사신 영접 때에 연행되었다고 기술하고 있다.

금환(金丸: 저글링)은 몇 개의 금색 공을 공중에 던졌다가 받는 곡예의 일종으로 주로 공연이 시작되기 전에 관중을 모으기 위해 행한다. 월전(月顚: 가면극)은 서역에 있는 우진국이라는 지방의 춤인데, 술에 취해서 추는 호인무(胡人舞)로서 일종의 희극적인 가면무로 추측된다. 대면(大面: 무용)은 구나무(驅儺舞)의 일종으로 황금색 탈을 쓰고 악귀를 물리치는 내용의 춤으로서 느리고 장중한 느낌이었을 것이다. 속독(束毒: 무용)은 서역에서 전래한 건무(健舞)로서 남색 탈을 쓰고 추는 춤으로 이국적인 느낌을 주며, 주로 뛰는 동작이 많고 4인에서 6인의 군무로 추측된다. 봉산탈춤, 오광대의 말뚝이춤, 농악 등에서 건무의 흔적을 찾아볼 수 있다. 산예(狻猊: 사자춤)는 가면무의 일종인 사자춤으로, 사자의 가면을 쓰고 추는 사납고 용맹스러운 춤이었을 것이다.82) 신라오기는 단순히 기예를 넘어

---

80) 이두현 「신라오기고(新羅五伎攷)」 『서울대학교 인문사회과학 논문집』 9, 1959
81) 이찬주 『춤-all that dance』 이브출판 2000 p118
82) 김혜정, 이명진 『한국무용사의 이해』 형설출판사 2003 p79

시와 이야기가 가미된 풍자의 종합공연이다.

'향악 5기'는 통일신라의 다섯 가지 민속무용, 즉 '금환', '월전', '대면', '속독', '산예'를 말하며 경주를 비롯하여 남해안 지방에서 널리 추어졌다. 당시 광대들이 공연하는 것을 직접 보고 지었다는 최치원의 시를 통하여 이 다섯 가지 민속무용에 대한 개략적인 내용을 알 수 있다. 그에 의하면 '금환'은 금빛 나는 여러 개의 공을 가지고 손재주를 부리는 놀이이고 '월전'은 여러 선비를 형상한 우스꽝스러운 인물들이 술잔을 들고 다투면서 노래 부르고 춤추며 관중을 웃기는 음악무용극적인 놀이이며, '대면'은 황금빛 탈을 쓰고 구슬채찍을 손에 들고 휘두르면

신라박 ⓒ이찬주

신라 사자 ⓒ이찬주

서 '악귀'를 몰아내는 탈춤이고, '속독'은 흐트러진 머리카락이 붙어 있는 남색 탈을 쓰고 난새처럼 너울너울 춤을 추는 탈춤이며, '산예'는 사자탈을 쓰고 웅장한 기성을 보여 주면서 춤을 추는 사자탈춤이다.[83]

신라에는 두 종류의 사자춤이 있다. 그 하나는 최치원 선생이 지은

---

83) 네이버 향토백과사전 「향악오기」

『향악잡영(鄕樂雜詠)』 5수 중 신라오기(新羅五伎)에 등장하는 2인 1두가 추는 사자무인 '산예(狻猊)'와 다른 하나는 일본에 전하는 악서(樂書)인 『신서고악도(信西古樂圖)』에 기록된 '신라박(新羅狛)'이라는 1인 5두 사자무이다. 산예는 사자의 옛 이름이고, 따라서 산예는 사자춤이다. 산예는 사자탈을 쓴 가면극의 일종이다.[84] 세계에서 유일한 형태의 사자춤인 '신라박(新羅狛)'은 한 사람이 들어가 꾸몄으며, 두 손과 발에 각각 사자 머리를 붙인 1인 5개의 머리를 사자춤은 당시 매우 유명해져서 당나라까지 전해졌다고 한다.

(2) 무애무(無㝵舞)

무애무란 신라 말기의 고승인 원효대사에 의하여 창시된 춤이다. '무애'는 곧 장애가 없다는 뜻으로 모든 외부의 장애를 받지 않는 자유로운 것을 말한다. 또 무애인은 부처의 호의 하나로, 부처는 열반의 무애한 도를 증명했기 때문에 부른 이름이다. 그러므로 '모든 것에 거리낌이 없는(깨달은) 사람은 한길로 죽고 사는 것을 벗어난다.'는 불교적 교리를 모든 사람들에게 일깨워 주려고 한 것이다.[85]

무애무(無㝵舞)는 가운데가 잘록하게 들어간 술병 모양의 호로박을 무구(舞具)로 쓰며 추는 춤을 일컫는다. 이 춤은 조선 순조(純祖, 1800~1834) 때 집필된 『진찬의궤(進饌儀軌)』에서 그 독특한 동작을 자세히 살펴볼 수 있다. 열두 명의 무기(舞妓)가 등장해 박을 치면, 다른 두 명의 무기(舞妓)가 바닥에 꿇어앉아 무구(舞具)인 호로박을 쥐는 시늉을 한다. 바닥에 꿇어앉아 있던 두 명의 무기는 호로박을 쥐고 일어나 춤을 추고, 뒷줄에 서 있던 열 명의 무기가 그들을 중심으로 춤을 춘다. 열 명의 무기는 앞으로 나아가기도 하고, 좌우로 나뉘어 원을 그리며 빙빙 돌거나, 대열을 이루어 상대(相對)와 상배(相

---

84) 김재환 『조선연극사』 만음사 1974 p19
85) 이찬주 『춤-all that dance』 이브출판 2000 p119

원효대사

무애무 김상백

背)의 춤을 춘다.86) 신라의 고승인 원효(元曉)는 우연히 큰 박을 놀리며 춤을 추는 광대를 보게 된다. 그는 그 형상이 너무나 기이한 나머지 그의 사상과 불교 정신을 담은 춤을 만들게 된다. 원효는 『화엄경』의 "일체무득인(一切無㝵人) 일도출생사(一道出生死)", 즉 "일체에 막힘이 없는 사람은 한 길로 생사를 벗어난다."는 구절에서 생각을 얻어 춤의 이름을 '무애(無㝵)'라 칭하고 온 나라에 퍼뜨렸다고 한다. 당시 삼국은 끊이지 않는 전쟁으로 민중의 심신이 지쳐 있는 상황이었다. 나·당연합군의 공격으로 사비성이 함락되며 678년 만에 백제가 멸망하고, 평양성이 함락되며 고구려가 멸망하였고 민중은 전쟁의 고통을 고스란히 안게 됐다. 이러한 민중의 시름을 덜고 흥을 돋우며, 불법을 함께 전파하고자 하는 원효의 노력이 무애무를 탄생시킨 것이다. 그는 글조차 읽지 못하는 민중을 위해 귀족중심의 불교를 뒤로하고, 거리에서 '아미타불'을 부르며 설법을 전하기 위해 애썼다. 그때마다 원효는 꼭지가 비틀어져 목이 굽은 조롱박을 어루만지며 저잣거리에서 춤

---

86) 이찬주 「무애무」 금강일보 2014.03.18

을 추었다고 한다. 그 덕분에 많은 민중이 교화되었고, 자연의 품에서 농사를 지으며 사는 농부의 마음 또한 다스려질 정도였다고 한다.

통일신라 말에는 국가의 종교행사인 팔관회와 불교의식이 담긴 불교음악인 범패가 만나게 된다. 그 결과, 불교의 사상과 수행적인 면은 물론 작법무로서 불교춤에 영향을 미치게 됐다.

고려 시대에는 이러한 의식이 궁중으로 유입돼 호로박에 채색비단의 띠를 둘러 장식해 무구(舞具)로 사용하기도 했다. 그러나 세종(世宗) 16년, 조선의 숭불억제 정책으로 무애무는 금지되었다. 하지만 순조(純祖) 19년, 무애무는 부활하게 된다. 궁중 연희를 위한 춤과 노래의 형태로 가사와 형식을 변형하여 진연(進宴)에서 다시 추게 된 것이다.

중국 당나라 때의 선사(禪師) 관휴(貫休, 832~912)는 무애무를 보고서 이러한 말을 남겼다. "두 소매를 휘둘러 이장(二障)을 막으려 하였고, 세 번 발을 들어 삼계(三界)를 넘으려 하였네." 이를 통해 불교사상이 담긴 원효의 춤동작을 비유했다. 원효는 번뇌를 두 가지로 나눴다는 의미의 이장(二障)과 불교의 세계관 중 하나인 욕계·색계·무색계의 삼계(三界)를 벗어나기를 염원했다. 그래서 나무아미타불을 염송하며 현실의 고통에 사는 민중이 극락정토로 향하기를 바라는 염원을 담아 춤을 추었다. 조롱박을 어루만지고 소매를 흔드는 원효의 행위는 해탈(解脫)을 꿈꾸는 아름다운 몸짓이었다.

또한 이인로는 그의 저술인 『파한집(破閑集)』에서 "그 굽은 것이 남을 따르려 함이고 비어 있음은 만물을 용납함이라. 푸성귀병(허리에 차고 다니는 박)이라고 비웃지 말라. 한상자(韓湘子)는 이것으로 세계를 감추었고, 장수(莊叟)는 이것을 강호(江湖)에 띄웠다네."라고 무애무를 표현하기도 했다.

원효의 이 커다란 사상은 조그마한 호로박 속에도 담겨 있다. 그에게는 속이 텅 빈 호로박은 아무것도 담고 있지 않은 동시에 그 어떤 것도 담아낼 수 있는 상징적인 존재인 것이다. 물도, 바람도 하물며 하늘과 우주도 담을 수 있는 무한(無限)의 세계가 무애무(無㝵舞)의 무구(舞具)에서도 드러난다. 경계를 두지 않은 무한의 세계를 꿈꾸었던 원효의 사상은 무애무(無㝵舞)로 남아 있다.

(3) 사선무

신라 화랑인 사선, 즉 영랑(永郞), 술랑(述郞), 안역(安譯), 남석행(南石行) 네 사람이 수려한 산수를 찾아다니면서 학문과 기예를 닦고 금강산의 무선대에서 즐겨 놀며 사인취무하였다는 전설이 있다. 또 『고려사』 권69에 고려 태조 원년에 베푼 팔관회에서 후정에 윤등과 항 등을 켜 놓고 채붕을 설치하여 갖가지 유희와 노래와 춤을 벌였는데, 이때의 사선악부인 용(龍), 봉(鳳), 상(象), 마(馬)와 거선(車船)은 신라의 고사라 하였다.[87]

신라 때의 전설적인 사선취무는 조선 후기 순조대에 이르러 그 옛날 사선이 와서 놀 만큼 태평성대라는 내용으로 창제된 것으로 보인다. 순조 기축년 궁중 진연에서 처음 연희하면서 순조의 아들 효명세자의 예제라고 명시되어 있다.[88]

(4) 처용무

처용은 우리에게는 고려가요인 처용가(處容歌)로 이미 친숙한 인물이다. 『삼국유사』에 실린 처용의 설화를 살펴보면, 밤늦게 귀가한 처용이 '네 개의 발'을 발견하게 되는 부분이 있다.[89] 빼어난 미모를 겸비한 처용의 아내를 역신(疫神)이 범하려 한 것이다. 하지만 처용은 분노하지 않고, 조용히 밖으로 나가서 노래를 부르며 춤을 췄다고 한다.

노래의 가사는 다음과 같다. "들어와 자리를 보니 다리가 넷이로구

---

87) 이병기 『가악사초』 (사선무) 제2편
88) 이병옥 『한국무용사연구1』 노리 1996 p208
89) 이찬주 『춤-all that dance』 이브출판 2000 p119

나. 둘은 내 것이지만 둘은 누구의 것인고? 본디 내 것이지만 빼앗긴 것을 어찌하랴." 이 노래를 들은 역신은 처용의 인품에 놀라 무릎을 꿇고 처용에게 잘못을 빌었다고 한다. 그 후 백성들이 역귀를 물리치고 역병이 돌지 못하게 할 요량으로, 처용의 형상을 그려 문간에 붙였다고 한다.

처용의 설화를 담은 '처용무(處容舞)'는 중요무형문화재 제39호이면서 유네스코 인류무형문화유산에도 등재된 우리의 소중한 전통문화이다. 이 춤의 등장 시기는 정확히 알려져 있지 않지만, 역사적 자료에 의하면 통일신라의 49대 왕인 헌강왕 때부터 시작하여 지금까지 이어져 내려오고 있는 것으로 본다. 따지고 보면 약 1100년이 넘는 긴 역사를 자랑하는 춤인 셈이다.

신라 시대의 처용무가 역귀를 몰아내고 평온을 기원하며 복을 구하는 춤이었다면, 조선 시대의 처용무는 악귀를 쫓아냄은 물론, 국가의 안녕과 번영을 기원하는 마음까지 담은 궁중연희의 춤으로서 모습을 갖추게 된다. 조선 시대의 '처용무'는 보령(寶齡) 쉰아홉이 된 숙종의 기로소(耆老所)를 축하하는 장면을 화려한 채색으로 묘사한 궁중기록화 기사계첩에서 만나 볼 수 있다. 왕의 장수(長壽)를 축하하고 기념하는 큰 자리에서, 처용을 상징하는 커다란 탈을 쓰고 처용무를 공연한다는 것은 어떠한 의미를 지닐까.

기사계첩을 자세히 들여다보면 다섯 명의 무동을 금방 찾을 수 있다. 다섯 무동은 각각 동쪽의 청(靑), 서의 백(白), 남의 홍(紅), 북의 흑(黑), 중앙의 황(黃)을 상징하는 무복을 입고 서 있다. 거기에 처용을 닮은 커다란 가면을 쓰고 머리 양쪽에는 부를 상징하는 모란꽃, 귀신을 쫓는다는 복숭아 나뭇가지와 그 열매를 매단 사모까지 쓰고 있다. 거기에 납 구슬이 달린 주석 귀고리도 걸고 있다.

마지막으로 손에는 흰 한삼을 끼고 있는데, 신라 시대의 것과 비교하면 무동의 수도 늘었고, 의상과 장신구 역시 화려해졌다. 특히 오방 형식을 지닌 체계적인 군무로 거듭난 처용무는 왕과 고위 관료를 모시는 자리에 손색없는 춤으로 보인다. 다섯 무동은 홍색도포에 흑화를 갖춘 악공들의 연주에 맞춰 춤을 선보인다.

처용무는 남성의 춤이다. 악귀를 물리친 처용의 호방함과 기백, 강한 기운을 담아 전하는 춤이라고 볼 수 있다. 처용가를 함께 부르고 나면 예를 갖춰 인사를 올리는 춤을 선보인다. 다섯 무동은 일렬로 서서 허리를 구부리며 손에 낀 한삼을 바닥에 툭 떨어뜨린다. 그리고 허리에 팔을 올리고 무릎을 구부린 채 마치 자전거 페달을 밟듯이 왼발을 크게 구른다. 이 굴신(屈伸) 동작은 바로 처용무의 독특한 춤인 '발바딧무'이다.[90]

또한 무동들이 황색 무복을 입은 무동을 중심으로 꽃의 형태로 흩어지는 모양인 '산작화무(散作花舞)'와 호흡을 가다듬고 양쪽 어깨로 모아 들었다가 뿌리는 '낙화유수(落花流水)'의 마지막 동작 등을 만나 볼 수 있다. 처용무는 강하고 굳센 남성의 동작으로 시작해 마지막 퇴장까지 힘이 느껴지는 춤으로 끝을 맺으며, 신라 시대에서 조선 시대로 이어 오며 퇴색하지 않고 발전해 왔다.

통일신라 때의 춤은 고구려·백제의 문화를 흡수하여 검무, 처용무, 상염무, 무애무, 사선무 등과 신라의 오기로 불리는 잡희무가 성행하였다. 다양한 악기가 풍부해지며 춤의 스케일도 화려해졌다.[91]

검무는 동자 가면무, 처용무도 용신 가면무, 상염무는 산신 가면무이다. 그리고 오기에서의 대면은 큰 탈을 쓰고 산예는 사자탈춤을 춘다. 이와 같이 탈춤이 발달하였고, 궁중연희에서 쓰는 궁중 춤의 기틀이 완성되었다. 국가의 안녕과 번영을 비는 호국신의 기원제에서 춤을 추었다. 상염무가 호국신인 남산신을 제사 지내는 산신무인 것처럼, 처용무도 호국신인 용신을 제사 지내는 해신무라 할 수 있다. 무애무는 비록 불교의 의식무용은 아니자만 원효대사가 불법의 포교를 위하여 춤을

---

90) 이찬주 「처용무」 금강일보 2014.12.01
91) 이찬주 『춤-all that dance』 이브출판 2000 p121

추어 그 성과를 얻었다. 연등회와 팔관회는 본디 불교 법회에서 비롯된 의식이었으나 이에 그치지 않고 국가적 호국제, 개인적 기복제로 승화된 가무축제로 성행하게 되었다.[92]

처용무 ⓒ국립국악원 제공

처용무 ⓒ국립국악원 제공

---

92) 정병호 『한국의 전통춤』 집문당 2002 p89

4. 고려·조선

1) 고려 시대의 춤

　고려는 한반도의 두 번째 통일 왕조로 918년 건국되었다. 송악(현 개성) 출신의 태조 왕건이 호족세력을 규합하여 성립하였고 고대국가와 구별되는 중세적인 면모를 보이며 각지에 지방관을 파견하고 과거제를 도입하여 관료층을 확보하였다.
　고려 시대의 문화는 불교가 주(主)를 이루었다. 불교는 왕실과 지배계층의 지지와 보호 아래 고려적인 특색을 띠게 되었다. 고려의 수도 개성은 백성들의 오락적 흥겨운 분위기보다 사찰의 독경 소리가 더 들렸다. 다만 국가는 명절행사와 불교행사 때 가무백희 등으로 여러 신들과 천지신명을 즐겁게 하며 국가와 왕실의 태평을 빌었다. 이러한 국가적 행사를 통하여 임금과 신하가 함께 어울리고 일반 백성들까지 이를 즐겼다. 고려의 국가적 제전으로는 팔관회와 연등회를 들 수 있다.[93]
　불교가 국교로서 국민의 신앙과 사상의 중심을 이루어 국가와 사회를 위해 크게 공헌하고 문화를 향상시켰으나 후대에 오면 폐해가 많아지며 쇠퇴하기 시작하였다. 반면 고려 말 유교 철학인 성리학이 유입되어 유교 부흥의 새로운 기운이 열리면서 불교배척론은 더욱 높아 갔다. 결국 고려는 공양왕(재위 1389~1392)을 끝으로 멸망의 길로 들어서게 되었다.
　고려의 자랑할 만한 문화유산을 살펴보면, 인쇄술의 발달로 최초의 금속활자 직지를 발명하였고 고려청자를 비롯하여 음악, 춤, 그림, 연

---

93) 정병호 『한국의 전통춤』 집문당 2002 p90

극에서도 개성적이고 독창적인 특징을 각각 드러낸다.[94]

고려 ⓒ이찬주 국립중앙박물관

(1) 연등회와 팔관회

신라 시대부터 고려 시대까지의 문화는 불교의 영향을 받았다. 특히 고려조에 와서는 불교가 국교로 자리 잡았기 때문에 그 영향력은 컸다. 산 이름, 땅 이름, 심지어 행사의 명칭에 이르기까지 불교의 색채를 띠지 않은 것이 거의 없었다. 건국 초기에 연등회와 팔관회는 중대한 행사였다.[95]

'연등회'란 등(燈) 공양의 법회를 뜻하여 4월 8일 석가탄신일이라든지, 그 밖의 날에 등불을 밝히는 광명한 의식이었다. 특히 2월 보름을 연등회라 하여 왕이 봉은사에 가서 사찰의 전각을 돌면서 향을 피우고 난 후에야 비로소 대회가 열리고, 왕과 신하가 함께 춤추며 노래하고 어울리는 동시에 불덕을 기리고 천지신명을 즐겁게 하여 국가와 왕실

---

94) 성경린 『한국전통무용』 일지사 1979 p37
95) 『고려사』 권2 가계권 제2 태조2

의 평안을 기원하는 것이었다.[96]

'팔관회'는 천령·오악·명산·대천·용신을 섬기는 제사로서 고대에는 당연히 무격이 치르는 의식이었지만, 불교의 이름을 빌려 팔관회라 이름하였다고 한다. 그러나 이 팔관회가 처음에는 인간과 관계있는 자연을 신격화해서 천령·오악·용신 등에게 제사를 받아들였다고 한다.[97]

국가적 축제로 거듭난 연등회와 팔관회는 세월이 흐르면서 여흥의 가무와 잡희가 난무해져 본래의 의미를 잃어 가기도 하였다.

(2) 산대잡극 (山臺雜劇)

우리의 백희를 보건대 신라에서 향악 오기로 집성되고, 고려조의 백희는 목은(牧隱)의 시(詩) 「산대잡극」, 「구나행」 등에서 그 내용을 살필 수 있다. 현존하는 민속극과 굿중패(남사당)의 죽방울놀리기, 대접들리기(버나), 장대타기, 땅재주(살판), 줄타기(어름), 탈놀이(덧뵈기), 꼭두각시놀음(덜미)과 같은 레퍼토리로 그 잔존을 볼 수 있다. 신라 이래로 고려에 이르기까지 이러한 가무백희는 팔관회와 연등회, 그 밖의 국가 경사에 높은 가설무대인 채붕을 만들어 상연되었으며, 이는 조선조에 이르기까지 변하지 않았다.[98]

고려 시대의 가설무대를 채붕(가설무대)이라 불렀으며, 조선 시대 문헌에는 채붕·산붕·산대가 함께 쓰이고 있다. 『고려사』에는 '산대악인', '산대색'이란 말이 보이는데 정전 산대색을 연등도감에 병합시킨다는 기록을 보아 고려 시대 산대잡극은 연등회나 팔관회 외에도 왕의 궁중연회 개선장군의 환영 잔치 등에 쓰인 것으로 보인다.[99]

---

96) 안제승 『한국무용사』 대한민국예술원 1985 p335
97) 안제승 『한국무용사』 대한민국예술원 1985 p335
98) 이두현 『한국의 가면극』 일지사 1979 p69
99) 이두현 『한국의 가면극』 일지사 1979 p69

(3) 나례(儺禮), 나희(儺戱)

나례는 가면을 쓴 사람들이 일정한 연장, 즉 창과 방패를 들고 주문을 외면서 귀신을 쫓는 벽사진경의 행사로, 우리나라 안에서도 상고 때부터 행하여졌으리라고 짐작된다. 이는 귀와(鬼瓦)나 호우총(壺杅塚)에서 출토된 방상씨로 추정되는 목심칠면(木心漆面)과 처용설화, 신라 오기의 대면희(大面戱), 기타 문신과 관련된 벽사 민속 등에 나타난다. 그러나 궁중 나례는 중국 나례의 영향을 받아 그 형식을 갖추었다. 중국의 나례가 한국에 들어온 확실한 연대는 알 수 없으나 고려 정종 6년에는 이미 세종나례(歲終儺禮)가 거행된 사실이 『고려사』계동대나의조(季冬大儺儀條)에 기록되어 있는 것으로 보아 그 전래는 그보다 앞섰던 것으로 추정된다.[100] 나례행사는 점차 역귀를 쫓는 종교적 의식보다는 관중을 즐겁게 하는 구경거리로 가무백희에 더 비중을 두게 되며, 나례(儺禮)가 나희(儺戱)로 변모되어 간 듯하다. 고려 말에 집성된 구나는 나례의식인 '구나부'와 탈놀이도 포함된 가무백희의 '나희부'로 구성되었음을 알 수 있다.[101]

(4) 궁중정재

통일신라 이후 고려에 당나라 음악이 수입되었고, 우리 음악과 당나라 음악을 구분하기 위해 향악과 당악이라 분리하여 불렀다. 고려의 사신으로 왔던 서긍의 『고려도경』에는 "그 음악에는 양부가 있다. 좌는 당악으로서 중국의 음악이고, 우는 향악으로서 이음이다."[102]라고 하듯 이미 고려 예종 이후에는 당악과 향악의 구분이 있었다. 춤에 있어서도 당악 정재, 향악 정재로 구분하게 되었다. 원래 정재는 춤뿐만 아니라 모든 재예를 드린다는 뜻이었는데, 이것이 차츰 궁중무의 대명사처럼

---
100) 이두현 『한국의 가면극』 일지사 1979 p72
101) 정병호 『한국의 전통춤』 집문당 2002 p93
102) 송방송 『악장등록연구』 영남대학교민족문화연구소 1980

사용된 것이다.103)

　당악 정재가 전래된 최초의 기록은 고려 11대 국왕 문종 27년(재위 1046~1083)의 일이다.『고려사』「악지」권25에 따르면 "문종 27년 을해(乙亥) 교방여제자(敎坊女弟子) 진경(眞卿) 등 13인이 「답사행(踏沙行)」 가무를 연등회에 쓸 것을 아뢰어 임금이 허락하였다. 11월 신해에는 팔관회를 베풀고, 임금이 신봉루에 나아가 관악하였는데, 교방 여제자 초영이 새로 전해 온「포구락(抛毬樂)」과「구장기별기(九張機別伎)」여제자는 10인이다."라고 하였고, 문종 31년 2월에는 "임금이 중광전에 나아가서 관악할 때 교방 여제자 초영이가 왕모대가무를 아뢰었는데 이 왕모대가무 일대는 55인이고 그 춤은 네 글자로 이루어져 '군왕만세' 혹은 '천하태평'을 만들었다."고 하였다.104)

　이 밖에도『고려사』「악지」당악조에는 헌선도, 수연장, 오양선, 포구락, 연화대의 다섯 가지 당악 정재가 춤추는 내용과 더불어 소개되어 있다. 이 중에서 답사행가무, 구장기별기, 왕모대가무는 무보가 전하지 않고,『고려사』「악지」에 전하는 헌선도 이하 5종의 당악 정재는『고려사』「악지」를 비롯하여『악학궤범』및 조선 말기의『각정재무도홀기』에 전하고 있다. 한편 문헌상의 고려 시대의 향악 정재는 그리 많지 않다.『고려사』「악지」에는 무고, 동동, 무애의 3가지이며 신라 헌강왕 때에 발생했다고 전하는 처용무가 연행된 것으로 나타난다.『고려사』「악지」에 전하는 무고, 동동, 무애는 간단하게 무보가 전해지고 있다.105)

(5) 포구락

　중국 송나라에서 건너온 여자대무(마주보고 추는 춤)로 교방(기생들이 있는 곳) 출신의 초영이란 사람이 13명의 무용수를 데리고 구성한 춤이다. 고려 문종 때 팔관회에서 추어진 〈포구락〉은 포구문으로 채구를 던져 승

---

103) 장사훈『한국무용개론』대광문화사 1984 p36
104)『고려사』권25, 用俗樂節度
105) 정병호『한국의 전통춤』집문당 2002 p96

부를 가리는 일종의 놀이에 의한 춤이다. 궁중에서 추는 춤으로 왕실을 중심으로 나라의 경사·궁중연회·외국 사신을 위한 접견 등 각종 연회에서 추었는데, 그 춤은 다음과 같은 순서로 이루어진다.

  포구문이 세워지고 춤꾼들은 두 손을 모으고 무대로 들어와 소리 없이 사뿐히 걸으며 춤을 춘다. 꽃과 붓을 들고 나온 두 명의 여성 춤꾼을 따라 뒤이어 머리에 꽃을 꽂고 나온 6명의 춤꾼이 승부를 겨룬다. 3명씩 좌우로 일렬로 선 채 중앙에 있는 포구문을 두고 춤꾼들이 뚫린 풍류안(風流眼)이라는 구멍에 채구를 한 명씩 차례로 던진다. 채구(彩球)가 구멍에 들어가면 꽃으로 상을 받고, 들어가지 못하면 벌로 이마, 볼 등에 먹칠을 한다.[106]

(6) 동동(아박무)[107]

  우리에게 '아으 동동(動動)다리'로 기억되는 노래가 있다. 〈청산별곡〉, 〈가시리〉와 함께 학교에서 배운 고려가요로 지금까지 이어지고 있는 구전 노래인 〈동동(動動)〉이다. 이 노래는 순환하는 자연의 모습과 남녀의 정(情)을 함께 담은 노래로, 일 년 열두 달을 순서대로 맞추어 읊는 달거리 노래이다. '달타령', '달아 달아 밝은 달아' 등의 월령체(月令體) 효시로 평가된다.

  동동은 춤추는 춤꾼들이 아박을 들고 춤을 추며 '동동사(動動詞)'를 불러 붙여진 이름이다. 북소리를 의성어로 흉내 낸 것으로 '동동(動動)', '동동무(動動舞)'라고도 했다. 『세종실록』 31년 기록에 의하면, 동동은 조선 초기 1449년 10월까지도 '동동정재(動動呈才)'로 소개됐다가 성종(1469~1494) 때 '아박무(牙拍舞)'로 바뀌었다. 동동으로 기록된 '아박무'는 『악학궤범(樂學軌範)』(1493) 권5에 의하면 상아(象牙)로 만든 소형의 박(拍)인 무구(舞具)의 이름을 본떠 아박무로 그 명칭이 바뀌어졌다고 한다. 이에 아박(牙拍)정재와 동동(動動)정재의 후렴구에는 '동동사(動動詞)'에 나오는

106) 이찬주 『춤, 사람 그 생동하는 기록』 위시앤 2022 p301
107) 이찬주 「동동」 금강일보 2014.02.18.

'아으 동동다리'와 관련이 있다. 동동은 놀이 형식의 춤이지만 궁중에 유입된 만큼, 첫 연의 서사(序詞)는 송축의 뜻을 담게 됐다.

아박무 ⓒ대전시립연정국악단제공

아박무-토요명품유산공연 2015 ⓒ국립국악원제공

춤의 시작은 춤꾼 두 명이 좌우로 나뉘어 춤추며 나아가서 꿇어앉고, 아박을 들었다 놓은 다음 일어나 두 손을 잡고 공손히 서 있다가 무릎을 굽혀 양쪽 발을 떼어 옮기며 '동동만기(動動慢機)'의 느린 가락을 시작한다. 이때 무악(舞樂)에 맞추어 두 무기(舞妓)가 '동동사(動動

詞)'의 서사(序詞)를 부른 뒤, 아박을 허리띠 사이에 꽂고 다시 양쪽 발을 떼어 옮기며 '동동정월사(動動正月詞)'를 부른다. 이어서 '동동중기(動動中機)'의 중간속도 가락에 맞추며 2월사부터 12월사까지 노래한다. 타악기의 일종인 아박으로 월사(月詞)에 따라 북향무(北向舞)·배무(背舞)·대무(對舞) 등으로 변한다. 이 춤은 송나라 악무(樂舞) 중에 아박(牙拍)을 치면서 무동 2인이 추는 춤에서 영향을 받았다고 전한다. 1901년 『고종신축진연의궤(高宗辛丑進宴儀軌)』에 따르면, 1829년(순조29) 기축년에 효명세자가 "원래 창사는 대개 다 저속한 방언이라 이해하기 어렵다. 이에 칠언한시의 다른 가사로 노래하게 한다."고 한다. 일 년 열두 달 변하는 자연의 모습과 남녀의 정을 고스란히 담아 놓은 동동(動動). 특히 보름달이 활짝 떠오른 풍경에 어울리는 춤이다.

고려 시대의 춤은 팔관회나 연등회와 같은 국가적인 축제를 통하여 발달하였고, 통일신라 시대보다 전문화된 교방이 있어 궁중가무의 실행이 예술적으로 수준이 높아졌다. 궁중에서 행하는 벽사진경의 나례의식으로는 신라의 처용무가 채택된다. 또한 신라 시대의 가무백희의 탈춤은 고려 시대 가설무대가 만들어지며 보다 발달하였다.[108] 고려 시대에는 당에서 궁중정재가 수입됨으로써 당악정재와 향악정재의 두 가지 춤이 양립하였다.

---

108) 정병호 『한국의 전통춤』 집문당 2002 p97

2) 조선 시대의 춤

조선왕조의 건국은 문화의 황금기의 시작이다. 고려왕조를 몰아낸 이성계는 1392년 7월 17일 왕위에 올라 국호를 고려에서 조선으로 고치고, 도읍을 한양으로 옮겼다. 불교를 몰아내고 유교를 세우며 이에 기초한 사상·문화·예술·풍속 등이 창출되었고 예와 악을 국가 이념으로 삼았다.[109]

조선은 훈민정음의 창제, 금속활자의 주조, 측우기의 발명, 중요한 기록의 간행과 그 밖에 건축, 회화 공예 방면에도 눈부신 발달을 보였다. 음악에 있어서 세종은 박연으로 하여금 아악·당악·향악의 모든 악기, 악곡, 악보 등을 정리하게 하였고 춤 또한 화려한 궁중정재의 개발로 음악과는 밀접하고도 불가분의 관계를 유지하면서 발달되어 왔다.[110]

그러나 양반사회 체제에서 사화와 당쟁이 발생되고 선조 25년 4월에는 임진왜란(1592), 뒤이은 병자호란(1636~1637)으로 쇠퇴한다. 17세기부터 등장한 실학의 발전으로 한자 중심의 글이 무너지고 한글 중심의 글이 부상하면서 유교 질서 중심의 조직이 무너지기 시작했고 아울러 양반·평민·천민의 신분 질서도 흔들린다.

이러한 사회적 배경에서 춤에 새로운 경향이 나타나기 시작한 것은 대략 18세기부터로 보인다. 이 시기는 춤이 다양화되고 놀이판이나 의식이라는 틀을 벗어나 여러 모양새를 갖춘 종교춤, 민속춤 그리고 교방춤과 궁중정재가 추어진다.[111]

(1) 굿춤

12세기 이후 고려에서 성행했던 무격신앙은 다분히 불교와 혼합되어

---

109) 안제승 『한국무용사』 대한민국예술원 1985 p369
110) 성경린 『한국전통무용』 일지사 1979 p41
111) 정병호 『한국의 전통춤』 집문당 2002 p99

있고, 공적으로는 불교와 함께 탄압되었으나 사적으로는 불교와 함께 민중의 신앙 대상으로 살아 있었다.[112] 임진왜란을 기점으로 15~16세기에는 단순 전승이라 할 산천·성황·기우제 등이 성행하였고, 17~18세기에는 민간에서의 굿을 풍기문제 등을 구실로 하여 금지령을 내리는 등 억압한다. 공공의 굿이 사적인 굿으로 전락하여 오구굿과 같은 집안 굿으로 변모하면서 굿춤이 지역적으로 양식화하게 된다. 대체적으로 한강 이북은 강신 무당이 사제하는 지역이 되었고, 한강 이남에는 세습 무당이 사제하는 지역이 형성되었다.[113]

(2) 불교춤

조선 시대 숭불억제정책의 추구는 오히려 서민 불교로 변모하며 활기를 띠었다. 즉, 불교가 유교에 밀려 표면상으로는 지배계층에서 외면당한 채 서민과 부녀자 중심의 불교가 되었다.[114] 승려들은 속인으로 내려와 환속하여 민간의 재인 광대와 어울리게 되고 승광대가 되어 이른바 사당패가 성립된다. 불교춤은 이들 승광대들에 의해 창조되는데, 이는 당시 불교가 대중불교로 전환됨에 따라 어려운 불경보다는 예술적 분위기를 조성하는 것이 포교에 유익하기 때문이었다.

조선 후기 불교춤은 더욱더 성행하며 영산제나 수륙방생제, 예수제, 사영제 등에서 행해지고, 사찰이 서민들의 축제장이 되어 가무하는 것이 통례가 되었다. 여기에 민중이 동참하여 마을 축제의 계기가 되고 생활에 활력을 주는 사회적 의미를 갖게 되었다. 한국의 불교는 삼국시대의 단조로운 의례를 벗어나 가무 중심의 다양한 무속의례를 수용하게 된다.[115]

---

112) 『중종실록』 13년 1월
113) 정병호 『한국의 전통춤』 집문당 2002 p101
114) 홍윤식 『불교와 민속』 현대불교서적 1980 p80
115) 정병호 『한국의 전통춤』 집문당 2002 p102

(3) 유교춤

　유교의식은 아악과 일무를 통해서 종묘와 문묘의 대제에서 치러졌다. 역사적으로 종묘가 세워진 것은 삼국 시대부터라 하지만, 종묘의 제도가 완비된 것은 고려 성종 때부터이다. 조선이 건국되자 태조 3년에 도읍을 지금의 서울로 정하고 종묘와 사직터를 세웠다. 그러나 임진왜란으로 종묘가 불타고 영조 2년에 새로이 종묘가 세워졌으며 고종 7년에 지금의 종묘가 완성되었다. 그리고 태조 7년에 고려의 성균관제도를 계승하여 서울에 성균관을 건립하였고 문묘를 세웠다. 종묘와 문묘대제에서는 아악과 일무가 연행되었는데, 조선 초기에는 고려 때의 악무를 그대로 사용하다가 조선의 세종·세조 때엔 『악학궤범』의 간행을 보면서 악무의 틀이 세워졌다. 그러나 임진왜란과 병자호란으로 인하여 악기와 옛 제도가 파괴되고 악공들이 죽거나 흩어져 버려 악무의 부흥을 위하여 노력하였으나, 세조 때의 모습을 되찾지는 못하였고 시용무보로 그 원형이 남게 된 것이다.[116]

(4) 농악춤

　조선 시대의 농악춤은 무속적인 농경의식으로 행한 축원농악에서 시작하여 농경 생활과 결부하여 일하며 춤추는 노작농악, 직업적 농악인이나 두레패들이 하는 걸립농악, 직업적인 농악단들이 연희하는 공연, 예술적 성격을 가진 연예적 농악으로 발전하였다. 농악은 조선 전기에는 무당들이 연주하는 신악적 성격으로 기우제나 각종의 농경의례에서 행해지다가 임진왜란과 병자호란 때는 군악적 성격을 띠었고, 1700년부터 1800년대에는 모처럼 풍년을 맞이하고 전란이 없는 가운데 양반·천민의 신분질서도 무너지고 민중문화가 발달하면서 지금과 같은 농악 형태가 자리 잡은 것으로 보인다. 이 시대의 농악은 두레꾼들이 춤추는 <u>마을 농악</u>으로 전승되는데, 농민들의 생활예술이기 때문에 일 년 내내

---

[116] 정병호 『한국의 전통춤』 집문당 2002 p103

농악을 하면서 생활하게 된다. 또한 걸립패와 같은 전문적 농악대가 형성되면서 농악은 한층 전문화되고 다양한 예술 형태를 갖추게 된다.

(5) 탈춤

조선 시대의 탈춤으로는 서낭제에서 추어진 탈놀이와 산대도감극 계통의 도시형 탈춤이 있다. 서낭제 탈놀이로는 하회 별신굿놀이와 강릉 단오굿의 관노 탈놀이가 있다. 이들 탈놀이는 우리나라 가면극의 형성에서 대륙 전래 이전의 토착적인 기원을 시사하는 중요한 탈놀이들이다. 하회 별신굿놀이나 관노 탈놀이, 별신굿 탈놀이들은 산대도감극과는 계통을 달리하는 서낭제의 가면극이다. 제의 연희적 성격을 지니고 있는 이들 서낭제 탈놀음은 이를테면 향촌형의 가면극으로 도시형인 산대도감극과는 다른 것으로 토착적인 가면연희의 기원에 있다.[117]

고을의 원의 생신연이나 사가의 회갑연에서의 구경꾼들은 사대부이지만 광장을 둘러싸고 구경한 것은 서민 대중이었다. 이들 탈꾼들은 소리 광대(판소리)와 사당패, 걸립패, 남사당패, 대광대패, 솟대장이패, 중매굿, 굿중패 등으로 분업화하면서 공예, 꼭두각시놀음, 탈놀음, 무동놀이와 가무를 하였고 산대놀이를 위시한 각 지방의 탈놀이가 형성되었다.

---

117) 이두현 『한국의 가면극』 일지사 1979 p108. 하회의 서낭신은 '무진생 서낭님'이며 이곳 서낭제의 평상제는 보통 동제라고 부르나 3년, 5년 혹은 10년에 한 번씩 지내는 별신제 또는 도신제라고 하는 임시 특별제가 있다. 별신굿은 '큰별신사'의 축약어라는 설이 있으며 경상도와 강원도 해안지방 일대에 분포되어 있다. 마을 제사에 모든 마을 사람들이 모여 탈놀이를 하는 것이 하회별신굿 탈놀이이다. 강릉 단오제는 음력 3월 20일에 신주를 빚는 데서부터 시작하여 4월 1일과 8일에 서낭당에 헌주한다. 14일 저녁에 대관령으로 출발하여 15일에 대관령 국사 성황을 맞이하여 읍내의 대성황당에 모시고 27일에 굿을 지낸 다음 5월 1일부터 본제로 들어간다. 관노 탈놀이는 5월 1일의 본제부터 대성황당 앞뜰에서 단오날까지 놀았다. 동해안 일대 부산에서부터 북으로 울산, 월성, 영일, 영덕, 울진, 삼척, 명주, 강릉, 양양 그리고 고성에 이르는 이 지역 118개 마을에서 매년 또는 3년, 4년, 5년, 7년 혹은 10년마다 한 번씩 부락제이며 풍어제로서 무당이 주도하는 별신굿을 한다. 이 별신굿에서 탈놀이가 있는 곳은 남으로는 영덕군 강구동에서부터 울진군 평해면 후포리와 거일리를 거쳐 기성면 구산리까지의 사이에서 주로 연희된다.

(6) 소리춤

조선 후기 소리춤의 흔적은 1896년 진양 1년에 모정 정만조(鄭萬朝)가 진도에 유배되어 이곳에 있으면서 '은파유필(恩波儒筆)'이라 글을 썼는데, 여기에 진도의 강강술래가 언급되어 있다. 또한 일제 시대에 발간된 『조선의 향토오락』이라는 책에도 전국 각지에서 추어지고 있는 놀이적 집단의 소리춤이 언급되어 있다.[118] 8·15 해방 후 전국민속예술경연대회나 문화재관리국에서 실시한 민속예술의 현장조사에 의하면, 마을 축제가 있을 때 민요나 노동요의 노래를 부르면서 추고 있는 지역이 있으므로 조선 시대에 소리춤이 성행하였음을 알 수 있다.

(7) 교방춤(기방춤)

교방의 춤은 미와 재예를 겸비한 관청의 관비 또는 무당 등으로 된 하층민들로 구성되었다. 이들은 여악의 담당기관이며 교습소였던 교방을 통하여 가무를 전문적으로 교습받았다. 원래 무녀는 신격화된 존재였으나 신격과 정치 권력의 분화 과정에서 퇴화함으로써 신에 봉사한 무녀가 지방의 토호와 결부된다. 그리하여 그들은 무녀가 되고 무악의 예능적인 면을 익힌 예기로 권력층에 여악의 가척, 무척으로 봉사하는 기녀가 되는 것이다.[119] 기녀는 조선 후기에 이르러 궁중에 국한한 교방기가 표면적이지만 지방 관청에 속하는 기녀도 포함되었다. 그래서 지방의 큰 고을이나 감영, 주군에도 상당수의 관기가 배치되었다.[120]

고종 때는 자주 진연 정재를 베풀었고, 출연한 기녀나 무동들은 행사가 끝나면 귀향하여 궁중에서 새로 익힌 정재 가무를 동료들에게 전습시켰다. 이 과정에서 궁중의 가무가 지방에 파급된다. 조선 후기 19세기부터는 너른 광장이나 마당에서 추었던 것이 상업화 내지는 도시화됨에 따라 공연예술로 급변하며 춤판이 집으로 들어오게 된다. 그리하

---

118) 村山智順『조선의 향토오락』, 박전렬역 집문당 1992
119) 김동욱『李朝妓女史序說』, 아시아여성문제연구소 제5집 1966 p75
120) 김용숙『韓國女俗史』민음사 1990 p264

여 부잣집 대청마루를 무대로 하여 좁은 공간에서 춤을 춤으로써 자연히 뛰는 동작이 없어지고 정적 지향의 춤이 형성될 수밖에 없었다. 그리고 그 춤은 사대부들을 위해 추는 것이었기 때문에 고상하고 우아한 표현적 춤이 된 것이다.[121]

현재 '교방춤'은 두 가지 의미로 구분된다. 하나는 고려 시대와 조선 시대의 교방 소속 기녀가 교방에서 학습하고 공연했던 모든 전통춤 종목을 총괄하여 이르는 말이다. 당악정재와 향악정재 그리고 각 지방 교방과 권번에서 기녀들에 의해 계승된 춤을 통틀어 함축한 말이 '교방춤'이다. 교방검무, 교방굿거리춤, 교방승무, 교방살풀이춤 등과 같이 고도의 예술성을 갖춘 전통 시대 기녀들이 추었던 춤을 말하기도 한다.

다른 하나는 전통 시대 기녀의 춤 문화를 묘사하기 위해 근래에 무대 공연 종목으로 재안무한 춤으로서 그 작품 제목을 '교방춤'이라고 붙인 경우이다. 두 번째는 보통 전통 입춤을 기초로 화려한 기녀의 복색 또는 가발, 작은 부채 등을 이용하여 옛 기녀의 모습을 가상하여 묘사하는 춤이다. '기녀가 추는 춤'이라는 뜻의 무대 공연용 안무 작품을 이른

소고춤 오선희 ⓒ정구덕 (김란안무)

---

121) 정병호 『한국의 전통춤』 집문당 2002 p111

다.[122)

 이렇게 해서 양식화된 춤이 궁중정재에서 유입된 검무, 북춤들이고, 불교 춤에 영향받은 승무, 민속춤에 영향받은 수건춤, 태평무, 남무, 한량춤, 굿거리춤, 입춤과 같은 춤이다. 이러한 춤은 판소리와도 상호 관계가 있는 공연예술로서의 고전적 춤이 된다.

(8) 궁중춤

 조선 왕조는 치국의 도로써 예와 악으로 정치를 행한다는 유교정치의 이념 아래 악무를 대단히 중시하였다. 예는 도덕적 행위의 기준이며 절대 행위의 근거로서 명분을 밝혀 정치 사회에 있어서 질서를 가져오는 기준이 되는 것이며, 악은 사람의 감정과 연관 지어 사람의 마음을 조화롭게 하여 화합과 결속을 가져온다는 것으로 예와 악은 도덕적 교화의 수단으로서 정치적 교화의 근본으로 삼고 중요시하였다.[123)

 이렇게 예와 악을 통하여 이상적인 유교 국가의 성립이라는 그 당시의 정치 목표를 궁중정재라는 문화적 매체를 이용하여 투영하고자 하여 음악이 창제되고 정리되니, 자연히 여기에 맞추어 화려하고 우아한 궁중정재가 안무되었다. 성종 24년의 문화예술 재정리 사업으로 도해 형식의 『악학궤범』이 편찬되었는데, 악률로부터 실제 응용에 이르기까지를 그림과 함께 상세히 설명하였다.[124)

 특히 조선 말기 순조 대에는 궁중정재의 황금기로 창작 활동이 두드러지게 나타났다. 1827년 순조의 명으로 대리청정을 하게 된 효명세자와 그를 보좌한 김창하에 의하여 궁중정재가 발전하게 된 것이다. 효명세자는 춤에 대한 재능과 견식이 탁월하였다. 1830년 5월에 22세를 일기로 죽기까지 겨우 4년간이지만 세자가 이룩한 정재의 기대와 업적은 가히 대단하다. 또한 김창하 악사는 춤에 천재적이었다. 왕세자가

122) 한국민족문화대백과사전 「교방춤」
123) 정병호 『한국의 전통춤』 집문당 2002 p112
124) 이담주 『신한국사』 탐구당 1988 p217

만든 정재의 창사에 김창하는 아름다운 정재를 안무하며, 궁중정재는 최고의 절정기를 이룬다.

순조 28년 『진작위궤』와 순조 29년 『진찬의궤』에 당시에 창작된 정재에 관한 귀중한 기록이 상세하게 소개되고, 그 무보는 고종 때의 『정재무도홀기』에 전한다. 또한 헌종 무신년의 『진찬위궤』, 고종 무진년과 정축년의 『진찬의궤』 등에서 조선 후기에 새로 창작된 정재의 전모를 볼 수 있다.

(9) 고전춤[125]

① 고전춤의 의미론적 측면

고전춤이 지니는 의미론적 측면을 살펴보면, 그 첫 번째는 흠신(欠身)이다. 이는 왕, 스승, 종교, 장군 같은 절대자를 향한 경의를 나타내기 위해 몸을 구부려 그 마음을 나타내는 것이다. 동양의 사상가인 공자(孔子)는 각자가 최선을 다하면 사회가 바로 선다고 생각하였고, 순자(荀子) 역시 그의 사상을 이어받아 교육과 사회 규범을 통해 사람을 교화해야 한다고 생각하였다. 또한 한국의 성현들의 가르침들 역시 그들과 가르침의 맥을 같이하고 있다. 『순자(荀子)』[126] 글의 예시를 통해 한국 고전춤에 내포된 의미를 살펴보도록 하자.

> 예(禮)는 무엇 때문에 생긴 것인가 말하노니 사람에게는 욕망이 있는데 이를 채우지 못하면 이익을 추구하지 않을 수 없고 추구하는데 절제와 한계가 없으니 다투지 않을 수 없다.(중략) 욕심을 내되 재물에 궁하지 않도록 하고 재물의 욕망으로 인해 바닥나지 않게 서로 조화 있게 견지하도록 하였으니 이것이 예가 생긴 소이

---

125) 이찬주 『한국 고전춤의 개념연구』 우리춤과 과학기술 21집 pp47~48
126) 우치야마도시히코 『순자(荀子)교양강의』 석하고전연구회역 돌베개 2013 p25

(所以)[127]이다. (중략) 무릇 악(樂)[128]이란 사람의 감정에 깊이 들어가 감화시키는 힘이 빠르다. 그러므로 선왕이 문식(文識)을 신중이 한 것이니 악(樂)이 조화되고 평온하면 백성이 화락하되 음탕한데 흐르지 아니하고 악(樂)이 장중하면 백성이 정직하여 어지럽지 아니하며 백성이 화락하고 정직하면 군사는 강하고 성은 견고하여 전국이 감히 범하지 못한다.

유교춤의『문묘일무(文廟佾舞)』[129]는 춤의 문헌상의 역사가 가장 오래된 의식춤으로 이 춤이 갖고 있는 의미적 측면은『순자(荀子)』의 글뿐만 아니라 예(禮)를 숭상하는 공자, 맹자, 중국의 성현과 한국의 설총, 최치원 등과 같은 이들 모두가 지향하는 생각과 몸가짐이다.『종묘일무(宗廟佾舞)』역시 종묘에 모신 제왕과 공신들의 영령을 위로하기 위해 왕이나 왕세자가 직접 헌관(獻官)이 되어 치르는 제사로 죽은 신령과 인간, 왕과 백성을 한데 잇고 후손에게 복을 내려 나라가 창성하기를 기원하는 내용[130]으로 더없는 절제 속에서 고상하고 아름답다고 느낄 수 있는 우미한 군무가 엄숙함을 돋우고 있다.

불교춤은 불교에서 제의식 때 연행되는 작법무로서 나비춤(착복춤), 타주춤, 바라춤, 법고춤이 해당하며, 불교의 포교를 통해 부처님의 가르침을 받아 교의를 깨우치고 도를 성취하는 것으로 인간을 구제하는 춤이다. 불교춤은 마치 궁중의 전정(殿庭)과 같이 장엄(莊嚴)으로 장식된 도량과 함께 신도의 마음을 청정하게 하여 올리는 춤으로, 장엄(莊嚴)이란 훌륭한 공덕을 쌓아 몸을 장식하고 향이나 꽃을 올리는 행위이다.[131]

의미론적 배경으로 볼 때 국가 지향의 춤은 예(禮)를 통한 수양으로 배움과 존경을 갖고 수직적 관계로서 이것은 질서를 중시한다. 이것은 흠신(欠身)의 의미 속

---

127) 소이(所以)이란 '제군에게 기대하는바'라는 뜻이다.
128) 악(樂), 가(歌), 무(舞)를 동체로 보는 견해이다.
129) 임학선「문묘일무의 예악사상」제1회 석전학 국제학술대회, 국제석전학회 2010 p162
130) 현재 중요무형문화재 제1호이며 유네스코에 '세계문화유산'으로 등록이 되어 있을 만큼 문화적 가치가 크다. 종묘일무는 문무(文舞)의 보태평지무와 무무(武舞)의 정대업지무로 살펴볼 수 있는데 보태평은 조종의 문덕을 내용으로 하여, 문무에는 왼손에 피리종류인 약을 들고 오른손에 깃털을 단 적(翟)을 들고 추며 정대업은 조종의 무공을 내용으로 한 것으로 무무는 나무로 만든 칼과 창, 활과 화살을 들고 춘다.
131) 심상현『영산재』국립문화재연구소 2003 p70

에 있는 수수지례(授受之禮)¹³²⁾ 같은 마음으로 춤으로써 질서를 바로잡는 데 있다. 또 한 가지 『순자(荀子)』의 글에서 향락의 수단이 되지 않기 위해 조화성(harmony)을 지녀야 하며 이는 결국 영혼을 통해 중용과 질서를 가져오는 한다는 것이다.

(중략) 악(樂)이 만약 요사스럽고 음흉하면 백성이 방종하고 천박해지며 서로 다투게 되고 문란하면 국가는 약해지고 국경은 침범되어 전국의 위협을 받을 것이다. 스승이 있어야 바로 잡히고 예의를 얻어야 다스려질 것이며 스승이 없으면 편벽된 데로 기울어져 부정해질 것이요 예의가 없으면 난폭해져 다스리지 못할 것이다. 성왕이 이를 위하여 예의를 일으키고 법도를 세워 성정을 교정시키고 훈련함으로써 사회규범에 따르고 도리에 맞도록 한 것이다. 이제 사람들은 학문을 쌓아 스승의 감화를 받고 학문을 쌓아 예의를 숭상하는 사람은 군자가 된다.

이처럼 흠신(欠身) 속에 나타나는 국가 기원의 춤은 장중한 의식처럼 인간의 욕망을 억제하는 예의규범을 통해 절제를 나타내고 있다. 한국 국가 기원춤은 국가적 차원에서 예(禮)로써 춤을 국가 사회유지의 기본으로 삼기 위한 수단으로 주로 주체하는 향유자의 주도하에 그 안에서 규범성(normality)을 결합시키는 것이다. 이로써 서로 간에 지켜야 할 기본적인 규범성의 질서 안에서 흠신(欠身)이 배경이 되고 있다. 흠신(欠身)을 통한 질서는 화합을 낳고 이것은 형식을 중시하는 권위를 갖는다. 그러므로 춤의 의미론적 측면에서 조화성·규범성을 지닌 질서에는 형식을 중시하는 권위를 갖는 후원층, 즉 국가의 지도자인 왕이나 스승 또는 절대자 등 이들이 주고자 하는 교화의 메시지를 갖는다.¹³³⁾

두 번째는 음양오행(陰陽五行)이다. 이는 한국춤에서 절대 간과할 수 없는 의미론적 측면에 해당한다. 엄밀히 말하자면 음양오행은 춤의 기술적인 측면인 춤의 안무형식에서도 빼놓을 수 없는 중요한 기법이기도 하다.

---

132) 『남옹지』에는 수수지례를 매우 중요하게 다루며 수수지례는 요임금과 순임금이 왕위를 이양할 때 서로 주고받는 '마음'으로 공자와 안자가 서로 주고받는 예(禮) 또한 그와 같다는 것이다.
133) 이찬주 『한국 고전춤의 개념연구』, 우리춤과 과학기술 21집 pp49~50

먼저 음양(陰陽)이 갖는 의미론적 가치는 우주를 통해 인생을 바라보는 일종의 사유의 틀로서 진실함을 갖는 것이다. 동양철학의 정수는 우주의 하늘로 이는 자연의 섭리를 있는 그대로 이해하고 그 덕(德)을 받들어 성실하게 행하는 것으로 진실함을 갖는 군자의 자세이다. 후한의 회신이 편찬한 『설문해자(說文解字)』 총 15편에서 석 삼(三) 자는 우주의 삼재를 뜻하며, 임금의 왕(王) 자에는 그 삼재를 하늘로부터 인간을 거쳐 땅에 이르기까지 수직으로 관통하는 하나의 원리를 관철하는 존재라는 의미가 부여되어 있다.[134] 그러므로 임금은 천행인 하늘 뜻의 건(乾)과 땅을 의미하는 곤(坤)에서 '군자(君子) 이(以)하야 자강불식(自彊不息)하나니라.'고 하였듯이 천체의 운행은 굳건하니 군자는 하늘 위의 천체 질서의 움직임을 본받아 스스로 쉬지 않고 굳세게 행해야 한다는 것이다.[135] 고전춤에 담긴 음양은 이처럼 군자는 늘 옳은 일에 힘써야 하듯 나라를 잘 다스리고 선조들의 뜻을 잘 받들어야 한다는 것이다.

음양의 관계는 춤에서 크게는 『시용무보』와 작게는 『헌선도(獻仙桃)』를 통해서 살펴볼 수 있는데, 『시용무보』[136]의 「보태평지무」와 「정대업지무」는 악보와 그에 따른 춤의 동작 순서가 기록된 책으로 보태평은 문무(文舞)로서 양(陽)의 특성을 지녔고, 정대업은 무무(武舞)로 음(陰)의 춤을 나타낸다. 또한 『악학궤범』 「헌선도(獻仙桃)」에 수록된 한 부분을 살펴보면 다음과 같다.

竝先擧內足凡呈才足蹈倣此凡用手足左立者左爲內右立者右內後倣此

(병선거내족범정재족도방차범용수족좌합자좌위내우립자우위내후방차)

정재의 족도(足蹈)는 모두 같으며 내족(內足)부터 들어 있다. 이는 수족(手足)을 사용할 때 좌측에 선자는 좌가 내(內)가 되고 우측에 선자는 우가

---

134) 오주석 『한국의 미』 솔 2003 p234
135) 오주석 『한국의 미』 솔 2003 p235
136) 이혜구 『악학궤범』 국립국악원 2000 p82

내(內)가 된다는 것처럼 정재의 보법은 모두 음양이 교차하면서 진행된다. 이 음양의 관계는 춤에서 한 몸의 등과 배처럼 태극에서 분화된 양면성을 반영한 개념이다. 이것은 조선조 유교사상으로 이를 통해 예악론이 정립되었기에 문무와 무무가 음양의 관계로 구성된 것은 아주 당연한 것이다.137)

이번에는 오행(五行)을 살펴보면 이는 수·화·목·금·토와 궁·상·각·치·우처럼 5가지를 이루는 것으로 한국춤에서 동은 파랑, 남은 빨강, 서는 백색, 북은 검정, 중앙은 황색으로 의상뿐만 아니라 춤의 안무의 구성에서도 오행의 형식을 취한다. 오행은 궁극적으로 공간과 시간을 가리키지만 인간의 도덕성(morality)에 기준을 둔다.

오행에서 말하는 청색의 동에 무슨 덕(德)이 있는가 여길 수 있지만 동쪽은 봄의 덕으로 만물을 키워 내는 어질 인(仁)을 갖고, 홍색의 남쪽은 여름의 무수히 자라나는 만물들로 함부로 남을 해치거나 분수를 벗어나 문란해지지 않는 것으로 예(禮)를 향한 정연한 질서를 이룬다. 서는 백색으로 가을의 덕(德)이 냉엄해서 누렇게 시들어 죽지만 곡식과 과일처럼 남길 것은 살뜰하게 남기는 것으로 의롭게 분별하여 의를 돈독케 한다는 것이다. 흑색의 북은 겨울로 다음 해를 기약하는 씨앗으로 땅속에 묻혀 슬기로워 인(仁)·의(義)·예(禮)처럼 드러내지 않는 지혜를 담는다. 이처럼 춘하추동에는 인·의·예·지가 담겨 있다. 이로써 한국 선조들의 사유체계는 음양오행의 도덕성(道德性)을 지니며 군자는 자신의 덕(德)을 깊고 넓게 쌓아서 온 세상의 생명체를 모두 자애롭게 이끌어 나가야 한다는 뜻을 담고 있다. 이로써 음양오행의 우주의 운행질서는 모든 게 다 무너져도 유일하게 질서정연하고 변함이 없음을 나타낸다.

『처용무』에서도 춤꾼들 5명이 처용의 탈을 쓴다. 다섯 방위를 상징하는 청(동), 홍(남), 황(중앙), 흑(북), 백(서)의 오방색(五方色) 옷을 입고 춤을 추며 오방으로 만물을 이루는 다섯 가지 원소인 나무(木), 불(火), 흙(土), 물

---

137) 정병호 『한국무용의 미학』 집문당, 2004 p91

(水), 쇠(金)를 뜻을 나타내며 가면과 의상, 음악이 어우러진 격조 있는 춤을 보여 준다. 또한 『승전무』도 4명의 춤꾼이 큰북을 에워싸고 원무로 연희를 펼칠 때 동서남북으로 나뉘어 오방을 갖추고 춤을 추며 북을 치고 원무의 가장자리의 12명과 협무를 이룬다. 이처럼 처용무의 춤의 방식에는 음양오행이 담겨 있다.[138]

춤의 의미적 측면은 흠신(欠身)과 음양오행(陰陽五行)으로 조화성과 규범성, 도덕성을 추구하며 감성보다는 이성의 한 요소로서 형식을 중요시하고, 측면을 통해 수평적인 안정된 정연한 질서를 추구하고 있다. 춤이 갖는 질서는 관념의 표현이자 합리적인 형식미이며 때론 신비성도 깃들여 있는 인간적 행위로서 이는 기존 질서 및 존재를 유지할 것을 요구하고 있다.

② 고전춤의 기술적 측면

이번에는 고전춤이 지닌 기술적 측면을 살펴보자.

첫째는 정중동의 절제미이다. 한국춤의 기본원리인 정(靜)·중(中)·동(動)은 질적 표상으로 맺고, 풀고, 어르는 형태로 동작의 조합을 통해서 춤으로 표출된다. 도교의 경전에서 정(靜)·중(中)·동(動)은 '천지에 두루 가득 차 있는 정신적 율동이다.'고 말한 것과 같이 우주적인 움직임으로 한국춤은 정중동이 춤의 근본을 이룬다. 이를 통해 춤의 깊이와 내면으로 그 농도를 가늠한다.

고전춤은 한국춤이 지닌 정중동의 미학에 특히 절제미를 지닌다. 고전춤에 나타난 절제미는 즐기기 위해 춤추는 향유자를 위한 춤이 아니라, 보는 이를 위한 향유자, 즉 주체를 위한 향유자의 춤으로 감상을 위

---

[138] 『헌천화』에서는 왕을 향해 좌우로 집동 두 사람이 서고 중앙에는 선모(仙母)가 서고 좌우에는 무원이 위치한다. 이렇게 다섯 사람이 한 조가 되어 왕에게 하늘의 꽃을 드리며 축복하는 내용의 춤을 춘다. 『장생보연지무』는 앞에 두 사람의 죽간자가 서고 그 뒤에 다섯 사람이 오방으로 서서 추는 춤이 있다. 『연백복지무』는 왕을 향해 섬모가 중앙에 서고 좌우에 두 사람씩 서서 추거나 네 사람이 횡대로 서서 앞을 보고 그 뒤에 한 사람이 서는 대형으로 주로 5인무로 추었다.

한 춤에 있다. 흥과 신바람을 지닌 춤판에 제멋대로의 즉흥성이 포함되어 자유롭게 변화하려는 미의식을 지닌 전승의 춤이 아니라 형식 속에 드러나는 절제미를 지닌 변하지 않으려는 질서의 전수적 한국춤이다.[139]

고전춤 가운데 의식춤의 하나로 중요무형문화재 21호로 지정된 충과 효의 기반을 지닌 『승전무(勝戰舞)』의 북춤은 정재의 '무고(舞鼓)' 형식을 그대로 간직하고 있다. 승전무는 궁중에서 기녀와 춤을 추는 사내아이들에 의해 전해 내려와 민속적 승전춤으로 오랜 기간 지나오며 민속의 가락으로 변모되기도 하였다. 그러나 고전춤의 형식인 엄격한 규칙을 그대로 간직하고 있다.

정중동의 절제미는 외향적이 아닌 내향적인 춤사위로, 승전무(勝戰舞)처럼 모으는 작은 춤사위와 겨드랑이 춤사위, 그리고 조직적인 오방의 구성 춤사위를 그대로 뚜렷이 갖고 있는 고전춤의 특징이다. 고전춤은 민속춤에서 보여 주는 자유로움이 발산하는 성격과 달리 절제미를 북돋운다. 또한 멈춤의 '숨'에 긴장감의 힘이 있고, 또한 멈춤 후에 정지된 상태에서도 내적인 호흡의 무한한 '고요'의 형태를 보여 준다. 이것이 바로 고전춤이 갖는 내부적 힘의 확보이다. 민속춤이 역동성의 미를 지닌다면, 고전춤은 내부적으로 힘을 확보한 균형성의 미, 힘을 모아 안으로 들이는 절제 속의 미를 선보인다.

두 번째는 화전태이다. 서양의 다양한 고전기(Classical period) 중에서 아르카익(archaic)의 시기는 BC 6~5세기 초로 고전 중에 가장 앞선 시기이다. '아르카익'은 '고풍적'이란 뜻을 내포하고 있다. 기원전 600~480년 시기의 고대 그리스 조각 등에서 볼 수 있는 희미한 미소를 입가에 띤 고전풍의 미소를 '아르카익 스마일(archaic smile)'이라 하는데, 입술 양단이 위로 향한 미소 짓는 듯한 표정을 말한다. 아르카익 스마일은 수세기를 거쳐 모나리자의 신비한 미소와 경주에서 한 단계 승화된 석굴

---

139) 이찬주『한국 고전춤의 개념연구』우리춤과 과학기술 21집 p51-52

암 미소의 특징으로 절제미를 간직한다.

고전춤 춘앵전(春鶯囀)에서 치아가 드러나지 않는 미소를 머금은 웃음의 표현인 화전태(花前態)가 있다. 미롱은 활짝 웃는 것이 아니라 살짝 미소만 짓는 웃음으로 춤의 절정에 이르게 한다. 화전태(花前態)란 꽃 앞에서 미소를 짓는 고풍스런 자태로, 이상적 조화에 바탕을 둔 고전춤의 중요한 기술적 측면의 표현 중 하나이다. 불교춤 영산재의 작법무(作法舞)의 기원에도 "석가모니가 영취산에서 『법화경(法華經)』을 설법(說法)할 때 천사색(天四色)의 채화(彩花)를 내리니 가섭이 이를 알아차리고 방긋이 미소 지으며 춤을 추었다."는 설화가 전한다.[140]

이와 같은 절제미는 감정을 전부 분출시키는 것이 아니라 다시 한 번 가다듬음으로써 한층 더 높은 절정에 도달하게 한다. 절제미를 지닌 화전태의 미소는 춤의 구조 속에서 아름다움의 극치를 여실히 보여 주는 춤의 백미(白眉)라 할 수 있다. 이는 이상적 육체와 정신이 갖는 절제미로 깊은 정취나 생명력을 느끼게 하는 표현이 된다.

세 번째는 대칭성과 진퇴의 움직임이다. 정재무의 특징은 대칭성으로 고려무, 관동무, 수연장, 광수무, 오양선, 무고, 무애무, 공막무, 동동, 금척, 육화대, 처용무, 헌선도, 가인전목단 등 〈표〉를 통해 확연히 알 수 있다.

정재무의 특징은 대칭성을 바탕으로 하는데 앞으로 나가면 뒤로 오고 좌측으로 나가면 반드시 우측으로 오고 우측으로 나가면 좌측으로 다시 올 때 같은 속도를 유지한다. 또한 오른쪽으로 돌면 왼쪽으로 다시 돌아오며 출발 지점과 마지막 마무리 지점이 같도록 하여 전체 구도에 있어서 조화성과 대칭성이 강조되는 모습을 지닌다.

이는 의식춤의 일무와 불교춤의 바라춤에서도 볼 수 있는데, 『세종실록』에서는 악무 진퇴법은 4표를 세우고 춤추는 것으로 4표를 따라 나아가고 물러가는 절차[141]가 있다고 하였다. 또한 옛사람들이 진퇴를 일

---

140) 법현 『영산재연구』 운주사 1997 p19
141) 임학선 『문묘일무의 예악사상』 성균관대학교출판부 2011 p133

고구려무	관동무	수연장	광수무
오양선	무고	무애무	공막무
동동1	동동2	금척	육화대
처용무	처용무2	헌선도	가인전목단

〈표〉 한국 고전춤의 대칭성

무의 기본 보법으로 삼은 궁극적 목적은 '읍(揖), 사(辭), 겸(謙)'을 표현하기 위한 것으로 '읍(揖)'은 공경의 의미로 앞으로 나아가고, '사(辭)'는 사양의 의미로 뒤로 물러서며, '겸(謙)'은 겸양을 의미하는 것으로 앞 또는 뒤로 나아가고 물러가면서 표현하게 된다.[142] 진퇴의 춤사위는 충효사상을 바탕으로 예(禮)를 통한 수양에서 배움의 존경과 덕(德)을 받들어 성실하게 행하는 군자에 대한 천체의 태도로서 고전춤의 춤사위이며, 이는 불교춤에서도 합장(合掌)·순회(巡廻)·전진(前進)·후퇴(後退) 등의 움직임을 염불에 따라 율동하며 대칭성의 구조를 지닌다.

네 번째는 향섭족도와 회란의 춤사위이다. 정재무의 춤사위 중 향섭족도(響屧足蹈)란 용어가 있으며, 이를 통해 고전춤의 발디딤새를 살펴볼 수 있다. 향섭족도는 나막신을 신고 발을 딛는 것처럼 몸의 중심을 아

---

142) 임학선·김기화 『문묘일무의 춤사위 진퇴에 담긴 교육철학적가치』 우리춤연구소 제15집 p87

〈표〉 불교춤의 대칭성

주 천천히 조심스럽게 이동시키며, 내딛는 발에 몸무게를 실어 무겁고 느리게 내딛는 것이다. 또한 직선이 아닌 곡선호흡의 가락으로 길게 몸 전체로 내딛는 듯하는 가볍지 않은 움직임으로, 끈기 있는 호흡의 인내력을 보이는 것이다. 그리고 회란(廻鸞)은 새의 둥지를 찾아들었다 나가는 모습을 여유 있게 조였다 뿌리는 모습으로, 제자리에서 몸 방향을 45도씩만 좌우로 움직이는 춤사위이다. 앞서 정중동의 절제미에서 언급했듯이 고전춤은 숨에 긴장감이 있고 내적 호흡의 고요함으로 끊어지지 않고 그 속도를 늦췄다 낮췄다 하며 동작을 조절한다.[143]

고전춤의 기술적 측면은 정중동의 절제미와 춤의 구조에 드러나는 열(列)을 이루며 차례로 춤을 추는 동작도 같은 선상에서 이루어지는 군무(群舞) 형식으로 대칭성을 이룬다. 이러한 고전춤은 엄격한 규칙과 싸우

---

143) 이찬주『한국 고전춤의 개념연구』우리춤과 과학기술 21집 pp53-54

면서 인간 개인의

움직임을 극복한 세계 질서에 대한 소우주의 춤으로, 여기서 중요한 것은 전체의 질서이다. 이로써 고전춤은 '정형화의 구속력'을 지니고 대칭성과 균형성을 통해 중후하고 우아하며 넘치지도 부족하지도 않게 추는 춤을 말한다.

조지훈이 한국춤에 대해 "고요함 속에서 움직임을 보고 움직임 속에서 고요함을 표현하는 멋을 느끼며 미의 극치를 이루는 것이다."[144]고 말한 것처럼 고전춤의 기술적 측면은 향섭족도와 회란 같은 춤사위를 포함하여 일렬무·대무·회선무·사방무·오방무·협무 등과 같이 대칭성의 구도를 특징으로 균형성을 이룬다. 고전춤은 중후하며 우미의 움직임으로 형식을 존중하고 균형성을 주체로 하는 유형을 지켜 나가는 가운데 고전의 가치를 춤으로 표현하며, 모범적이고 영속적인 기교적 형식을 확립하였다.

③ 고전춤의 성격 규명

고전춤은 지역별 민속춤의 연구가 활발하게 진행될 즈음, 이들 춤이 전통춤으로 이동된 배경을 시작으로 서서히 자취를 감춰 나갔다. 때때로 시대적 흐름은 연구하는 주체가 어떠한 가치를 부여하는가에 따라 다른 개념을 지닌 용어로 바뀌어 사용하기도 한다. 전통춤이란 한국에서 전해 내려오는 모든 춤으로 대변되어 그 개념을 어느 시기까지 정할 것인지 모호하다. 그러므로 고전춤의 개념 정립을 통해 전통춤과 변별하여 사용하는 것이 필요하다. 이에 앞서 살펴본 고전춤의 성격 규명을 정리하면 다음과 같다.

첫째, 고전춤의 의미론적 측면은 충효사상을 바탕으로 예(禮)를 통한 수양에서 배움과 존경을 갖고 수직적 관계로서 질서를 중시한다. 이것은 흠신(欠身)의 의미 속에 있는 마음과 음양오행(陰陽五行)을 통해 덕(德)을

---
144) 조지훈 『멋의 연구』 일조각 1964 p69

받들어 성실하게 행하는 것으로서 질서를 바로잡는 데 있다. 고전춤은 조화성(harmony) 속에서 영혼이 중용과 질서를 가져야 한다는 것과 장중한 의식처럼 인간의 욕망을 억제하는 예의규범을 통해 절제를 지녀야 하고, 이것을 주체하는 향유자의 주도로서 규범성(normality)을 결합시킨 춤으로 만들어졌다.

둘째, 고전춤의 기술적 측면은 정중동의 절제미와 춤의 구조에 드러나는 대칭성 그리고 원기(元氣)를 나타내는 것으로 힘을 모아 끌어들이는 내부적 힘의 확보를 지닌다. 특히, 나막신을 신고 발을 딛는 것 같은 움직임으로 내딛는 발에 몸무게를 실어 무겁고 느리게 추는 향섭족도(響屧足蹈)와 앞으로 가고 뒤로 후퇴하는 진퇴(進退)의 춤사위, 그리고 이와 더불어 고풍스런 미소의 화전태(花前態)가 주요한 기술적 측면에 포함된다. 이로써 고전춤은 중후하고, 우아하며 넘치지도 부족하지도 않게 추는 춤으로 대칭성과 균형성을 지닌 정형화의 구속력을 지닌다.[145]

---

[145] 이찬주 『한국 고전춤의 개념연구』 우리춤과 과학기술 21집 p55

5. 근대

한국에서 근대의 출발은 서양에 팽배해 있던 자본주의와 시민사회가 일본 및 러시아 등 열강들의 한국 진출로 인해 전파되는 19세기 말경부터로 보는 것이 지배적인 의견이다. 춤 분야도 순차적으로 그러한 흐름을 따르게 되는데, 일제 강점기 당시 기생조합의 활동에서부터 그 연원을 찾을 수 있다. 하지만 이는 강제적인 근대화에 내몰린 결과라 할 수 있고, 춤에서 자발적이고 자율적인 근대화는 근대 춤의 1세대라고 할 수 있는 최승희, 조택원 등을 시작으로 볼 수 있다. [146]

1) 근대의 시작, 신무용

근대화 초기인 1900년대 초, 모든 방면에서 외래문화가 서서히 도입되기 시작하며 새롭게 들어온 문화는 곳곳에서 두각을 나타내었다.

1930년대 후반, 전국 방방곡곡을 뒤져 가며 우리 전통춤을 집대성한 사람이 있었다. 그는 무용가 한성준(1874~1941)이다. 왕십리 당굿을 바탕으로 태평무를 만들었고, 학춤을 완성하기 위해 수없이 창경궁(당시 창경원)을 드나들었다. 승무·살풀이춤·한량무·훈령무 등이 그의 손에서 제대로 모습을 갖추게 됐고, 근대식 무대에 올릴 수 있도록 양식화됐다. [147]

그는 또한 조선음악무용연구소를 설립해 후진을 양성했다. 한영숙을 비롯해 강선영·김천흥·이동안·장홍심 같은 전통 춤꾼을 길러 냈고, 신무용가 최승희·조택원에게도 영향을 미쳤다. 신무용은 전통춤에서 소

---
146) 이찬주·황희정 『송범의 춤예술, 그 새로운 발견』 p17
147) 이찬주·황희정 『송범의 춤예술, 그 새로운 발견』 p21

재를 얻어 새로운 신체 표현 방식과 무대 운영 방식으로 화려한 스타들을 만들어 냈다.[148] 신무용은 1921년 4월 해삼위(연해주·海參威)[149]학생음악단이 한국을 방문한 해에 첫선을 보였다고 할 수 있다. 해삼위학생음악단은 단장 이강(李剛)을 포함하여 남자 일곱 명, 여자 네 명으로 구성되었다. 4월 24일 원산에 도착하여 해삼위학생음악단의 일행과 경성, 평양, 황주, 개성, 인천, 대구, 부산, 마산, 경주, 전주, 광주, 목포 등 16개 지역을 순회하며 공연하였고 6월 8일 다시 원산에서 해삼위로 돌아갔다. 이들 중 박시몬의 코사크춤(Cossack Dance)은 매 공연마다 마지막을 장식한 춤으로 관객들에게 사랑을 한 몸에 받았다.[150]

한성준

이듬해인 1922년 해삼위동포연예단[151]은 김동한을 주축으로 방문해 음악, 연극, 그리고 서양 춤을 선보이며 인기를 끌었다. 김동한은 연해

---

148) 이찬주『춤교육과 포스트모더니즘』2012 p191
149) 블라디보스토크(海參威·Vladivostok) 러시아 시베리아 남동부, 동해 연안에 있는 항구도시
150) 이찬주(2016·개정판)『한국민족문화대백과』「무용사전」박시몬 편
151) 동아일보 1922.4.23.

주정부 현악대 감독이었으며 해삼위 동포 연예단은 1925년까지 40회 이상 서양 춤과 러시아 민속춤을 소개했다.

이들 중 박시몬은 해삼위학생음악단의 이병삼, 해삼위동포연예단의 김동한과 더불어 해삼위에서 온 무도3인방이다.[152] 무도(舞蹈)는 서양의 사교춤을 일컫는 말로, 이들 무도3인방은 1920년대 모두 무도학원을 열었다.

해삼위 동포연예단 동아일보, 1922. 4. 23. ⓒ이찬주춤자료관제공

김동한은 1923년[153] 조선예술학원이라는 최초의 예술교육기관의 문을 연 인물이다.[154] 조선예술학원 수강생은 1백여명에 이르렀고, 1925년 학원을 확장해 서대문(현재 충정로)에서 현재의 을지로로 옮기는 등 개관 이후 가장 번성한 시기를 보냈다. 이 학원은 약 3년 동안 유지되었던 것으로 추정되고 있다. 이병삼은 1924년 평양에서 평안도의 인가를 받아 '구미무도학관(歐美舞蹈學館)'의 사립무용교육기관을 열었는데, 이는 무도만으로는 초유의 정식 강습소였다. 그는 1925년 서울의 낙원동에도 구미무도학관을 열었으며, 이들은 고국에서 이른바 민속춤, 사교춤 등을 가르치는 해외파로 선전했다.

또 다른 신무용의 중요한 기점은 1926년 이시이 바쿠(石井漠, 1887~1962)의 경성공회당 공연이다. 그로부터 현대무용을 익힌 최승희(1911~1969)와 조택원(1907~1976)은 한국 신무용의 기초를 세우는 데 기여했다.

---

152) 이찬주(2016·개정판) 『한국민족문화대백과』, 「무용사전」 이병삼(李丙三) 편
153) 동아일보 1923년 6월 1일 3면(조선예술학원 1923년 개관, 1922년 오류)
154) 이찬주(2016·개정판) 『한국민족문화대백과』, 「무용사전」 김동한(金東漢) 편, 당시 춤의 개념에서 무도(舞蹈)는 1922년 『개벽』 6월호에 발표한 김동환의 글 「무도란 여하(如何)한 것인가」 등을 살펴볼 때 시대 상황에서 폭넓게 춤과 동일 개념이다. 무도는 지금의 댄스스포츠의 종목에서 본다면 스칸디나비아나 코사크(코팍)춤은 제외된 사교춤으로 댄스스포츠에 일부 해당된다.

이시이 바쿠의 메소드가 내재된 조택원류의 한국무용은 이시이 바쿠의 같은 제자 최승희와 스타일 면에서 차이를 보이는데, 최승희가 한국 전통무용을 활용하여 국악 반주의 한국 창작춤을 무대에 올렸다면, 조택원은 양악에 한국무용 어법을 개발한 춤이다.155)

박금슬(1922~1983) 역시 1939~1943년 이시이 바쿠 무용연구소에서 현대무용을 배웠으며, 한국무용의 체계화를 이루며 한국무용의 교과서로 불리는 이른바 '박금슬 기본'을 정립했다.156)

박금슬 ⓒ정범태

1945년 8월 전 국민이 원하던 해방이 되었지만, 남북으로 갈라져 있던 대한민국은 1950년 6월 25일 한국전쟁이 발발하기 전까지 매우 어수선한 시국 아래 있었다. 그 당시 신무용을 주도하던 조택원은 친일파로 몰려 아무 일도 할 수 없었고 생계를 위해 무용연구소마저 팔아야

---

155) 이찬주·황희정 『송범의 춤예술, 그 새로운 발견』 p35
156) 이찬주(2016·개정판) 『한국민족문화대백과』 「무용사전」 박금슬 편

했다.

결국 그는 1947년 도미(渡美) 고별공연을 마치고 고국을 떠났다.[157] 그즈음 1946년 8월 조선무용예술협회 창립 기념공연이 열린 국도극장에서 박용호의 「해방」이 무대에 오르기도 했다. 그러나 예술이 아닌 정치적 색채를 띠고 있었다. 당시 장추화는 최승희가 건네준 마리 뷔그만의 현대무용 기록 노트를 제자들에게 익힐 수 있게 하였다. 그 외에 국내에서는 일본 유학파 한동인과 정지수는 전통 발레를, 장추화(본명 장선애, 1918~?)와 진수방(1921~1995)은 인도 춤(남방춤)과 발레, 스페인 춤을 제자들에게 가르쳤다.[158]

신무용(新舞踊)은 서구 근대에 출현한 모던댄스가 일본, 유럽, 러시아 등을 거쳐 한국에 유입되면서 만들어진 하나의 춤 장르이다. 이는 당시 조선에서 사용되기 시작한 신(新)문학, 신(新)극처럼 이른바 전통적인 것에 새롭게 들어온 춤의 개념을 의미한다.[159]

근대 초기 신무용은 발레나 모던댄스, 러시아의 코사크 춤, 인도의 샤바 춤 등 각국의 민속무용까지도 포함하며 서양무용이면 모두 신(新)무용에 포함되었다. 이와 동시에 재래해 있는 한국무용을 서구식 무대에 창작화한 것[160]도 신무용에 해당하게 되었다. 1945년 해방 이전에는 예술무용으로서의 신식 춤 전체를 지칭하는 뜻으로 통용되어 1900년대 이후부터 해방 이전까지의 일반적인 극장춤을 가르쳤으므로 그 시대의 예술무용 전체를 위한 개념으로 무리 없이 쓰일 수 있다.[161]

신무용은 새로운 시대에 어울리는 새로운 한국무용의 장르이며, 새로운 한국무용의 실체이자 활동이고, 형식이자 체계이다.[162] 시대에 맞는

---

157) 경향신문 1947년 6월 21일자 "조택원도미고별무용공연", 조선일보 1947년 10월 18일 "조택원도미", 동아일보 1947년 6월 19일(광고), 동아일보 1947년 6월 26, 27일 "국제극장 도미공연 소식 전함". 신문의 기록은 보도 형식으로 이후 기록에서 공연되는 날짜가 바뀔 수도 있다.
158) 이찬주·황희정 『송범의 춤예술, 그 새로운 발견』 p37
159) 이찬주 『춤예술과 미학』 금광출판 2007 p20
160) 김천흥 『무용, 서울 육백년사』 제3집 서울특별시 1979 p751
161) 김채현 「근대 한국춤의 역사적 성격 연구 2」 『한국미래춤학회연구논문집』 제2권 1993
162) 안제승 「신무용사 국립극장 30년」 국립극장 1980 p369

유학자 ⓒ이찬주춤자료관제공

창조와 표제가 있으며 무대를 의식하고 만든 무대 시설에 관심을 갖고 만든 춤이라 할 수 있다.163) 신무용은 전통적 한국무용에 새로운 생명을 주어 그것을 시대에 적응하게끔 창의적으로 만든 무용이며, 한국무용의 전통적 기법을 바탕으로 하며 동시에 전통만을 고수하지 않는 창조적인 한국 무용이다.164)

이러한 서양 양식에 유입으로 밑바탕이 된 신무용의 개념은 해방 이후로는 한국춤의 한 장르 개념으로 자리 잡게 된다. 이로써 그 당시 춤계에서 두각을 보인 임성남은 발레라는 장르로 이어 갔고, 한국춤의 송범과 김백봉, 최현, 김진걸, 배명균 등은 신무용의 장르로서 1970년대 초까지 그 흐름을 이어 갔다.

주로 낭만적인 정서, 남녀 간의 애정, 풍속에 대한 미화에서 소재를 찾았으며 3~5분 정도의 짧거나 낭만적인 무용극의 형식을 띠었다. 신무용의 움직임의 특질은 완만한 곡선미와 개인의 기교를 강조한 것이다. 1970년대 중반 등장한 한국창작춤을 비교하면 현대문명과의 갈등,

---

163) 조동화 『한국현대문화사 대계』 고려대학교민족문화연구소 1975 p600
164) 강이문 「한국신무용고」 『무용』 제3집 한국문화예술진흥원 1976 pp128-129

김진걸·차범석·송범·임성남·이해랑·조택원·최현 ⓒ최현우리춤원

심적 고통, 개인만이 아니라 집단적 움직임의 형식의 확장, 거친 표현을 지녔다.[165]

  1976년 한국창작춤은 김매자를 주축으로 배정혜, 문일지, 한상근 등이 선보였고 한국 창작춤은 '전통춤의 현대화'를 지향하며 신무용과 대별되는 특징을 지닌다고 볼 수 있다. 다시 말해 신무용은 근대화의 흐름에 따라 개인의 자율성의 의미를 담은 서구의 표현 방식으로, 1930년대~70년대 초까지 나타났으며, 우리 정서에 맞는 표출의 움직임이 가미되며 한국춤의 장르로 남게 되었다. 근대에 한국 신무용의 활발한 작업으로 인하여 현재에 이르기까지 보다 적극적이고 다양한 작품과 공연이 한국춤계에서 성립되었다.

---

165) 김태원 『나의 춤, 나의 길』 현대미학사 2002 p14

한상근 ⓒ김종석

초립동(좌) 밤의 소리2(우) 오선희

2) 춤 기록 매체로서의 신문

　방송 뉴스와 신문은 매일 취재를 거쳐 사실을 보도하고 있고, 사람들은 이를 통해 춤예술가들의 활동이나 능력을 나름대로 인식하면서 평가하고 있다. 언론사 연구에는 일반 단행본, 잡지, 신문, 자료 등이 모두 포함된다. 근대는 매체가 발달하지 않은 특성상 신문이 사람들이 가장 접하기 쉬운 매체였다.[166]

　춤 기록 매체로서 1940년대의 신문을 살펴보면, 춤예술가들을 소개하는 경우에 틀이 정형화되지 않았고 공연에 관한 리뷰보다는 정보 전달이나 광고로서의 성격이 강하게 나타났다. 이러한 경향은 형식 면에서 상당 부분 개화기 기사 형식으로 남아 있다. 개화기 형식은 근대에서 현대로 넘어가는 과도기인 만큼 문체가 단일화 작업의 마무리 단계로 혼란스러움을 보인다. 대화와 묘사가 전대의 말투를 벗어나지 못한 데다 표기법이나 문장에 있어서도 다양한 편차를 보인다.[167]

　1950년대에는 글의 종결어미가 그 유형과 특징을 동일하게 공유하였고, 일부 기사에서 리뷰의 흔적도 보이기 시작한다. 1960~1970년대 이후로는 점차 현장 취재가 보편화되기 시작하면서 인터뷰를 통해 사실을 확인하는 경향이 두드러졌다. 기사에서 공연에 대한 소개 형식이 차츰 정착된 것이다.

　이는 신문 기사의 양적 증가와 함께 취재 기자의 역할 변화에서 비롯되었다고 할 수 있다. 기사 자체가 읽을거리로서 자리를 잡아 가는 한편, 다양한 방식으로 취재함에 따라 기사의 신뢰도를 높일 수 있게 된 것이다.

　춤의 기록에서 신문의 연구는 중요하다. 어떤 현상이 사회적 흐름 속에서 어떻게 진행되었고 사회에 어떠한 영향을 미쳤는가를 체계적이고

---

166) 이찬주·황희정『송범의 춤예술, 그 새로운 발견』p55
167) 김영화「개화기 신문텍스트의 활용어미 및 문장구조연구」2008 p116

다양한 연구 방법을 통해 폭넓게 조명할 필요가 있다. 신문은 거시적인 매체 변화는 물론 사회 변화를 엿볼 수 있는 하나의 지표로서의 역할을 한다. 라디오와 텔레비전의 등장 이후. 신문은 정보 전달 매체로서의 역할을 뛰어넘어 심층보도, 기획보도, 해석과 의견에도 비중을 두게 된다.

1950년대까지만 해도 개화기의 영향에서 자유롭지 못했다. 기사에 한자어 사용이 많아 널리 이해를 얻지는 못했다. 1960년대 후반에 이르러 한글전용화 정책이 발효되면서 신문 기사에 획기적인 변화가 일어난다. 쓰기 쉽고 읽기 쉽게 변화했다는 뜻이다. 이러한 순기능적 변화에도 불구하고 한국 언론은 지속적인 정치적 통제에서 벗어나지 못했다.

1970년대 이후 기사에서는 사실 보도와 함께 기자의 의견이 개입되기도 한다. 전적으로 예술 활동에 관한 기술에는 제약이 따르지만 지난날의 파편들을 찾아서 엮음으로써 과거를 재구성한다는 의미에서 가치가 있다. 점차 춤평론가들의 활발한 활동으로 읽을거리로서의 기사가 많아졌다.

기본적으로 신문은 그 특성인 사실 보도가 일종의 보도적 관행을 띨 수도 있겠지만, 전체적으로 시대를 바라보는 매체로서의 역할을 한다. 그뿐만 아니라 무용가 일인을 통해 그의 작품 활동을 살펴볼 수 있는 계기가 되기도 한다.[168] 전적으로 예술 활동의 기술에는 제약이 따르지만 지난날의 파편들을 찾아서 묶음으로써 과거를 재구성하는 기록매체로서의 개념으로 중요한 가치가 있다. 이를 통해 춤에 대한 기록 연구가 좀 더 다채로워질 수 있기 때문이다.

---

168) 이찬주·황희정 『송범의 춤예술, 그 새로운 발견』 p57

3) 근대신문 속 무용(광고)[169]

1930~1940년대 근대신문의 기록을 살펴보면, 광고의 틀이 글씨만으로 정형화되어 있어 공연에 대한 정보 전달의 성격이 강하게 나타났다. 최승희는 1930년 11월 14일자 신문의 〈파우스트〉 광고 위에 공연사진을 넣어 광고 효과를 얻기도 했다. 이것은 최승희 공연광고에서만 볼 수 있는 특수효과였던 것 같다. 1931년 1월 7일자 신문에서는 최승희의 유명한 〈광시곡〉의 춤추는 모습도 볼 수 있다.

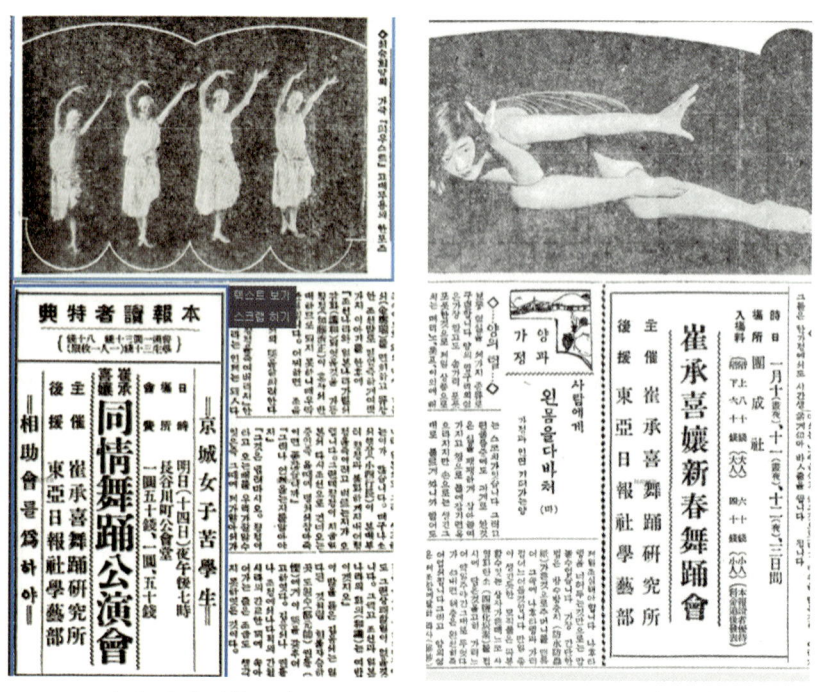

송범무용발표회(1953) 　　　　　송범무용발표회(1953)

1931년 4월 25일자 동아일보에 최승희는 광고 속에 사진을 넣어 신기 시작하였다. '푸로그람'이라는 글자가 왼쪽부터 오른쪽으로 선명하

---

169) 이찬주「근대신문 속 무용광고」『몸』5월호 2016 pp56-57

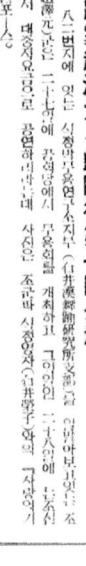

송범무용발표회(1953)

조택원 잠시 귀국 (1937)

조광발레 제1회 공연

게 쓰여 있다(제삼회신작공연). 1931년 4월 28일자에는 사진을 달리하여 싣기도 하였다. 후원 맨 아래에 '동아일보학예부'라고 적혀 있는 것으로 미루어 볼 때, 그녀의 후원처인 동아일보에서 주로 광고를 했던 이유를 어림짐작케 한다.

    1950년대 들어서면서는 글씨광고에서 벗어나 한눈에 인식할 수 있는 그림도식을 사용하였다. 춤추는 사진보다는 재미있는 그림으로 눈길을 끌기도 한다. 1949년 11월 28일 동아일보에는 '무용계의 호프'라는 글자와 함께 얼굴을 넣은 조용자(趙勇子)의 광고가 독특하다.

조용자(1924~)는 사실 무용계에서 현재 잘 모르는 사람들도 있지만, 광고에 '무용계의 호프'라는 이색적인 글귀만큼 서양무용을 잘했던 인물로 부산에서 태어나 본명은 갑식(甲植)이며 날쌘 사람이란 뜻을 지닌 용자(勇子)라는 예명으로 활동하였다.170)

조용자(趙勇子) (1949·1954)

그녀는 이시이바쿠(石井漠)의 무용연구소에서 함께 배웠던 조택원으로부터 서울 공연에의 출연 권유를 받아 무대에 섰다. 이후 1944년 4월 20일 제1회 무용발표회를 부민관에 올렸고, 1946년 2월 14일~16일 국제극장에서 세 번째 무용발표회(조선일보 1946년 2월 10일)를 가질 만큼 왕성하게 활동하였다. 이 광고는 1949년 11월 28일 그녀의 네 번째 무용발표회이다. 한국무용협회 김복희 회장의 이종사촌 언니이기도 하다.

1952년 6월 8일자 경향신문에 송범 무용발표회 광고는 이듬해에 열린 1953년 11월 송범 신작 발표회와는 사뭇 다르다. 이후 1955년 코리아발레단을 결성하게 된 송범의 활약을 미리 짐작케 한다.

---

170) 이찬주(2016·개정판)『한국민족문화대백과』,「무용사전」조용자 편

송범무용발표회(1953)

강선영 고전무용 제1회 발표(1953)

1956년 11월 송범·임성남과 함께 '한국무용가협회'를 결성한 김백봉의 광고도 볼 수 있다. 김백봉은 그의 대표작인 부채춤을 추는 그림을 실었고, 1953년 경향일보자 강선영의 광고에는 한삼을 낀 채 춤추는 여인 오른편에 '고전무용'이라는 큰 글귀가 눈에 띈다. 고전이란 현대를 구분 짓는 광의적인 의미를 지닌다. 그러나 1970~80년대 지역문화의 발굴과 함께 새로운 춤 문화가 이식되는 과정에서 정병호 선생의 연구를 중심으로 '민속무용'에서 '전통무용'이란 영역이 새로이 자리 잡으면서 이후 그동안 한국에서 사용되어 오던 고전무용이라는 용어는 잘 쓰이지 않게 되었다. 현재도 간혹 아주 깊은 시골 읍내에서 발견되는 고전무용학원 간판을 발견할 때는 어린 시절 자주 사용했던 말(어휘)의 추억을 떠올리게 된다.

광고는 1950년대까지만 해도 구한말의 영향에서 자유롭지 못했다. 기사에 한자어 사용이 많아 널리 이해를 얻지는 못했다. 1960년대 후반에 이르러 한글전용화 정책이 발효되면서 신문 기사에 획기적인 변화가 일어난다. 쓰기 쉽고 읽기 쉽게 변화했다는 뜻이다.

전적으로 예술 활동에 관한 기술에는 제약이 따르지만, 지난날의 파편들을 찾아서 엮음으로써 과거를 재구성한다는 의미에서 가치가 있다. 신문 기록은 시대적 춤의 변화는 물론 사회 변화를 엿볼 수 있는 하나의 지표로서의 역할을 하고 있음은 더 말할 나위 없다.[171]

---

171) 이찬주 「근대신문속 무용광고」 『몸』 5월호 2016 p57

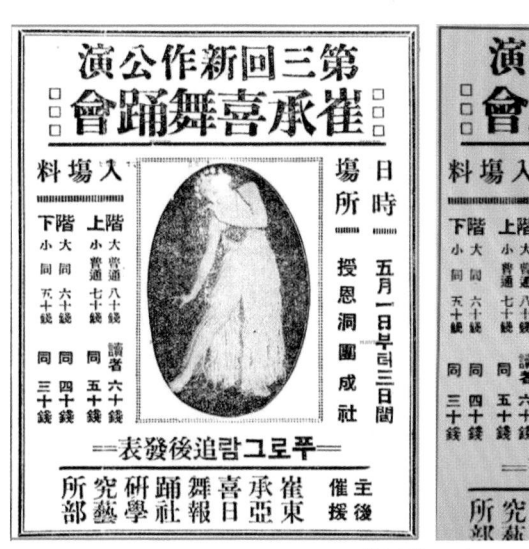

최승희(1931)

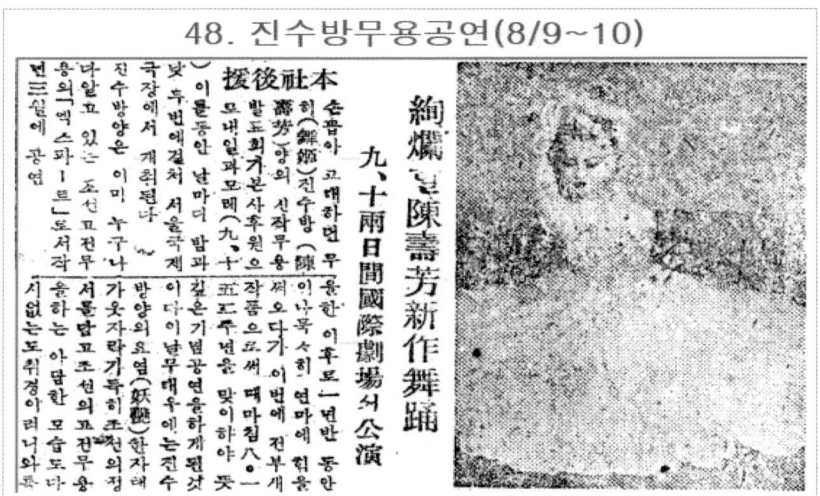

진수방 신작무용(1947)

제 2 장

한국의 춤을 찾아서 I

1. 살풀이춤

1) 살풀이춤의 역사

　인간은 춤이란 것을 배우기 이전부터 태생적으로 또 본능적으로 춤을 추어 왔다. 잘 추든 못 추든 춤의 기술적·예술적인 면을 떠나, 누구든 팔과 다리를 자신의 흥에 따라 움직이며 춤을 춘다. 살풀이춤처럼 수건을 이용한 춤도 인간의 욕구에서 비롯되어 그 형태가 변모되었으리라 여겨진다.[172]

　고대사회에서 춤은 정치·제의·의료·전쟁·식량 등에서 절대적 권위를 담당했던 제사장 또는 왕이 신을 접하기 위한 수단으로서, 혹은 병을 낫게 하기 위한 수단으로서, 혹은 전쟁에서 승리를 기원하는 의식으로서 여러 가지 필요에 의해 추어졌다. 곧 생존을 위한 안녕과 관련된 초자연적인 몸짓이 어우러져 노래를 부르고 춤을 추었을 것이다. 제단 아래서 춤을 추는 사람의 모습을 형상화한 글자인 무(巫) 자에서 이를 추측해 볼 수 있다.

　『삼국사기』에 "(유리 이사금) 5년(서기 28) 겨울에 추위와 굶주림에 죽어 가는 노파를 유리 이사금이 보곤 옷과 먹을 것을 주었고 홀아비, 과부, 고아, 자식 없는 노인들을 위문하고 양식을 나누어 주었다 하며 이 해에 백성들의 생활이 즐겁고 편안하여 처음으로 도솔가(兜率歌)를 지었다. 이것이 가악(歌樂)의 시초"[173]라고 하는 대목이 나온다. 이는 우리나라 문

---

172) 이찬주 『살풀이춤』 대전시청 2017 p54
173) 『삼국사기』 권 1 신라본기 유리 이사금 편이며 김부식, 박장렬 외 5인 옮김, 『삼국사기 Ⅰ』
　　 한국인문고전연구소 2012 p29

헌 중 가악에 관한 가장 오래된 기록이다. 또한 고려 시대의 비문(碑文)174)중에 "時所以嗟嘆之不足 故詠歌之 詠歌之不足 故舞之踏之"라는 문구가 있어 소리와 몸짓을 넘어 흥에 겨워서, 슬픔을 달래기 위해 춤추었음을 알 수 있게 해 준다.

이러한 맥락에서 살풀이춤이 추어졌으리라 짐작하지만, 실상 살풀이춤의 모태는 정확하게 알 수 없다. 다만 그 뿌리가 여느 춤처럼 어떠한 제천의식으로부터 비롯되어 가무(歌舞)를 즐기는 우리 민족의 삶 속에 녹아들었지 않나 추측한다.

살풀이는 글자 그대로 보면 살을 푼다는 뜻이다. 여기에서 '살(煞)'이란 '사람을 해치거나 물건을 깨뜨리는 모질고 독한 귀신의 기운'을 말한다. 살풀이란 기능적인 측면에서 현실을 포기하지 아니하고 현실의 난관을 뚫고 나가 극복하려는 의지가 내포된 사회적인 현상이라고 할 수 있다.175) 그러므로 살풀이춤이 지닌 뜻은 맺힌 '한(恨)'을 풀고 극복하여 '흥'의 경지에 나아감에 있다고 할 수 있다.

살풀이춤이 한국춤 중에서 오랜 역사를 두고 전승되어 온 춤이라고 알려져 있기는 하나 정작 유래는 명확하지 않다. 여러 문헌 자료에서 확인한 대로 살풀이춤은 굿판이나 농악판에서 즉흥적으로 추어졌다는 설과 기방에서 시작되었다는 설 등 유래가 다양하다. 다만 확실한 것은 살풀이춤이 민속생활과 관련된 춤이며 궁중에서는 추어지지 않았다는 점이다. 굿판에서 즉흥적으로 추어졌다 하여 '허튼춤'이라는 이름으로 불렸으며 기방인들 사이에서는 '수건춤', '입춤', '산조(散調)', '즉흥무(卽興舞)' 등 다양한 이름으로 불렸다.176)

살풀이춤이라는 명칭은 1938년 한성준(韓成俊, 1874~1941)이 이끄는 조선음악무용연구회177)가 부민관에서 가졌던 '제1회 한성준 무용발표회'

---

174) 金東旭『韓國歌謠의 硏究』乙酉文化社 1961 pp158-161
175) 채희완「집단연희에 있어서 예술체험으로서의 신명」『호서문화논총2』청주사대호서문화연구소 1983 pp109-121
176) 김문애『3인의 살풀이춤 탐구』도서출판 홍경 1996 p4
177) 1937년에 한성준이 경기도와 충청도 출신 무용가와 음악가들을 규합하여 만든 무용 전문 단체

의 프로그램에서 사용된 것이 잘 알려져 있다.[178] 이 공연에 앞서는 기록은 1918년 조선연구회가 출간한 『조선미인보감』에 대정권번에 속한 김옥래와 리명화의 기예 설명으로 적힌 '남중속무(살푸리춤)'이다.[179] 한성준은 살풀이춤을 조선음악무용연구회의 발표회에 꾸준히 올렸고, 이후 손녀인 한영숙을 비롯해, 이매방, 김숙자 등에 의해 살풀이춤은 한층 더 예술적으로 세련되고 정제된 춤사위로 다듬어졌다.

살풀이춤의 명칭과 관련해서 김란의 말을 들어 보면, 그녀가 춤을 배

감로를 베풀어 아귀를 구해냄

울 당시에는 살풀이춤이라는 명칭이 전국적으로 정착되지 않았으며 충청도 지역에서는 주로 수건춤이라고 불렸고, 점차 무용가들 입에서 입으로 옮겨지면서 살풀이로 굳어졌다고 한다. 이후로는 마치 재즈와 재

178) 김연정「한성준춤 다시보기」무용역사기록학 제44호 p178
179) 김영희 『춤풍경』 보고사 2016 p115

즈춤처럼 살풀이와 살풀이춤으로 쓰이다가 대략 2010년부터는 전국적으로 살풀이춤으로 불리기 시작하였다. 현재는 살풀이 또는 살풀이춤으로 쓰이지만 살풀이춤으로 더 많이 불리는 추세이다.

2) 살풀이춤의 종류

살풀이춤 이매방 ⓒ이찬주춤자료관제공

지방마다 지리적·역사적 환경 그리고 기후와 풍습에 따라 언어도 조금씩 변화하듯 춤도 지역적 성향에 따라 조금씩 다른 모습으로 변모해 왔다. 서울과 경기도는 역사적으로 고려 시대부터 1천여 년 동안 도읍지가 있던 곳으로, 궁중무용의 영향을 받아 비교적 일정한 형식을 갖추고 있으며 차분한 기질을 춤에 많이 담고 있다. 이와 달리 호남 지방은 농경문화가 자리 잡은 곳으로 땅이 비옥해 큰 평야가 많아 생활이 윤택하기도 하나 전반적인 생활수준이 균등하지 않아 척박한 지역의 소외된 이들의 서러움도 춤에 담았다고 본다.[180]

도살풀이춤 김숙자 ⓒ정범태

살풀이춤은 크게 유파에 따라 '한영숙(1920~1990)류' 살풀이춤과 '이매

---

180) 이찬주 『살풀이춤』 대전시청 2017 p58

방(1927~2015)류' 살풀이춤으로 구분하고 무속적으로 영향을 받은 '김숙자류'의 도살풀이춤을 따로 언급한다. 먼저, 한영숙류는 제자리의 구심점이 많은 복잡하지 않고 곱고 정갈하게 감정을 다스리며 장단에 반해 뛰어듦이 없이 호흡의 절제미를 보이는 담백한 춤이다.

한편 이매방류는 기교가 넘치는 춤으로 흥이 많고 몸의 꼬임이 많으며 춤의 마디마디에 멋이 흐르는 감칠맛 나는 춤으로 정평이 나 있다.

그리고 경기도 도당굿판의 무속의 영향을 받은 김숙자류의 도살풀이춤은 여느 살풀이춤보다 긴 명주수건을 사용하여 수건과 춤추는 사람의 동작이 절묘하게 어우러지는 것이 특징이다.

이들 춤 중 이매방과 김숙자는 1990년 10월에 중요무형문화재 제97호 살풀이춤 예능보유자로 인정되었으나 안타깝게도 김숙자는 이듬해

남원 조갑녀살풀이명무관 ⓒ이찬주

인 1991년 세상을 떠나 보유자 인정이 해제되었다. 그 밖에 수건 없이 맨손으로 추는 민살풀이춤이 있는데, 조갑녀(1923~2015)의 민살풀이춤이 유명하고 살풀이춤 중에서 즉흥성이 가장 강하다고 할 수 있다.

살풀이춤은 많은 사람들의 관심으로 무대화된 여느 춤보다 명맥을 잘 유지하고 있으며, 오늘날에도 여러 지역에서 많은 학자와 춤꾼들에 의해 관심을 받으며 전승되고 있다. 각 지역에서 전승되어 오는 살풀이춤은 토석적·서민적 가치를 인정받으며 지역별로 문화재로 지정되었다.

1991년 경기도 무형문화재 제8호로 화성재인청류 정경파 살풀이춤[181]이 지정되었고, 1995년 대구 무형문화재 제9호로 권명화 살풀이춤

재인청류 살풀이춤 정경파(제9회발표회)

---

181) 재인청류 살풀이춤은 무구인 수건 두 개를 사용하고 하나의 수건을 뒤에 놓는데 정경파에 의하면 이는 수건에 맺힌 살을 무아 두는 의미 (『춤으로 본 지역문화: 경기도·충청편』, 역락 2010 p90)

이, 1996년 전북무형문화재 제15호로 최선의 호남살풀이춤이 각각 지역 문화재로 지정되었다. 2015년 1월에는 한영숙류 살풀이춤이 서울특별시 무형문화재 제46호로 지정(예능보유자 이은주)되었다.

재인청류 살풀이춤 정경파류 - 고희자ⓒ이진환

평택에서 활동하는 화성재인청류 〈살풀이춤〉의 고희자는 화성 재인청(才人廳) 출신 정경파(鄭慶波) 선생을 사사하였다. 이 춤은 무속장단이 춤의 근간을 이루며 두 개의 수건으로 춤을 선보인다. 수건을 휘감아 돌려 뿌리는 〈살풀이춤〉의 바탕 위에 목부터 어깨까지 길게 걸치고 추는, 수직선과 수평선의 선적 조화가 두드러진다. 〈살풀이춤〉의 절정인 수건을 떨어뜨리고 얼렀다가 일어설 때도 목에 수건을 걸고 양팔을 좌우로 펼친다. 무대 뒤 바닥에 있던 또 하나의 수건을 양팔을 앞으로 내밀어 들고 위아래로 힘껏 젓거나 다시 두 수건을 던지고(한영숙류·이매방류 구별점) 다시 앉아 수건을 들어 끝을 맺는 동작도 이 춤의 특징 중 하나이다.[182]

대전무형문화재 20호의 김란류 살풀이춤의 김란은 도살풀이의 명인 김숙자 선생을 만나 사사했다. 또한 김숙자 선생의 아버지에게서 살풀이춤을 배우게 된다. 김숙자 선생의 스승이기도 했던 김덕순(金德順)은 화성 재인청과 안성 재인청에서 예인(藝人)들을 가르친 판소리와 춤의 명인이다. 이후 김란은 도살풀이춤이 아닌 자신만의 살풀이춤을 완성해 갔다. 우선 김숙자의 끊고 맺고 처지면 채는 사위는 김란류 살풀이

김란 ⓒ정재훈

---

182) 이찬주 『춤, 사람 그 생동하는 기록』 위시앤 2022 p459

춤의 기본이 되었다. 수건을 쥔 손도 손끝의 아름다운 움직임도 관객과 어떤 교감이 되는 것임을 배웠다고 한다.[183]

현재 살풀이춤은 각 지역별로 고유한 몸짓과 특징이 다르며 그 춤을 추는 개인의 특징에 따라서 유파가 다양하게 나누어져 있다. 그렇더라도 유래와 유파를 떠나서 기방계열의 살풀이춤이나 무속계통의 살풀이춤 또 재인계통의 살풀이춤을 막론하고 이 춤들은 한을 풀고 인간의 평화와 안녕을 염원하는 내용의 주문이며 기도의 춤이라 할 수 있다.[184] 또한 이는 무구(舞具)라고는 긴 명주수건 한 장이 전부인 살풀이춤이 오랜 세월 추어져 온 의미라고 하겠다. 수건을 흩날리며 추는 살풀이춤에는 깊은 내면에서 우러나오는 한과 멋이 실려 있다.

3) 살풀이춤에 대한 문헌과 옛 그림

한은 마음먹은 대로 살아가고자 하는 욕구가 내부적·외부적 요인에 의해 정지되거나 규제될 때 생명력의 발전과 지향이 장애에 부딪쳐 꺾이고 좌절되는 반복 속에서 발생하고 맺히게 되는 독특한 정서이다.[185] 하지만 '한'을 언어학적으로 풀어 보면, 하나를 뜻하는 수사이지만 한을 명사 앞에 놓으면 여러 가지 개념이 된다.[186] 한과 연관된 말을 찾아보면 한길(大), 한겨레(一), 한그루(單), 한껏(萬), 한동안(多), 한복판(中) 등 '한'의 뜻은 우리 민족의 언어 가운데 80여 가지에 이른다고 한다.

그뿐만 아니라 우리 민족을 일컫는 배달의 민족도 『한단고기(桓檀古記)』를 번역한 임승국에 의하면 "우리말의 음운법칙이 박·백이 배로 변

---

183) 이찬주 『살풀이춤』 대전시청 2017 p61
184) 정재만 『살풀이춤』 메리카 코리아나 2005 p1
185) 천이두 『한의 구조연구』 문학과지성사 1993 pp53-58
186) 이을호 『한사상의 묘맥』 사사연 1986 p42

하는 실례가 많은바, 백천(白川)이 배천(白川온천), 박고개[赤峴] 혹은 붉고개가 배오개(동대문시장)로 변하는 지명의 실례가 있다."고 한다.[187] 이로써 '밝다'의 어간 '밝'이 배달(倍達)의 '배'로 변했다. 白(흰/환할/밝을 백)의 자음 백이 종성 ㄱ이 탈락되어 배로 변한, 이른바 'ㄱ음 탈락 현상'을 보게 된 것이다. 우리 민족이 시작된 지역인 바이칼호의 다른 이름 '밝달해'인 바이칼은 배할, 배달(밝은 땅), 붉은, 밝안, 불간 등의 고어에서 유래했다는 설도 있다.

그러므로 우리 민족이 말하는 한국적인 한(恨)은 수많은 침략에 의한 불안과 위축의 역사와 계층의식, 남존여비사상 등을 맞이하면서 그것은 인간적인 삶의 모든 것이 철저히 짓밟힌, 아픔이 응어리진 멍 같은 것으로 변화된 것이라 하겠다.[188] 이로 미루어 볼 때, 우리 민중을 대변하는 살풀이춤은 한, 밝음에서 생겨 나와 한민족의 멋과 여유, 풍류를 담아 역사적 지속성이 질긴 춤으로 계속 추어져 오지 않았나 싶다.

살풀이춤의 정확한 유래는 알 수 없다 해도 그 흔적은 남아 있다. 살풀이춤과 관련해서는 효와도 관련된 것 그리고 무속과 관련된 것 등 두 가지 배경설화가 전한다.

경기도 지역에서 전해지는 효와 관련된 설화를 살펴보자. 어느 백발 노인이 이르기를 '흰 옷차림을 하고 춤을 추면 부친의 병이 나을 것이다' 하여 그대로 하였더니 부친의 병이 씻은 듯이 나았다는 설화가 전한다. 밝음을 표현하는 흰색 옷은 자신의 마음가짐을 나타내는 효의 순수한 정성이며, 깨끗함은 모든 병이 사라지고 온전히 새로 낫는 것을 나타낼 수도 있다. 효녀가 노인의 말에 따라 남들 앞에서 춤을 출 수 있는 용기는 부모에 대한 간절한 소망을 이루려는 효심을 담고 있다. 이 춤은 점차 대중성을 확보하면서 지속적으로 추어진 듯하다.

다른 하나는 무속과 관련된 '바리데기 이야기'이다. 어비대왕 또는 오구대왕이라 불린 전설 속의 왕이, 혼례를 일 년 미루어야 아들을 낳는

---

187) 강미리 『한사상에 나타난 춤의 정신세계』 한국무용협회 1995 p19
188) 이찬주 『살풀이춤』 대전시청 2017 p65

두 개의 수건춤-감로탱화, 국청사(미상)

사당 판노름 하는 모양 김준근 ⓒ이찬주

다는 말을 들었으나 무시하고 혼인하였더니 딸만 계속 낳게 되었다. 일곱 번째도 딸이 태어나자 바리데기, 즉 버린 공주라는 이름을 지어 궁 밖으로 내다버린다. 버려진 공주는 어느 노부부에 의해 발견되어 길러진다. 후일에 왕과 왕비가 병이 들었을 때 저승의 생명수로만 구할 수 있다는 이야기를 듣고 바리공주만이 부모를 위해 저승으로 가서 저승의 수문장과 혼인까지 하여 생명수인 영약으로 부모를 되살려 낸다. 바리공주는 훗날 오구풀이, 오구굿이라는 서사무가에 나오는 주인공이 되었고, 한국 무속의 탄생신화로도 남게 되었다.

다음으로 살풀이춤이 담겨 있는 그림을 살펴보자. 감로왕도(감로탱화)는 아미타불 일행이 구름을 타고 천상에서 내려와 중생들을 극락세계로 인도한다는 데에서 불화의 궁극적인 목적을 전한다. 이와 같은 불화는 지옥도(地獄道)가 극락의 아미타불과 함께 등장하며, 당시의 풍속상이 많은 비중을 차지하고 있음을 그 특징으로 한다.

특히 18세기에 그려진 탱화에서는 춤추고 노래 부르는 연희 집단을 심심찮게 찾아볼 수 있는데, 〈감로왕도(甘露王圖)[189]〉의 중앙 하단에서도 이를 쉽게 발견할 수 있다. 그림 하단에는 한자리 차지하고 앉아 유유자적한 듯 피리를 부는 악사와 껑충 뛰어 재주를 넘는 광대, 그 앞에서 장구를 두드리며 흥을 돋우는 장구재비와 수건을 들고 춤을 추는 여인이 있다. 특이하게 이 여인은 두 개의 수건을 양손에 쥐고 있는데, 여기서 살풀이춤과의 연결고리를 찾아볼 수 있다.[190]

조선 시대 말기 풍속화가 김준근(金俊根)[191]의 그림 〈사당 판노름 하는 모양〉은 사당패를 지어 놀이를 하는 유랑 집단을 그린 것이다. 그림 왼

---

[189] 조선 후기 1755년(영조 31) 금강산 건봉사에서 제작하여, 경기도 광주군 남한산성 서문 안 국청사에 봉안했던 〈감로왕도〉이다.
[190] 이찬주 『살풀이춤』 대전시청 2017 p67
[191] 조선 시대 말기 풍속화가이며 호는 기산(箕山)이다. 그러나 그가 어디서 태어났는지, 어디서 활동했는지, 그를 잇는 제자가 누구인지에 대해 정확히 알려진 것은 없다. 다만 그가 그린 풍속화 일부가 프랑스 국립기메동양박물관에 소장되어 있으며, 그에 대한 최초의 기록은 1886년 고종이 조미수호통상제약(1882) 체결의 담당자 슈펠트(R.W. Shufeldt) 제독을 초청했을 당시, 그의 딸이 부산에 들러 김준근에게서 풍속도를 받았다는 내용에서 확인할 수 있다.

쪽의 여사당은 치마저고리를 입고 오른팔을 어깨 위치로 쭉 펴서 수건을 내려뜨리고 왼팔을 머리 위로 들어 올려 여미는 춤사위를 하고 있지만, 눈길은 다른 이들의 흥정에 마음이 뺏겨 있다. 이 여인이 추고 있는 춤 역시 살풀이춤과 연결고리라 할 수 있다.

4) 살풀이춤 무복과 무구

(1) 무복

우리 민족을 지칭하는 홍익인간(弘益人間)의 사상은 천제단인(天帝桓因)을 한임, 하느님, 환한님, 밝은님으로부터 시작하여 삼국 시대의 화랑도, 고려 시대의 국선 그리고 조선 시대의 선비정신, 그리고 오늘날 대한민국의 이념으로 정립되었다.[192] 환한님, 밝은님은 광명(光明)이 바로 홍익인간의 이념을 담고 있기 때문이다.

앞서 우리 민족과 관련된 흰색[白]을 언급하기도 하였으나 우리 민족은 오랜 기간 남녀노소, 신분계층을 넘어 흰색의 한복을 즐겨 입었고, 이에 백의민족이라 불리기도 했다. 그래서인지 김란류 살풀이춤의 무복(舞服)은 한민족의 상징이라고 할 수 있는 흰색 한복과 흰색 수건으로 조화를 이룬다. 머리는 단정하고 곱게 빗은 쪽머리에 옥비녀를 꽂으며 흰색 버선을 신는다.

한영숙류 살풀이춤은 흰색 치마저고리에 자주색 고름을 달거나 옥색 저고리에 남색 치마를 받쳐 입기도 한다. 남성의 이매방류 살풀이춤은 여성은 녹색 치마저고리, 남성은 흰색 바지저고리를 입으며 연분홍 쾌자와 옥색 무동복은 공통으로 입고 여성은 아얌을, 남성은 남바우를 머리에 쓴다. 김숙자류 도살풀이춤은 흰색 치마저고리에 흰 띠를 허리에 두르는 식으로 의상이 단출하다. 이 세 가지 살풀이춤에서 여성의 경우

---
192) 양근석 「한국사상의 시원연구(2)」 부산정치학회보 Vol.8 No.1 1997 p147

쪽진 머리를 하는 것, 흰색 버선을 신는 것, 그리고 무구로 명주수건을 드는 것이 공통이다.[193] 이와는 별도로 김숙자 선생은 비취색의 옥색 한복을 좋아했고 즐겨 입었으며 공연에서도 옥색 치마저고리를 입고 추기도 했다.

  많은 예인들이 군무화를 시도하면서 2000년대에 들어 성인 남녀가 함께 무대에 오르는 군무 공연에서는 남성 살풀이춤 의상을 확인할 수 있다. 여성의 의상은 백색 치마저고리를, 남성의 경우는 흰색 바지저고리를 입고 그 위에 쾌자를 덧입는다. 쾌자의 바깥쪽은 연회색이며 안감은 흰색이다. 다시 그 위에 동정을 뒤로 젖힌 회색 무동복을 입는다. 여성이 쪽진 머리라면 남성은 머리에 남바우를 쓴다. 남바우는 술로 장식되며 가장자리에는 금사로 목숨 수(壽) 자를 수놓기도 한다. 남성 의상은 백색의 여자 의상과 대조적으로 화려한 편이다. 열 명 이상이 무대에서 수건을 뿌리면서 살풀이춤을 추는 광경은 남성이든 여성이든 한 사람이 출 때와는 또 다른 멋이 느껴진다.

(2) 무구(舞具)

  무구(舞具)로는 백색의 명주수건이 있다. 살풀이춤에서 수건은 유일한 무구로서 선을 타고 감정을 발산하는 데 주요한 역할을 한다. 수건은 한영숙의 말에 따르면 "기녀들이 평상시에 지니다가 춤을 출 때 사용하던 수건을 한성준이 무대화시키기 위한 목적으로 아름답게 미화시킨" 것이라고 한다. 춤을 추면서 수건으로 고를 만들고 '풀고', '맺고' 하는 동작, 수건을 높이 던졌다가 바닥에 떨어뜨렸다가 다시 손에 드는 동작들은 살풀이춤의 구성에서 변화를 줄 수 있는 대목이기도 하다. 그 수건이 때로는 죽은 자의 원이 되어 추어지기도 하고 혹은 하늘의 신과 인간을 이어 주는 매개 역할을 하는가 하면, 춤을 추다가 떨어뜨렸다가

---

193) 김문애 『3인의 살풀이춤 탐구』, 도서출판 홍경 1996 pp14-24 명주수건 언급 부분도 참조

다시 집어 들고 춤을 추는 것은 이별과 만남을 나타내기도 한다.[194]

김란은 여인네들이 평상시에 지니는 수건(손수건)을 사용하여 무대화시킨 것으로 예술적 표현을 위해 명주수건을 사용하는 것이라고 그 의미를 말했다.[195] 흰 치마저고리에 어울리는 긴 사각형의 흰 수건을 살풀이 장단에 맞추어 부드럽고 가볍게 오른팔, 왼팔로 옮기기도 하고 공간에 휘날리며 추기도 한다.

살풀이 명주수건은 한영숙류, 이매방류, 김숙자류 등 각 유파에 따라 크기가 다르다. 한영숙류는 길이 150~180㎝의 수건을 사용하며 이매방류는 길이 150㎝ 내외, 폭 50㎝ 내외로 한영숙류보다 조금 짧은 편이다. 김숙자류 도살풀이춤은 두 파의 살풀이춤보다 훨씬 더 긴 2m의 명주수건을 사용한다.

김란은 자신의 살풀이춤 수건 길이를 "손을 펼쳐서 하나하고 반이다."라고 표현한다. 이 치수를 적용하면 춤추는 사람의 체형과 팔 길이에 따라 수건의 길이가 달라진다는 말인데, 보통 150~180㎝라고 말할 수 있다. 두 개의 수건을 들고 추는 살풀이춤도 있으며, 도살풀이춤 이전의 살풀이춤에서도 수건의 길이가 석 자가 넘기도 하였다.[196]

---

194) 정재만 『살풀이춤』 메리카 코리아나 2005 p49
195) 이찬주 면담 김란 김란춤보존회 2017.04.11.
196) 이찬주 면담 김란 김란춤보존회 2017.04.11.

5) 살풀이춤 춤사위와 장단별 진행 과정

(1) 살풀이춤 주요 춤사위

춤 사 위	설 명
1. 내려뜨린 사위	수건 끝부분을 겹쳐 잡았다가 끝부분 수건을 내려뜨린다.
2. 걸친 사위	수건을 뿌렸다가 수건을 돌려서 팔에 올린다.
3. 뿌릴 사위	호흡을 들이마셨다가 내쉬면서 수건을 위로 뿌린다.
4. 뿌렸다 받는 사위	수건을 허공에 날렸다 한 손(왼손)으로 받는다.
5. 수건 채는 사위	길게 늘어뜨린 수건을 뒤로 내렸다가 겹쳐 잡는다.
6. 날일 사위	발디딤과 호흡에 맞춰 수건을 4박으로 올렸다가 내려 다시 2박으로 날린다,
7. 날린 사위	수건을 날리어 공중에서 띄어진 상태를 말한다.
8. 멈춤사위	양손에 수건을 잡고 시선은 멀리 두고 한숨을 쉰다. 호흡을 멈추고 먼 곳을 바라본다.
9. 풀어 헤치는 사위	길게 늘어뜨려 수건을 좌우로 굽이쳐 뿌린다.
10. 수건으로 목을 스친 사위	수건으로 목에 걸듯 스치며 한손으로 걸쳐 잡고 춤춘다.
11. 평사위	양팔을 좌우로 평행선을 유지하고 우쭐거린다.
12. 어깨에 올려 매는 사위	수건을 높이 뿌리면서 반사적으로 뒤로 뿌린 다음 어깨에 내려 걸친다.
13. 팔에 걸치고 어르는 사위	팔에 수건을 오른팔 어깨에 올려놓고 어르는 몸짓을 한다.
14. 몸짓 사위	발걸음의 장단(박자)에 맞춰 양팔을 내린 상태에서 몸짓을 한다.
15. 목젖사위	수건을 어깨에 걸치고 발디딤에 울림과 동시에 목을 위아래로 호흡과 함께 아우른다.
16. 수건 잡고 여미는 사위 (앞으로)	수건을 수평으로 펼쳐 한 손에 중심을 잡고 다른 한 손을 올려 잡는다.
17. 수건을 허리에 대는 사위 (뒤로)	수건을 던져 뿌렸다 허리를 감는데 오른손을 뒤로 하여 수건을 허리 뒤로 돌려 나올 때 왼손으로 잡는다.
18. 바람처럼 흩날리는 사위 (수양버들)	수건을 허공에 날려 시름을 뿜어 본다.
19. 구름처럼 굽이치며 걷는 사위(돌리며 걷는 사위)	수건을 뿌렸다 맞받아 뿌린다. 몸짓과 발은 엇장단으로 걸어가며 수건을 아우른다.
20. 허공으로 날리는 사위	수건을 뿌려 손을 돌려 다시 뿌린다(S자 모양).
21. 바라보는 사위	수건을 겹쳐 들고 마음에 수건을 담아 마주치는 사물을 바라보듯 먼 곳을 주시한다.

서양의 춤사위 용어는 발레나 현대무용이 거의 일관되게 일치되어 있다. 그러나 한국춤의 춤사위 용어는 전국적으로 지역마다 유파마다 다르게 사용한다. 춤사위의 용어를 통일하고자 무용용어통일위원회[197]가 발족되기도 했으나 실용화되지는 못했다. 지역적 특색을 지닌 방언처럼 동작의 형태는 유사하나 사용하는 용어가 대부분 다른데, 드물게 일치하는 경우도 있다. 예를 들어, 한영숙류와 이매방류에서 공통되게 같이 사용하는 용어는 상체동작의 휘젓는 사위와 하체동작의 잉어걸이 모두 2개뿐이다.[198] 서로 다른 용어는 춤을 배우는 학생이나 춤 연구가들에게는 그만큼 어려움이 배로 들지만 그 지역적 특색이 드러나기도 한다.

---

197) 무용평론가 조동화(趙東華, 1922~2014)는 무용용어통일원 결성을 주도했다. 1973년 한국문화예술진흥원에 무용개발위원회가 발족되었으며 1974년 1839개의 무용용어를 심의, 통과시키고 해산했다. (한국민족문화대백과, 한국학중앙연구원) 『경향신문』 1974년 7월 4일자 참조
198) 홍은주 「한영숙·이매방 살풀이춤의 비교 분석」 숙명여대 전통문화예술 대학원 석사논문 2001 p32

춤동작 살펴보기

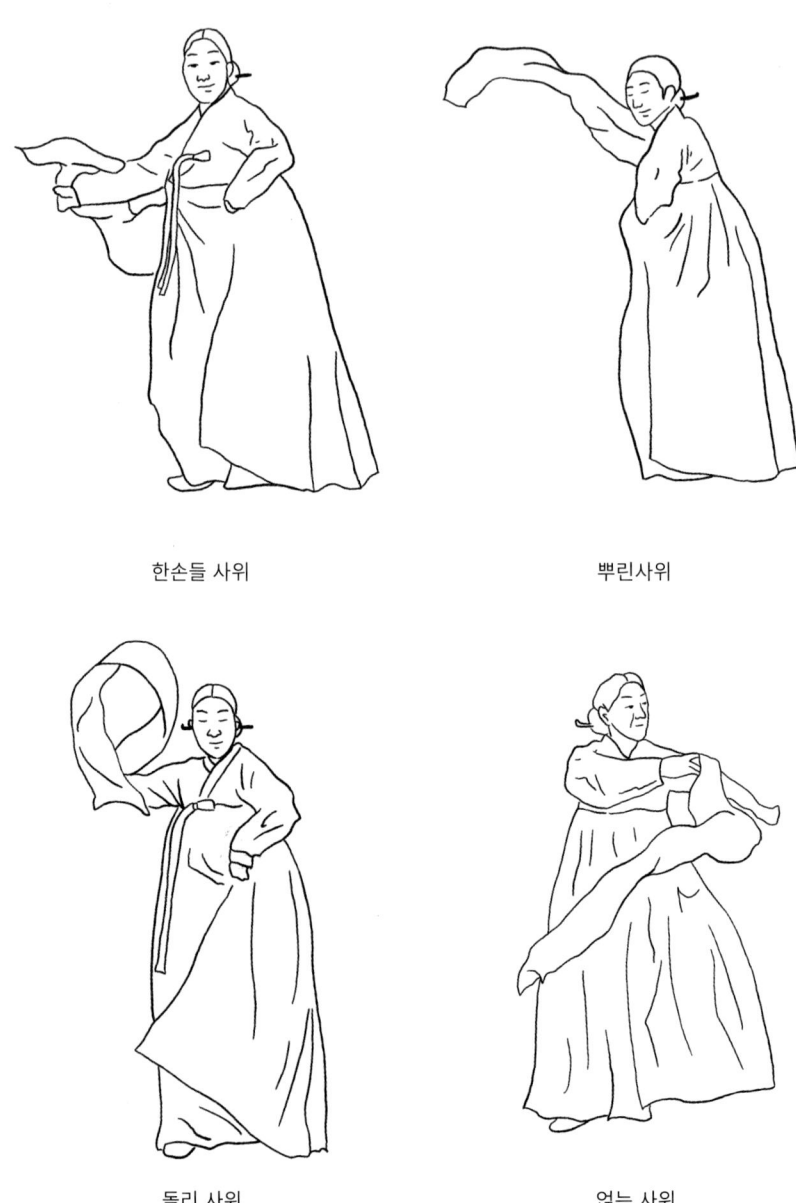

한손들 사위　　　　　　　뿌린사위

돌리 사위　　　　　　　얹는 사위

ⓒ정장직 이찬주춤자료관 제공

날린 사위

여미는 사위

어깨에 멘 사위

펴고 여밀 사위

감추고 채는 사위

들어올릴 사위

돌려날릴 사위

옆으로 뿌릴 사위

ⓒ정장직 이찬주춤자료관 제공

앞으로 뿌릴 사위

옆으로 날리며 걷는 사위

허공으로 날리는 사위(S자)

돌려맺는 사위

수건채는 사위(탁탈)

날리며 잡는 사위

수건을 허리에 매는 사위(뒤로)

수건 뒤로 달려 잡는 사위

ⓒ정장직 이찬주춤자료관 제공

구름처럼 구비치며 걷는 사위(돌리며 걷는사위)　　　회전(눌러주는 엇박자)

(수건감고) 바라보는 사위　　　(한손들고) 바라보는 사위

뿌릴 사위 　　　　　　　　　날리며 잡는 사위

평사위 　　　　　　　　　　맺는 사위

ⓒ정장직 이찬주춤자료관 제공

(2) 장단별 진행 과정

살풀이춤은 삼현육각(三絃六角)의 반주로 편성되어 있다. 기본적으로 악사 6인이 피리 2, 대금, 해금, 장구, 아쟁, 북, 가야금을 연주한다. 살풀이장단은 육자배기 특징의 산조 같은 반주로 쓰이는 굿거리 스타일의 시나위 곡(曲)이다. 안숙선의 구음으로 시작되는 곡은 기본적인 장단으로 순수 기악곡으로 연주되는 경우에는 시나위라 불리고, 춤음악으로 연주되는 경우에는 살풀이 또는 살풀이춤의 살풀이(굿거리)장단이라고 불린다. 김란류 살풀이춤은 전체 연희 시간이 총 14분가량 되며 총 206장단으로 느린장단 128장단, 자진모리 70장단, 느린장단 8장단으로 구성되어 있다. 처음에는 느린장단의 애조 띤 가락으로 시작하여 빠른 가락으로 모는 자진모리를 지나 느린장단으로 마무리한다. 살풀이의 악곡은 슬픔과 한을 풀어 주는 간절함이 장단을 넘나들며 흐른다.

① 느린장단(입장단): 덩기덩~ 덩더러럭럭 꿍기덕~ 꿍더덕~

② 자진모리(입장단): 덩기덕기 덩따궁따

③ 느린장단(입장단): 덩기덩~~~ 덩~더 러 럭 럭~~~ 꿍~기덕~~ 꿍~더덕~~~

6) 살풀이춤의 특징

살풀이춤은 마음의 변화를 갖는 춤이다. 무보의 같은 동작이라도 그 안에 품은 내적인 감성은 다르다. 어쩌면 그 때문에 살풀이춤을 즉흥무라고 부르는지도 모른다. 살풀이춤은 한이라는 정신 요소를 내포하기 때문에 한이 가진 슬픔 이외에도 한이 가진 밝음도 드러낸다. 이러한 한을 가지고 있어 살풀이춤은 매력적이라고 할 수 있다.

　살풀이춤을 추는 예인들은 오랫동안 즐겨 추고 애정을 갖고 있으며 계속 출수록 느끼는 감각이 다르다고 한다. 보는 이도 살풀이춤의 흐름과 마디마디 그 음악을 접하면서 어떠한 표현을 보고 가슴에 뭉클함이 느껴지면서 무언가를 담아내고 있다는 것을 느끼게 된다. 이에 대중의 사랑을 받고 각 지역마다 살풀이춤이 추어지고 전해져 내려온 것이다.

　살풀이춤은 수건의 뿌림이 담백한 것이 특징이다. 그것은 움직이는 듯한 느낌, 모든 것이 시선과 호흡, 그리고 농익은 움직임에 있다. 그것이 몸에서 배어 나와 피어오르는 것이다. 정병호 교수는 김숙자의 도살풀이춤에 대해 "차분하며 추는 춤보다는 맺는 동작이 많았으며 수건돌림과 도는 춤은 어느 누구도 흉내 낼 수 없는 것"이었다고 했다.[199]

　살풀이춤의 대표적인 한영숙류와 이매방류의 대표되는 살풀이춤에는 수건을 떨어뜨리고 줍는 춤사위가 있다. 반면 김란류 살풀이춤은 양팔을 양쪽으로 편 채 움직이거나 좌우로 수건을 마는 등 다양한 동작들을 지닌다. 살풀이춤은 주요 춤사위를 통해 알 수 있듯이 맺고 어르는 춤사위와 푸는 춤사위가 비교적 조화롭게 구성되어 있고 이를 통해 전체 살풀이춤이 갖는 형식을 만들어 간다.

　특히 호흡으로 묵직하게 눌러 주며 다리를 올렸다가 내리고 들어서 눌러 주는 밟는 동작은 구름처럼 굽이치며 걷는 사위로 누르며 걷는 발 동작이다. 그리고 수건을 앞과 뒤로 잡은 동작(수건을 허리에 대는 사위-뒤로, 수건을 잡고 여미는 사위-앞으로)과 엇박자의 회전도 빠뜨릴 수 없다. 수건을 한 팔에 걸친 채 어르는 사위는 반대 팔을 옆구리를 짚거나 일자로 내려뜨린 팔 모양으로 고루 구성되어 있다.

　기본의 춤을 갖춘 살풀이춤은 한과 멋을 통한 무대예술로 진화하면서 여러 시선을 담고 있다. 살풀이춤은 시선도 멀리 보고 아래를 내려다보기도 하는데, 느낌이 달리 다가온다.

---

199) 이규원, 정범태 사진 『우리 전통 예인 백 사람』 현암사 2006

또한 수건의 움직임을 다루는 폭이 다양하다. 예를 들어 살풀이춤에서 흔히 활사위라고 불리는 동작은 하나의 수건을 양손으로 받쳐 들고 활 모양으로 늘어뜨린 모양의 동작이다. 활 모양을 만들기 전에 커다랗게 원을 그리며 만들어 내는 동작은 놓치지 말아야 할 춤사위이다. 그리고 S자로 움직이는 몸과 허리를 모두 사용하여 움직이는 동작(허공으로 날리는 사위) 등은 역동적인 과정을 담아 힘 있게 분출한다.[200]

자진모리의 하체 동작에서는 자진걸음 앞으로 위로 뒤로 물러나기 등으로 빠른 움직임을 선보이고 굿거리의 독특한 동작이 반복되며 감정 변화로 몰고 간다. 그 밖에 부드러움에 즐거움을 얹은 듯한 목젖사위와 우아한 듯 수건의 작은 공 그림을 만들어 내는 동작(뿌림사위)은 부드러움을 느끼게 하고, 어르는 사위는 강한 인내를 표현하기도 한다. 호흡을 바탕으로 하여 끊음과 맺음을 표현하고 푸는 동작을 절정으로 이루어 가며 그다음 가락을 연결하기 위한 반복을 이룬다. 적절히 강약을 조절하여 수건을 채는 사위는 추는 이의 기교라고 할 수 있다.

춤의 기본을 고루 갖춘 살풀이춤은 정갈한 표현 기법을 담았다. 살풀이춤은 서두르지 않으며 삶의 순간을 끌어가듯이 정적으로 맺는 춤으로 구성되어 수건의 부드러움 속에 강함이 내재되어 표출되기도 하고 끈끈한 흐름을 담아 자연스럽고 연출하기도 한다. 정점을 향해 가면 여성의 몸짓에 스며든 신명과 신바람이 흘러나온다. 흥은 자기 생명력에 발현이고 교류가 확장되는 과정이다. 살아 있음에 대한 확인이다. 춤의 진가가 발휘되면서 춤이 지닌 미적 향수를 드러낸다. 살풀이춤은 단아한 자세로 춤을 추며 자신의 정신세계를 내면에 반영시키는 춤으로, 담백한 아름다움의 조화로 어우러지게 하는 멋이 있다.

---

200) 이찬주 『살풀이춤』 대전시청 2017 p92

2. 태평무

1) 태평무의 유래

태평무가 언제부터 전승되었는지는 정확하게 알 수 없지만, 조원경이 1967년 발간한 무용예술(舞踊藝術)의 기록이나 많은 이들의 증언에 따르면 약 100년 전부터 추어 왔던 춤이라 짐작된다.[201] 춤의 연원을 확실히 밝혀 줄 문헌 자료는 없으나 다만 몇몇 증언을 통해서만 추측해 볼 뿐이다.

태평무의 유래에 대해서는 무당들이 춤춘 기복무에서 비롯되었다는 설, 풍년이 들었을 때 축복하는 뜻에서 관가나 중중에서 추었다는 설, 궁중무용의 한 갈래라는 설 그리고 재인청에서 파생되었다는 설[202]이 있다.

태평무는 경기 도당굿의 재인이고 무속음악의 대가였던 이용우가 붉은 철륙을 입고 태사(太師)신에 관모 차림으로 춤을 춘 적이 있고, 이동안이 남색 관복 차림으로 추기도 했던 것과 우리나라 명무자였던 한성준이 경기지역 무속무용을 창안하여 재구성한 예술적인 춤으로 전해지고 있다.

2) 태평무의 종류

---

201) 이찬주 『춤-all that dance』 이브출판 2000 p283
202) 정병호·최현 『태평무와 발탈』 무형문화재 지정보고서 제149집 문화재 관리국 p239

한성준의 태평무는 그의 손녀 한영숙, 제자 강선영에게 전해졌으며 먼저 1988년 강선영의 태평무가 제92호 국가 중요무형문화재로 지정되었고, 2019년 한영숙류 태평무가 국가무형문화재로 지정되면서 박재희도 보유자로 인정되었다. 또한 재인청을 중심으로 전승된 태평무로서 이동안의 태평무가 또 다른 갈래로 구별된다.[203]

이동안의 태평무는 반주음악이 정악이 아니라 무악적 성격이 짙은 삼현육각(三絃六角)으로 되어 있어 춤이 흥겹고 경쾌하며 도무(跳舞)와 잦은 발디딤이 특징적이라는 점에서 이 춤은 궁중춤의 일종으로 보기에는 거리가 있다. 이동안의 태평무는 원님들이 추던 풍년을 축복하고 태평성대를 기원하는 의미로 재인들이 예술적인 요소를 가미해 계승되거나 무당들이 풍년을 축원하는 굿춤을 기초로 재인들에 의해 재창조된[204] 것이다.

이동안은 경기 화성재인청의 도대방이었던 세습광대 후에 이재학의 장남으로 어려서부터 전통예술가와 접하며 성장하였으며 부친이 태평무를 추는 것을 보아 왔다. 본격적으로 춤을 배운 것은 광무대 시절 김인호(가칭 김복돌)에게서 전승받으면서부터이다. 그는 5년간 춤의 기본을 비롯하여 입춤, 발막춤, 승무, 검무, 한량무, 진쇠무, 신선무, 포구락, 바라춤, 검무, 학춤, 엇중모리, 신칼대신무 그리고 태평무를 배웠으며, 광무대를 거쳐 광복 후 대한국악무용전문학원에서 많은 제자들에게 태평무를 지도하였다. 부산에서는 민속예술관에서 개인지도를 하는 등 여기저기를 전전하였고[205] 이른바 화성 재인청에서 파생된 태평무는 이동안에 의해 박정임, 조영숙, 최병기, 홍경희, 정경파 등 제자를 포함한 수많은 무용인에게 전수되었다.[206]

태평무는 조선왕조 궁중에서 무속으로 태평성대를 기원했던 왕과 왕비를 상상하며 만든 춤으로, 1940년부터 추었던 무대화 초창기에는 왕

---

203) 이찬주 『우리춤의 현장과 주변』 현대미학사 2016 p459
204) 정병호·최현 『태평무와 발탈』 무형문화재 지정보고서 제149집 문화재 관리국 p239
205) 정병호 『한국의 전통춤』 집문당 2002 p683
206) 한국민족문화대백과사전 「이동안」

과 왕비가 함께 추는 2인무였다고 한다. 초연은 1938년 조선음악 무용 연구회에서 이강선과 장홍심이 추었다. 스승 한성준에게 태평무를 배울 때 강선영이 왕비춤을, 한영숙이 왕춤을 맡아 짝을 이루어 추었는데, 왕과 왕비를 상징하는 춤이었기에 일제치하에 조선조 의상 대신 신라 시대 관만 쓰고 추어야 하는 설움도 당했다고 한다.[207]

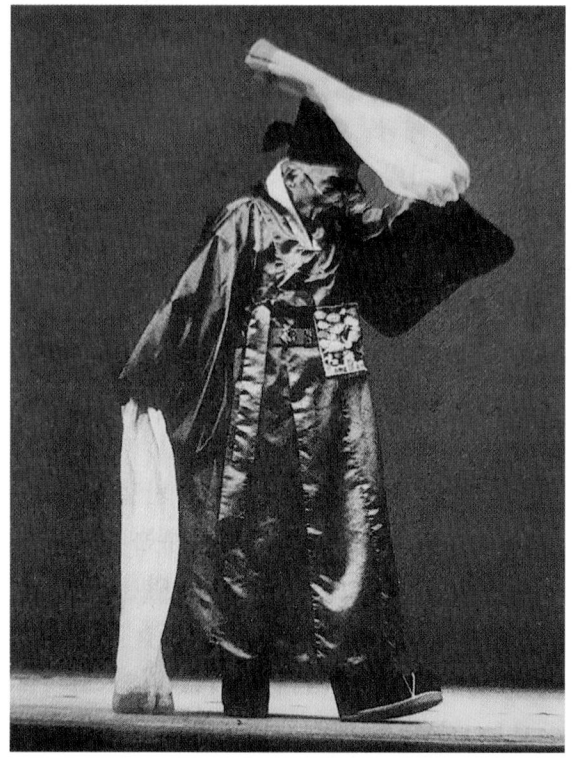

태평무 이동안

(1) 한영숙류 태평무 특징 및 춤사위 구성

한성준의 춤을 그대로 계승한 한영숙류 태평무는 담백한 절제미가 돋보인다. 단정하게 쪽진 머리에 옥비녀를 꽂고 족두리를 착용해 몸가짐

---
207) 태평무 기능 보유자 강선영 「한국일보」 1992. 5. 8

을 다부지게 했다. 무복도 활옷과 한삼 없이 궁중 평상복이었던 옥색 당의 차림으로 단순하게 한 것이 특징이다. 화려한 춤사위 대신 고고한 발 디딤새, 무대 위에서 은은하게 춤을 끝맺는 모습은 춤의 사군자 중 난초를 느끼게 한다.[208]

한영숙의 태평무는 한성준에 의해 전수되었다. 한성준은 자신의 예술성을 토대로 완벽하게 전통을 고수하며 정·중·동의 미적 감각을 가진 춤으로서 고고한 멋으로 돋보이게 했다. 태평무 춤사위로는 치마 잡는 사위, 손목 놀리는 사위, 끼고 감는 사위, 도듬사위, 받드는 사위(느리게 발 들기), 먹는 사위 등 있다. 복잡하고 까다로운 장단의 고저에 세밀하고 잦은 발디딤이 아름다움과 팔과 손목 움직임의 단아함이 느껴지며, 디딤새의 정갈한 맛을 내는 춤으로 절제되고 정제의 미를 엿볼 수 있다.[209]

한영숙류 태평무 장단 구성

장단	설명
푸살	2분박 15박자(3, 3, 3, 3, 3 총 15개 박자로 구성)
봉동체	3분박 5박자(3, 2 총 5개의 박자로 구성)
터벌림	반서림이라고 한다. 3분박 10박자(3, 2, 3, 2 총 10박자로 구성)
섭채	터벌림 장단보다 빠른 함배 3분박 10박자
올림채	분박(느린 5분박, 즉흥적으로 반복)
올림채몰이	5분박 2박자(3, 2, 2, 3)
넘김채	5분박 2박자(2, 3, 3, 2)
연결채	3분박 4박자(5분박 - 3분박으로 전환)
발뻐드레	3분박 4박자(자진모리와 비슷한 형태)
도살풀이	2분박 6박자(2, 2, 2, 2, 2, 2)[210]
잦은 도살풀이	3분박 4박자(도살풀이와 상이하다)
겹마치	3분박 4박자(4개의 장단이 모여 하나의 마루를 형성함)

---

208) 국악누리 - 태평한 세상을 염원하는 춤사위(태평무)
209) 김희숙 『한영숙류 태평무와 강선영류 태평무 비교 분석』 조선대 석사논문 2000년 pp20-22
210) 유병욱 『한영숙류, 강선영류 태평무 장단 비교 분석연구』 중앙대학교 대학원 국내석사학위논문 2017 p24-29

잦은 굿거리	3분박 4박자(기본적으로 자진모리와 비슷한 장단구조 겹마치를 섞어서 연주하기도 함)
당악	3분박 4박자(3분박을 매우 빠르게 연주 최고조의 분위기 연출)[211]

(2) 강선영류 태평무 특징 및 춤사위 구성

　강선영류 태평무는 화려함으로 존재감을 드러낸다. 화려한 활옷과 한삼을 걸치고 쪽진 머리 대신 이조머리(큰머리)에 떨잠과 금박 오색명주로 수놓은 댕기며 왕비다운 모습을 나타낸다. 상의로는 관에는 가슴과 등에 꽃무늬를 대고 분홍 당의를 입고, 겉엔 연꽃 모양이 수놓인 화려한 활옷을 입는다. 하의는 붉은색 속치마 위에 붉은 단을 단 남색 겉치마를 입고 오색 한삼을 끼고 춤을 추다가 춤을 추기 시작할 때는 한삼과

강선영

박숙자

입고 있던 활옷을 벗어 상궁에게 전달한 후 당의 차림으로 추고, 춤의

---

211) 김희숙『한영숙류 태평무와 강선영류 태평무 비교 분석』조선대 석사논문 2000년 p25

마지막은 무대 밖으로 퇴장하면서 객석에 진한 여운을 남기는 것이 특색이다.

또한 치마를 버선 발목까지 살짝 들어 올려 화려한 발사위를 보여 주는 대목이 눈길을 끈다. 한국춤에서 발 디딤새만을 집중적으로 보여 주는 동작이 드문데 강선영 태평무는 발의 장단을 극대화했다는 점에서 한성준이나 한영숙의 것과는 다른 느낌이 있다.[212]

강선영류 태평무 생성 동기는 한성준에 의해 창작된 형태로 전승되었으며, 엄숙하고 우아하며 화려한 춤사위를 가졌다. 1988년 국가무형문화재 제92호로 지정되어 보유자로서 태평무 춤을 전승하고 발전시켰다.

강선영의 태평무 장단구조

장단	설명
낙궁	3분박 8박자(길군악, 돌돌이 장단이라고도 한다)
터벌림	3분박 10박자(10박자, 3, 2, 3, 2 형태로 구성) 반서름 또는 반서림이라고도 함
올림채	5분박 6박자 (5박, 3, 2, 2, 3 형태) 엇모리 당단의 형태와 흡사, 터벌림과 같이 점차 몰아가는 형식의 장단
올림채몰이	5분박 2박자(3, 2, 2, 3)
넘김채	5분박 2박자(2, 3, 2, 3)
연결채	3분박 4박자(2, 3, 2, 3)
발뻐드레	3분박 4박자(자진모리와 비슷한 형태의 장단구조)
도살풀이	2분박 6박자(2, 2, 2, 2, 2, 2) 경기도 도당굿에서는 섭채라고도 부른다.
잦은 도살풀이	3분박 4박자(장단구조는 도살풀이와 상이함)
터벌림	3분박 10박자(고조된 분위기를 차분하게 풀어내는 의미로 터벌림으로 연주됨)

강선영류 태평무의 춤꾼은 왕비의 춤으로 머리에 가채를 쓰고 활옷에 손에는 한삼을 낀 모습에서도 장중함을 드러내며 무대에 올라 율동이 크고 화려한 춤동작을 선보인다. 춤사위는 한삼 걸치는 사위, 감고 푸는 사위, 헤엄하는 사위, 바른 걸음사위, 무릎 들어 도는 사위(연풍대), 엇

---
212)「국악누리」태평한 세상을 염원하는 춤사위 – 태평무

붙임사위 등이 있으며 특히 발에 원을 그리는 장단으로 발디딤새를 잘 갖추어 내며 춤을 추는 것이 기교이다.[213]

(3) 한영숙류 태평무와 강선영류 태평무의 무복 비교

한영숙 태평무 무복은 처음에 궁중 원삼에 한삼을 끼고 추었으나 의상이 대동소이[214]하여 춤의 특징을 살릴 수 없음을 감안하여 복식을 단순화하고 그의 예술적 감각으로 의상을 붉은 단 남색치마에 자주색 고름이 달린 옥색 당의를 입었고, 자주색 고름에는 수복문양과 연꽃, 묵화 문양으로 금박을 찍었다. 가슴과 등에는 학을 수놓은 보를 달고 끝동은 흰색으로 하였으며 머리는 단정하게 쪽진 머리에 옥색비녀와 솜쪽두리를 착용하였다.[215]

강선영류 태평무의 복식은 궁정뜰에서 노는 듯한 의젓함을 살리기 위해 남성 무용수인 경우 왕 옷을 입고 여성 무용수인 경우 왕비 옷을 입구 추었다. 강선영이 입고 추는 무복은 탐스러운 어여머리에 옥판과 화잠을 장식하고 금박과 오색 명주로 수놓은 뒷댕기를 늘어뜨린다. 겉옷은 연꽃 모양이 수놓인 화려한 흰색 활옷(원삼, 문화재 지정 당시만 노란색)을 입고, 상의로는 안에 입는 옷은 가슴과 등에 꽃무늬보를 대고 자주색 옷고름을 단 녹색 당의[216]를 입었으며, 하의는 붉은색 속치마(문화재 지정 당시 노란색) 위에 붉은 단을 단 남색치마를 입고 오색 한삼을 끼고 한삼 속에 북채를 들고 춤을 춘다.[217]

근래 들어 한영숙류 태평무는 이례적으로 붉은색 활옷 차림에 오색 장삼을 손에 끼고 추기도 한다. 한영숙류 태평무는 보통 옥색 당의에 남색 치마를 입고 추지만, 한영숙의 뒤를 이은 정재만은 스승 한영숙이

---

213) 이찬주 『춤, 사람 그 생동하는 기록』 위시앤 2023 p253
214) 큰 차가 없고 거의 같다는 의미
215) 유정희 『한영숙류 태평무와 강선영류 태평무에 관한 비교연구』 원광대학교 2004 p19
216) 강선영류 태평무이 무복은 이수자, 전수자 구분을 위해 이수자는 녹색 당의에 붉은색 겉치마를, 전수자는 분홍색 당의에 남색치마를 입기도 한다.
217) 유정희 『한영숙류 태평무와 강선영류 태평무에 관한 비교 연구』 원광대학교 2004 p19

빨간 원삼에 한삼을 끼고 추는 모습을 본 적이 있다고 한다.[218] 이에 대한 연구를 통해 정재만의 제자들은 한영숙류 태평무 의상의 새로운 모습을 보여 주고 있다. 의상 면에서 화려하게 복원되었으나 춤의 담백하고 절제된 분위기는 이어지고 있다.

백은희 ⓒ이진환

윤민숙 ⓒ정재훈

---

218) 이찬주 『우리춤의 현장과 주변』 현대미학사 2016 p181

3) 태평무의 전승 계보

제1세대 한성준(1874~1941)
제2세대 한영숙(1920~1989) (국가무형문화재 제27호 승무 보유자)
　　　　강선영(1925~2016) (국가무형문화재 제92호 태평무 보유자)
제3세대 한영숙(2대) →
　　　　정재만 (국가무형문화재 제27호 승무 보유자)
　　　　이애주 (국가무형문화재 제27호 승무 보유자)
　　　　박재희 (국가무형문화재 제92호 태평무 보유자)
　　　강선영(2대) →
　　　　이현자 (국가무형문화재 제92호 태평무 보유자)
　　　　이명자 (국가무형문화재 제92호 태평무 보유자)
　　　　양성옥 (국가무형문화재 제92호 태평무 보유자)
　　　　태평무 반주 – 김덕수, 강민석, 김동원[219]

한영숙의 제자로는 승무 예능보유자인 이애주, 정재만과 태평무 예능보유자 박재희 등이 있고 강선영의 제자로는 태평무 예능보유자인 이현자, 이명자, 양성옥 등이 있다.

정재만(1948~2014)은 한영숙에게 승무, 살풀이, 태평무를 전수받았다. 그는 "한영숙이 유일하게 남자 제자를 받았던 사람"[220]으로 정재만의 춤에 힘과 기교가 있음을 본 뒤 한성준의 학춤도 전수하였다.

이애주(1947~2021)는 서울 출생으로 7살 때 국립국악원 무용 담당인 김보남으로부터 무용을 배우기 시작해 한영숙에게 살풀이, 승무, 태평무를 사사받았다. 서울대학교 교수로 재직하였고 국가무형문화재 제27호 승무 예능보유자이다.[221]

---

219) 성기숙 『한국 근대 무용가 연구』 민속원 2004 p69 참고
220) 『전통춤을 미학으로 승화시킨 춤꾼-이애주』 동아일보 2014.7.14.
221) 정소율 『한영숙류와 강선영류 태평무 비교 연구』 고려대석사논문 2015 p18

박재희는 춘천여자중학교 1학년 시절 무용을 처음 시작하여 이화여자대학교와 동대학원을 졸업하고 홀춤으로 1973년 태평무를 전수받았다. 1982년 청주대학교 무용학과 교수로 부임한 이후 태평무를 전승과 보급에 힘써 2019년 국가무형문화제 제92호 한영숙류 태평무 예능보유자로 인정받았다.

이현자(1936~2020)는 1951년 당시 16세부터 강선영 고전무용전수소에 입소하여 강선영에게 춤을 배우기 시작했다. 1993년 보유자 후보로 지정되었고 2019년 국가무형문화재 제92호 강선영류 태평무 보유자로 인정되었다.

양성옥은 경희대학교 무용과에서 한국무용을 전공하였으며 국가무형문화재 제92호 태평무 전수조교였다. 2015년 현재 한국예술종합학교 교수로 재직 중이며, 2019년 국가무형문화재 제92호 태평무 보유자로 인정되었다.

이명자는 1956년 이현자 무용학원에 입소하여 이현자에게 춤을 배우고 1964년 강선영 문하에 들어가 태평무를 사사받았다. 태평무 종목의 전수조교가 되어 전승활동을 하던 중 2019년 국가무형문화재 제92호 태평무 보유자로 인정되었다.[222]

---

222) 정소율 『한영숙류와 강선영류 태평무 비교 연구』 고려대석사논문 2015 pp14-20

3. 양주별산대놀이

1) 양주별산대놀이의 역사

　한국에서 시작된 유랑예인집단의 자취를 전하는 고문헌을 찾아 거슬러 올라가 보면, 영·정조 대에 학자 한치윤이 쓴 역사책 『해동역사(海東繹史)』(1823)에 다음과 같이 주목할 만한 기록이 있다.

　埃傀儡子卽傀儡 而傀儡及越調 本皆新羅樂也[223]
　(안괴뢰자즉괴뢰 이괴뢰급월조 본개신라락야)

　여기서 괴뢰목우희(傀儡木偶戲)를 연희했던 예인집단(藝人集團)들의 모습이 신라 시대 때부터 전해졌다고 인식하였음을 알 수 있다. 이 집단들은 각처로 떠돌며 전문적인 예인집단으로 발전하게 되었고, 그중 최고의 예인들은 궁중으로 흘러 들어갔을 것으로 짐작된다. 또한 탈놀이 역시 신라 시대의 가무백희(歌舞百戲)인 탈춤 기록에서부터 살펴볼 수 있고, 이후 고려 시대에 와서 가설무대를 만들고 상연함으로써 한층 더 예술적 수준으로 다가가게 된다.[224] 고려 시대에서 조선에 이르기까지 탈춤은 비단으로 장식된 무대라는 뜻의 '채산(綵山)'[225] 또는 높은 무대라는 의미의 '산대(山臺)'라 불리며 전해져 왔다.
　중요무형문화재 제2호인 양주별산대놀이도 연희자와 관객이 공감대를 형성할 수 있게 하는 탈놀이이다. 이러한 놀이가 행해진 양주는 우

---
223) 심우성 『공연과 리뷰』 현대미학사 2010 가을호 p216
224) 이찬주 『춤-all that dance』 이브출판 2000 p216
225) 서연호 『산대 탈놀이』 열화당 1987 p26

리나라 전체의 중앙부에 위치하고 있으며 한양과 가까운 지리적 여건으로 수도권과 밀접한 관계를 이루고 있다. 한양과 가까웠던 양주목에는 약 200년 전부터 연중행사로 4월 팔(八)일, 5월 단오(端午), 8월 추석(秋夕)을 기하여 한양 사직골의 딱딱이들 또는 구파발 산대패를 초청하여 이들과 놀이를 진행해 왔었다. 한양과 경기도에서 활약했던 녹번리산대, 애오개산대, 사직골 딱딱이패, 노량진산대, 퇴계원 등의 본산대 놀이패는 60~70년 후에는 산대놀이의 후계자 육성을 이루지 못해 소멸되었다. 이러한 본산대 놀이집단을 모방하여 오늘날까지 계승하고 양주에 정착시킨 것이 '양주별산대놀이'이다.[226] 경기도무형문화재 제2호로 지정되어 있다.

이들 양주별산대놀이가 행해진 경기지역의 뿌리를 좀 더 살펴보면 이곳은 고대 초기 400년 백제의 하남위례성이 있던 도읍지였고, 고려조 500년과 조선조까지의 정치·경제·문화의 중심지로서 왕과 양반계층의 상류사회는 물론 중인, 서민까지의 문화가 함께 전승되는 궁중춤과 민간춤의 공유문화권지역이다. 따라서 경기도는 경제(京制) 무악의 중심을 이룬 근원지였으며, 지방으로 향제(鄕制)의 춤과 음악이 파생되는 거점이었다.

탈춤은 크게 황해도지방의 '해서탈춤', 서울·경기지방의 '산대놀이', 영남지방의 '오광대'와 '야류'의 3대 탈춤으로 구분한다.[227] 경기 북부에 자리 잡은 양주별산대놀이는 현재 한강 이남이지만 과거 경기남부 문화권에 위치했던 송파산대놀이와 함께 서울·경기 지역을 대표하는 산대놀이 중의 하나로 유명하다.

조선 시대 산대도감놀이는 유득공(1749~?)의 『경도잡지』에 "演劇有山戲野戲兩部 屬於儺禮都監 山戲結棚干帳 作獅虎曼碩僧舞 野戲扮唐女 小

---

[226] 이찬주 「양주별산대놀이」, 『춤으로 본 지역문화』 역락 2010 p22
[227] 그 외에 유랑예인집단의 남사당의 '덧뵈기탈춤', 함경도 '북청사자탈춤', 동해안 별신굿계통의 '하회별신굿탈춤', '강릉관노탈춤', 궁중무용계의 '처용탈춤'과 '학탈춤'이 있다.

梅戲"라 하여 산희를 인형극, 야희를 탈춤으로 분류하였다.228) 임진·병자 양란 이후에 조선조가 쇠퇴기에 접어들며 이러한 놀이의 규모는 인조 이후 더욱 작아지고, 명·청의 교차 이후 숭명배청의 사조와 함께 청의 사신 영접 시의 산대잡희도 열기가 식었다. 이후 영조·정조 대에는 결국 공의(公儀)가 폐지되며 산대도감의 창우 광대들이 각기 지방으로 흩어지면서 본래 지방에서 전승되던 탈춤과 습합되어 산대도감계통의 민속탈춤이 형성된 것으로 보인다. 유득공의 『경도잡지』에서 현존하는 산대놀이의 왜장녀와 소무배역이 거론된 것과 먹중과 파계승 등의 기록들을 보더라도 산대도감놀이에서 오늘날 전승되는 산대놀이로 이행

제5과장 말뚝이, 완보의 춤과 재담 ⓒ이찬주

한 흔적을 살펴볼 수 있다.229)

양주별산대놀이는 고려 시대 이후 조선 인조 전까지 성행되어 왔던

---
228) 조동일은 산희를 산대희, 야희를 가면희로 보았다.
229) 이병옥 『한국 가면무용 변천사 연구』 경기대 석사학위 논문 1983 pp63-68

'산대잡희(山臺雜戲)' 또는 '산대나희(山臺儺戲)'[230]와 관련성이 있는 산대도감극 계통의 도시형 탈춤[231]에 해당한다. 양주 지역의 탈춤은 자유로이 활동할 수 있는 자신의 고향 양주로 돌아갔던 이들에 의해 생겨났다. 이들은 도시의 전문적인 유랑예인집단, 산대잡희 또는 나희에 참여했던 연예인들의 영향으로 타 지역의 어느 탈춤들보다 가장 다양한 춤사위를 지녔다. 특히 수도권과 밀접한 양주의 지역적 특성으로 인해 한양 최고 양반들의 도시적 예술 영향을 받았다.

2) 전승 관계

양주에서 산대놀이가 시작된 시기는 약 200년 전 임진왜란 후 양주골에 유척기(兪拓基) 목사(牧使)가 당시 진어사 겸 목사로 부임하여 군사와 관민을 위로하기 위하여 시작되었다는 것이 구전으로 전해진다. 이후 한양에서 본산대를 초청한 것이 시초가 되어 매년 행사로 사월초파일, 오월 단오, 팔월 추석, 국경일, 기우제를 기하여 양주별산대놀이가 놀아져 왔다고 전해진다. 이러한 유래설은 유척기가 영조 4년(1728) 목사(牧使)로 부임했다는 『양주읍지(楊洲邑誌)』의 기록을 통해 어느 정도 타당성을 가질 수 있다.

유척기(복사)는 영조 4년 4월 양주목사로 부임(복사)하여 5월 체임(복사)하였고, 그 당시 양주의 명관(복사)이었다.[232] 이 기록으로 양주별산대놀이를 적어도 18세기 중엽 이후로 추론할 수 있다. 이 시기 한양 사직골 딱딱이패는 백정, 상두군, 건달로 구성되었고 양주는 이들을 초청하여 산대놀이를 하였는데, 이 당시의 중요 인물로 200년 전의 이을축이 있

---

230) 산대나희는 고려 말부터 조선 인조 이전까지 연행되던 놀이로, 산대라는 높은 무대를 설치하고 거기에서 가무잡희(歌舞雜戲)를 연희하는 규식지희(規式之戲), 화극적(話劇的) 재담(才談)을 하는 소학지희(笑謔之戲), 음악(音樂), 이렇게 세 부분으로 나누어 연희되었다.
231) 이찬주 『춤-all that dance』 이브출판 2000 pp130-131
232) 『양주읍지 下』 양주문화원 1988 pp1101-1103

었다. 그는 노장춤의 명인이었고 양주 최초의 가면 제작자였다. 이러한 이을축을 기점으로 이들 양주별산대놀이의 구성원들에 대해 전해 내려오는 다음과 같은 기록을 살펴볼 수 있다.[233]

양주별산대놀이의 구성원

(☆=노장춤 명인춤꾼, ★=상좌춤 명인춤꾼)

	성 명	역 할
1800년대	이을축 ☆	노장, 말뚝이, 가면제작
	이창원	취발이, 샌님, 신할아비
	노경무 ★	상좌, 소무, 애사당
	유인혁	옴중, 미얄할미, 눈끔적이
	김화춘	먹중, 도끼, 쇠뚝이
	정일남	완보, 신주부, 말뚝이
1830년대	신복흥 ☆	노장, 취발이, 가면제작
	고영만	완보, 말뚝이, 신주부
	박광현 ★	상좌, 소무, 애사당
	박래원	샌님, 왜장녀, 미얄할미
	이인준	먹중, 신할아비, 연잎
	김달원	옴중, 도끼, 취발이
	이창호	왜장녀, 눈끔적이
	김완보	완보, 샌님, 말뚝이
	이창만	팔목, 먹중, 신주부

---

233) 이찬주 양주별산대문화재 김순희와의 면담 2010.09.26, 박인용.이수자의 보존회기록, 양주별산대 공연장 마당의 돌에 새겨진 자료가 다소 엇갈린 점이 있었으나 주로 오래전부터 양주별산대를 배우면서 함께 했다는 문화재 김순희의 증언을 위주로 토대를 작성하였다.

1890년대	권봉국 ☆	노장, 취발이, 샌님
	노익조	포도부장, 연잎
	김수안 ★	상좌, 소무, 애사당
	함준용	샌님, 도끼
	이윤서	연잎, 취발이
	석성묵	옴중, 취발이
	이창유	먹중, 말뚝이, 샌님(배곱춤)
	정한규	완보, 신할아비(명창)
	김성운	왜장녀, 신주부
	조종순	취발이, 노장, 샌님
1900년대	유순조	완보, 취발이
	유경호	샌님, 도끼
	김영호	먹중, 소무
	조진구 ☆	노장, 연잎
	박중철	옴중, 먹중
	함준삼 ★	먹중, 말뚝이
	김순봉 ★	상좌, 소무
	이건식 ☆	노장, 신할아비
	유복득	원숭이, 도끼
	나순남	노장, 말뚝이
	김창호	옴중, 말뚝이
	권익순	취발이, 샌님
	박창하	먹중, 완보
	이학선 ☆	노장, 옴중, 말뚝이
	이만용	취발이, 샌님
	신순필	(전해 오는 역할 없음)
	이병덕	(전해 오는 역할 없음)
	박기득 ★ 1950에까지 활동-김순희 증언	소무, 상좌, 애사당

　　1900년대 박기득은 주로 소무를 추었는데 현재 문화재인 김순희가 어렸을 때부터 봐 왔던 사람으로 1950년대까지도 활동하셨고, 1950년대 활동했던 분들 중 박상환은 1971년 문화재로 8명이 선정되었을 때

까지 활동하며 그분들과 함께 지정되었던 분이다.[234] 그 외의 역할은 전해지지 않지만 양주별산대보존회 마당 돌에 새겨진 이름 중 신순필, 이병덕이 있다. 양주별산대놀이는 200년 전 활동했던 인물들부터 그동안 활동했던 인물들의 맥이 끊어짐 없이 전해질 정도로 양주 지역민들의 애정과 관심이 지속적으로 이어져 내려오고 있다. 이러한 적극적인 양주별산대놀이에 대한 관심은 '어린이산대'의 탄생에서도 알 수 있었는데, 이 어린이산대는 1964년에 양주별산대놀이의 이론연구자로서 무한한 관심과 많은 공헌을 했던 김성대에 의해 만들어졌다. 그때의 인물로는 유한란(柳漢蘭-상좌·원숭이), 박경국(朴慶菊-노장·옴중), 박경애(朴慶愛-먹중·말뚝이), 김선자(金善子-소무), 박현숙(朴賢淑-연잎), 김순옥(金順玉-취발이)이 있다. 김성대의 양주별산대놀이의 설립은 어린이산대를 통해 어린이들에게 유익함을 주는 취지도 있었지만, 그의 좀 더 큰 포부는 이 지역의 유산을 잘 정비하고 보존하여 지속적으로 지켜 나가자는 의지에서 만들어졌으리라 여겨진다. 이러한 근거는 어린이산대 연습이 김성대의 집에 모여서까지 행해지기도 했기 때문이다.

이러한 어린이산대는 3년 정도 유지되다가 1967년에 사라졌다. 하지만 그때의 어린이산대에서 배웠던 어린 김순홍, 석종관, 김순옥은 지금 양주별산대놀이 전수조교로서 그들의 기량을 유감없이 발휘하고 있다. 어린이산대가 사라진 후 초등학생으로 어렸던 신해춘, 홍상연, 김정선, 유한란, 염중원 등은 어른들이 활동했던 본산대에 들어와 어른들과 합류해 연습했다고 한다. 김순희도 그때를 회상하며 어른들과 어린산대 모두가 류경성 씨 집에 모여 함께 연습하고 배워 나갔다고 한다.[235] 현재 문화재로서 활동하는 김순희는 해산모와 소무로 활동하였고 2002년 문화재로 지정받았으며, 1971년 8명 문화재 동시 지정 때 문화재로 지정되셨던 노재영 옹과 함께 양주별산대문화재로 생존해 있다.

---

234) 이찬주 「양주별산대놀이」 『춤으로 본 지역문화』 역락 2010 p27
235) 이찬주 면담 예능보유자 김순희 2010. 9.26

양주별산대 전승 계보

1950년

박준섭	이장순	오홍선	박동환	박상환	박기득
취발이 도끼 옴중	눈끔적이, 먹중	옴중, 노장, 연잎	개복청, 먹중 대역	상좌, 소무, 애사당 (1950~197활동)	상좌, 소무, 애사당

↓

1960년

김성대	김성태
이론적조사	왜장녀, 노장☆, 해산녀

↓

1964년 경기도무형문화재 제2호 지정

↓

1971년 8명 동시 문화재등재

① 박상환	② 김상용	③ 신순봉	④ 노재영	⑤ 고명달	⑥ 류경성	⑦ 박교응	⑧ 석거억	함춘길	박재문	서정주
상좌 소무 애사당	도끼 말뚝이 취발이	먹중 원숭이 말뚝이	옴중 취발이 쇠뚝이	노장 눈끔적이	소무 미얄할미 왜장녀	완보 샌님	먹승 (피리)	(장고) 소놀이굿 문화재	옴중	지역유지 (후원자)

↓

이병권 (1976년 6월 문화재 지정) ↔ 김순희 (2002년 2월 문화재 지정)

↓

전수조교 — 지정순서

석종관	신해춘	홍상현	류경수	류한수	김정선	김순홍
취발이 신할아비	노장 샌님	옴중 취발이	악사 (장고, 피리)	왜장녀	말뚝이 연잎	소무 애사당

↓

이수자

김순옥	문경혜	이해윤	손춘식	박기운	최승운	유명선	박인용	이상근
소무, 팔먹중, 미얄할미	연잎, 해산모	포도부장, 왜장녀	악사 (대금)	말뚝이, 완보, 도끼	악사 (피리)	말뚝이 연잎	말뚝이, 완보, 원먹	노장, 옴중, 신주부

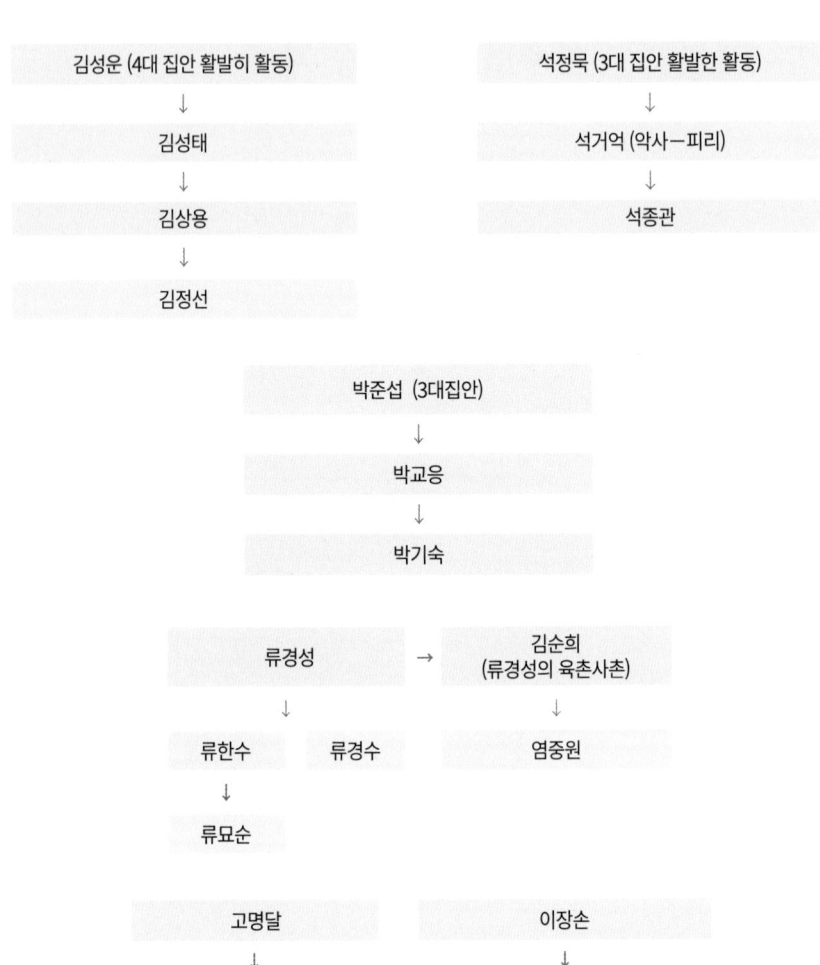

　이러한 양주별산대놀이의 전승 관계 중 특이한 일은 가족이 구성원을 이루고 있다는 점이다. 물론 현재 이수자들은 양주 지역에도 있고 타 지역에서 온 사람들도 있지만, 전수자의 경우 모두 양주 지역의 사람들로 구성되어 있다. 물론 이 지역에서 뿌리를 갖고 내려온 놀이이지만 가족 단위로 지속적으로 참여해 왔다는 것이 양주별산대놀이의 독특한

특색 중 하나이다.236) 특히 3대는 물론 4대의 집안이 지속적으로 참여한다는 것은 무엇보다 춤의 원형 가운데 70~80%는 보존된다는 점에서 문화재 보존에 커다란 이점이 아닐 수 없다. 어릴 때부터 누구보다 많이 보고 들으며 살아왔다고 말하는 그들의 증언에서 양주별산대놀이에 대한 그들의 애정과 자부심을 느낄 수 있었다.

3) 양주별산대놀이의 형태

양주별산대놀이는 길놀이로 시작되어 '서낭대'와 탈을 앞세우며 풍물을 울리다 부유한 집에 들러 춤과 덕담을 베풀고 흥취를 돋운 후, 탈놀이가 시작되기 전에 '탈 고사'를 지낸다. 정확한 격식에 의하면 놀이하기 전의 고사에는 떡과 3색 과일 외에 소머리, 돼지다리, 술 등 푸짐한 제물이 오르며 그 음식과 술을 배불리 먹고 마셔 취기가 오른 후 본격적으로 놀이가 시작된다. 이후 시작되는 놀이237)의 과장은 8과장 8경을 이루는데, 이 과장들은 연속성을 지니고 있는 것이 아니라 각 과장별로 독립된 주제를 가지고 있다. 하지만 사회에 대한 기본적인 비판과 인간의 화합을 추구하려는 점에서 의미상 통일성을 지니고 있다.

양주별산대놀이에서 등장하는 배역은 총 32인238)이나 해산어멈과 도끼누이는 왜장녀의 탈을, 신장수는 말뚝이탈을 쓴다. 그리고 쇠뚝이는 취발이탈, 도련님은 첫째 상좌탈, 서방님은 둘째 상좌의 탈 등 서로 겸용하여 사용하는 탈이 있기 때문에 실제 사용하는 탈의 수는 보통 22개

---

236) 이찬주 「양주별산대놀이」, 『춤으로 본 지역문화』 역락 2010 p30
237) 놀이인물: 상좌-어린 중, 먹중-1의 먹중은 원목, 2, 3, 4 먹중은 가먹. 완보-8먹 중에서 어른 중으로 관을 쓴 중. 옴중-8먹중의 한 사람으로 신명이 과하며 옴이 옮은 중. 노장-파계 중 연잎-천살성(복사) 부채로 눈을 가리지 않으면 그의 눈살에 맞아 죽게 됨. 눈끔적이-지살성(복사)늘 땅만 내려 보고 눈을 감아야 하며 눈을 끔쩍거리면 그 눈살에 맞아 세상의 모든 것은 죽음. 취발이-한량. 해산모-산파역. 왜장녀-애사당의 어머니. 애사당-왜장녀의 딸. 말뚝이-신발장수의 하인. 신주부-침쟁이.
238) 그 외 배역은 먹중 총 4명으로 원목, 가먹 외에 2명이 더 있으며, 신장수·도끼·무당 역은 도끼누이가 맡는다.

내외이다. 양주별산대에서 사용하는 탈의 주재료로는 바가지가 사용되며, 각 탈마다 일정한 도형을 갖고 있어 그 바탕에 의하여 제작되지만 현재는 주로 있는 탈을 수선해서 사용하며 새로이 만들지는 않는다. 또한 대사가 없는 배역이 절반가량이며 이러한 무언(無言) 탈들은 대사 한마디 없는 춤과 몸짓으로 나타낸다. 또 다른 유언(有言) 탈들은 재담과 노래가 따르며 춤으로 서민들의 소박한 감정과 꿈을 솔직하게 표현한다.

양주별산대놀이에 등장하는 기본 춤사위에는 불림사위, 빗사위, 고개잡이, 깨끼, 깨끼리, 멍석말이, 곱사위, 여닫이, 너울질로 9가지가 있으며 이 춤사위를 바탕으로 약 28종의 춤사위를 보유하고 있다. 그 외의 춤으로는 상좌춤에 두루치기, 합장재배, 팔뚝잡이, 돌담치기와 옴중춤으로 용트림, 사방치기, 고개 끄덕이기, 활개치기, 활개꺾기, 활개펴기, 멍석말이가 있다. 그리고 노장춤에는 복무, 윗몸일으키기, 이 닦기, 세수하기, 얼굴 닦기, 기립, 심호흡, 소무얼굴보기, 소무부채놀이, 사방치기, 죽장 버리기가 있다.

양주별산대놀이의 춤은 느린 장단에 추는 거드름춤과 빠른 장단에 맞추어 추는 깨끼춤, 그리고 여기에 굿거리춤으로 나누어 볼 수 있다.[239] 양주 별산대놀이의 반주 장단으로는 염불, 타령, 굿거리가 사용되며[240] 산대놀이춤의 반주악기는 삼현육각으로 피리 2개, 해금 1개, 대금 1개, 장구 1개, 북 1개로 구성되고 경우에 따라서는 북과 피리, 장구만으로도 춤을 춘다.

---

239) 이찬주 「양주별산대놀이」, 『춤으로 본 지역문화』 역락 2010 p35
240) 노래(소리)-파계승을 절로 되돌려 보내려는 백구타령, 파계한 노승을 부추기는 조기잡이, 중생의 발원을 기원하는 염불덕담, 신발을 팔려고 부르는 신파는 소리, 우는 자식 안고 부르는 둥둥타령 등이 있다.

양주별산대놀이의 구성-8과장8경

제1과장 상좌춤	제1과장의 상좌춤은 어린 동자승이 연희자와 관객의 무사를 기원하고 사방신에게 배례를 하며 춤을 춘다. '상좌(上佐)'란 동자승들 중 제일의 동자승을 말한다. 이 춤은 상당한 경지에 오른 춤꾼만이 멋을 나타낼 수 있다.
제2과장 옴중과 상좌	제2과장은 옴이 옮아 있는 옴중과 상좌의 등장으로 시작된다. 상좌는 물건을 팔러 다니는 옴중의 막대기와 제금을 빼앗고 놀리다 끝내 옴중에게 맞아 내쫓긴다. 이후 추는 옴중 춤은 염불장단에 맞춘 거드름춤과 타령장단에 맞춘 깨끼춤으로 양주별산대를 대표하는 두 춤의 조화가 절묘하게 이루어지고 있다.
제3과장 옴중과 먹중	제3과장에서는 승리한 옴중이 우월감에 새로이 등장한 먹중에게 자랑하려다 싸움이 시작된다. 그러나 이번에는 먹중이 승리하며 옴중을 내몬다. 하지만 먹중 역시 끼니를 굶은 지가 여러 날 될 정도로 가난하며 옴중의 벙거지를 부러워할 만큼 가진 것도 자랑할 것도 없는 인물이다.
제4과장 연잎과 눈끔적이	제4과장에는 특이한 존재, 연잎과 눈끔적이가 등장한다. 이들은 하늘과 땅의 기운으로 춤추며 신장(놀이판) 내에 잡귀를 제거한다. 이 과장을 통해 옴중, 먹중 같은 파계승들의 타락행위를 징계한다.
제5과장 애사당 법고놀이(3경)	제5과장의 1경(염불놀이)은 타락한 완보와 먹중들이 등장하여 파계승의 모습을 풍자한다. 2경(침 놀이)는 말뚝이의 아들, 손자가 술과 음식으로 죽게 되자 친구인 완보의 소개로 신주부를 불러 살아나게 하고 춤을 춘다. 3경(애사당 법고놀이)은 서민의 애환을 다루었고 배꼽춤, 애사당춤, 그리고 말뚝이와 완보의 북과 재담이 이 과장의 백미이다.
제6과장 파계승 놀이 (1경)	제6과장의 1경(파계승 놀이)은 노장이 파계되는 과정을 춤으로 보이는 양주별산대놀이의 대표적 과장이다. 2경(신장수 놀이)은 신발장수인 신장수가 원숭이를 이용하여 소무를 꾀하려 하나 실패하고 원숭이를 때려 내쫓는다. 3경(취발이 놀이)에서 취발이는 농탕질하는 노장을 꾸짖고 소무를 빼앗아 거드름춤, 깨끼춤으로 꼬여 아이를 낳는다.
제7과장 포도부장 놀이(2경)	제7과장의 1경(의막사령 놀이)은 하인 말뚝이가 친구 쇠뚝이와 함께 양반침(샌님, 서방님, 도련님)의 수모를 겪게 하는데, 이들의 골계적인 춤을 통해 무능한 양반 모습을 두드러지게 보여 준다. 2경(포도부장 놀이)에서 샌님의 소첩(소무)과 포도부장은 눈이 맞고 포도부장은 권력을 이용해 소첩을 빼앗는다. 당시의 타락한 권력을 풍자한 놀이가 이 과장의 흥의 절정을 이룬다.
제8과장 신할아비와 미얄할미	제8과장에서 신할아비는 미얄할미와 다투다가 미얄할미가 죽자 아들인 도끼와 딸을 불러 장사를 지낸다. 이후, 신할아비는 남편으로서의 권위를 아들과 딸에게 비판받고 잘못을 반성한다. 마지막으로, 어미를 위해 지노귀굿을 하며 끝이 난다.

양주별산대놀이 기본 춤사위[241] - 홍상현 전수자, 2010.9.26. ⓒ이찬주

① 불림사위   ② 빗사위   ③ 고개잡이
④ 깨끼   ⑤ 깨끼리   ⑥ 멍석말이
⑦ 곱새   ⑧ 여닫이   ⑨ 너울질

---

[241] 홍상현 전수자, 2010. 9. 26. ⓒ이찬주

4) 춤으로 본 지역적 특성

정조 6년(1782)의 기록에 의하면, 서울의 특권적 상인들이 상권을 독점적으로 장악하고 있을 때 양주상인들은 서울로 들어오는 상품을 중간에서 사 모아 서울 상인들의 생업을 잃게 하였다고 한다.[242] 이는 양주지방의 상인들이 외곽의 시전(市廛)들과의 연결이 쉬웠기 때문에 경제력에서 서울의 특권적 상인들을 능가하고 있음을 의미한다.

양주의 길목은 남으로 서울, 북으로 적성·연천 방면, 동북으로 동두천·영평 방면, 동으로 송우리·포천 방면으로 통하던 교통의 네거리로서 남부 문화권이 서울로 반입되는 길이었다. 이러한 연유에서 양주목은 주막이 즐비했으며 이곳은 한강 이북에서 제일 큰 고을이었다.[243]

이러한 지역적 특성을 지니고 생성된 양주별산대놀이는 '도시'와 깊은 관계를 맺어 왔다. 조선 후기에 궁중광대로 선발되어 일시적으로 궁에서 활동하였던 사람들의 생활 근거나 방식은 궁중 밖의 향촌에 있는 놀이판의 중심에 놓여 있었다. 향촌 광대나 유랑 광대 중에서 기능이 뛰어난 사람들이 때로 발탁되어 궁중에서 탈놀이를 하기에 이른다.[244] 특히 산대도감극 계통의 도시형 탈춤은 조선조 인조 때의 공의(公儀) 폐지 이후에 산대잡희 연희자들의 지방 정착과 더불어 전적으로 민간에 의존하여 존속되어 오면서 형성되었다. 이렇게 되자 이들 탈놀이 광대들은 향촌 광대나 유랑 광대로 돌아가게 된다. 이들은 주로 고을 원의 생신연이나 회갑연과 같은 사가의 향연이나 당굿과 단오놀음과 같은 마을 축제에서 공연하였다.

양주에서 별산대놀이를 형성할 수 있는 계기도 국가의 적극적 지원을 받아 온 산대잡희 또는 산대나희의 폐지로 자신들의 활동 지역인 고향으로 돌아가 합류하며 춤의 기틀이 더욱 화려하고 세련되게 변화하는

242) 조동일 『탈춤의 역사와 원리』 홍성사 1983 p86
243) 이두현 『한국의 가면극』 일지사 1979 pp118-119
244) 이찬주 『춤-all that dance』 이브출판 2000 p130

계기를 마련했다는 점에서 중요한 의미를 지닌다. 이러한 영향하에서 양주별산대놀이는 가장 세련되고 다양한 춤사위을 지녔을 뿐만 아니라 다음의 표와 같이 타 지역의 탈춤과 비교해 보았을 때, 가장 많은 배역도 지녀 왔다.[245]

지역별 탈춤의 중(스님) 마당의 등장인물 비교

양주	상좌	옴중과 상좌	옴중과 먹중	연잎과 눈끔적이	팔먹중과 염불	침놀이	애사당 법고	×	파계승	신장수	취발이	×	×
송파	상좌	×	옴중과 먹중	연잎과 눈끔적이	곤장	침놀이	법고	×	노장	신장수	취발이	×	×
봉산	상좌	×	×	×	팔먹중	×	법고	사당	노장	신장수	취발이	사자	×
강령	상좌	×	먹중	×	팔먹중	×	×	×	노승	×	취발이	×	×
은율	상좌	×	×	×	팔먹	×	×	×	노승	×	×	×	×
가산	×	×	×	×	×	×	×	×	중	×	×	×	×
고성	×	×	×	×	×	×	×	×	승무	×	×	×	×
하회	×	×	×	×	×	×	×	×	파계	×	×	×	신방

---

245) 박진태 『한국 가면극 연구』 새문사 1985 p94

양주별산대놀이는 지역적으로 수도권과 가까운 경제적 활동지로서 주막도 즐비하고 활발히 장사가 진행되어 온 지역의 탈춤으로 송파산대놀이와 함께 산대도감극 계통의 도시형 탈춤이다. 도시 외곽의 송파(送波)산대놀이는 상업적 요충지로서의 지역적 특수성으로 인해 탈춤이 상업적 영향력을 지니고 발전하였다. 이와 달리 양주별산대놀이는 상업적 지역으로서의 여건도 충분히 갖추었지만 상업적 행사보다는 주로 농경의례나 세시풍속시기와 관련되어 있었다.[246]

양주별산대놀이는 단오를 중심으로 지역축제를 크게 벌리는 데 비해 송파산대놀이는 백중뿐만 아니라 장날을 중심으로 줄타기와 씨름판,

입장행렬 – 둘째상좌, 가먹 1, 2, 옴중, 말뚝이, 완보 ⓒ이찬주

소리판과 풍물판, 탈춤 등을 상업축제로 벌였다. 또한 양주별산대놀이가 토지신(土地神)과 오곡신(五穀神)을 모시고 제사를 드리는 곳인 '사직(복사)'에서 별산대놀이가 행해졌다는 데서도 농경의례의 예와 지역 관속의 참여를 찾아볼 수 있었다. 이렇듯 양주별산대놀이는 그 존속이 읍의 제의(祭儀) 및 나례(儺禮)에 포함되며 이를 토대로 발전해 왔다고 할 수 있다.

군현의 경작농민에 대한 국가권력의 침투 과정을 촉진하기 위해 수령과 농민 사이에 직접적인 인격 지배의 관계 형성이 필요하였다. 이

---

246) 이찬주 「양주별산대놀이」 『춤으로 본 지역문화』 역락 2010 p38

에 각 군현은 국가에서 규정한 제의와 농경제례의 일부로 향리들이 주재하게 하였다. 양주별산대놀이가 관아지(동헌) 행사의 일부로서 연행되었을 뿐만 아니라 대소명청 외에 한천(寒天)의 기우제(祈雨祭) 같은 때에도 연희되었다는 것에서도 알 수 있듯이 탈춤은 마을의 세시행사(歲時行祀)와 관련이 있었다.247) 이에 덧붙여 양주별산대놀이를 연행하기에 앞서 길놀이에 해당하는 지신밟기 또한 호장의 집무지인 관아지(동헌)에서 이루어지고 있었다. 결국 양주별산대놀이는 향리들이 주재하는 관속의 중심이 반영되고 민중의 참여로 발전되어 온 탈춤이라 할 수 있다.

양주는 경기도 내에 광주·파주·여주 등과 함께 제일 큰 고을 중 하나로 정3품의 목사(牧使)가 파견되었으며, 각 군현 아래에는 면(面)·리(里)가 있었다. 또한 수령의 민간 행정기간인 '작청(作廳)' 아래 수령을 보좌하는 서리들의 기관인 '이청(吏廳)'을 두었다.248) 이처럼 양주는 양주목사에게 행정·사법·군사의 전권이 주어지는 조선 후기 향촌사회에 시행되어 온 행정조직의 양상을 보여 주고 있다.

양주 중에서도 양주별산대놀이가 행해졌다는 양주군 주내면(州內面) 유양리(悠揚里)는 1506년(중종 1년) 치소(治所)를 양주의 유양리로 옮긴 이래로 양주의 모든 군, 행정체제 기관이 있던 관할지로서 조선 후기 지방행정의 중심지였다.249) 특히 유양리는 '양주에서 제일인 곳'이라는 의미에서 유래된 지명(地名)이라 한다.250) 이러한 양주 주내면 유양리에는 양주목사(牧使)가 정가(整暇)를 틈타 휴식을 취하였다는 유래가 전해져 오는 정자 '금화정(金華亭)'이 있었다. 지금은 이 정자의 모습을 찾아볼 수 없지만, 정자 아래 관민동락(官民同樂)이라는 글씨를 새기고 목민관으로서의 마음을 가다듬었다고 한다.251)

이것은 당시의 관리들이 그들만의 즐거움이 아니라 백성과 더불어 즐

---

247) 이훈상「조선후기 향리집단과 탈춤의 연행」『역사속의 민중과 예술』1990 p200
248) 은혜진『조선후기 탈춤의 문화사적 특성에 관한 연구』이화여대 석사학위논문 1994 p49
249) 『복사』양주문화원 1988 pp1101-1103
250) 『양주의 지명유래』양주군 1993 pp55-57
251) 『양주의 지명유래』양주군 1993 p223

길 수 있는 치자(治者)를 덕목으로 여겼음을 의미하는데, 이 같은 사실에서 양주는 지방행정의 중심지로서 관의 주도성이 강하게 보여 왔던 곳

옴중-거드름춤 ⓒ이찬주

이라는 점을 알 수 있다. 이러한 유양리 지역에서 연희되어 온 양주별산대놀이는 읍치의 관속이 중심이 되어 연희를 주재하고 발전시키는 데 한몫했다. 또 이들의 재정적 후원 아래 창작된 춤의 성격은 소박한 향토적 성격과 함께 세련된 춤사위를 가지며 민예의 매력과 미를 갖추고 있다. 양주별산대놀이는 생동적이고 역동적인 연기자들의 '춤'이 관객들의 흥을 고조시키는데, 특히 현존하는 탈춤 가운데 가장 많은 춤을 보유하고 있어 '춤'이 중요한 위치를 차지하고 있음을 알 수 있다.

양주별산대의 춤사위는 타령장단의 '깨끼춤'과 염불장단의 '거드름춤'으로 故 김성대 씨에 의하면, '깨끼춤'은 몸의 마디마디로부터 멋을 풀어내는 춤이며, 거드름춤은 몸의 마디마디 속에서 멋을 집어넣는 춤이라 한다.[252]

특히 깨끼춤 중에 맞서는 춤은 2인 이상 출현하여 추는데, 양주별산대놀이의 맞서는 춤은 상좌와 옴중, 옴중과 먹중, 완보와 말뚝이 등이 서로 극적 대결을 할 때 추어져 극장 내의 흥과 신명을 고조시켜 주

---

252) 심우성 「김성대-양주별산대놀이가 걸어온 자취」 『한국의 민속극』 창작과 비평사 1976 p86

는 역할을 한다. 맞서는 춤의 순서는 '불림-빗사위-고개잡이-깨끼-깨끼리-멍석말이-곱사위-여닫이-너울질-빗사위-고개잡이-너울질'이다. 전체적으로 깨끼춤은 양주별산대놀이의 기본이 되는 9가지 춤을 기반으로 추어진다.

거드름춤 중 가장 대표적인 춤은 옴중의 춤으로, 양주별산대놀이에서 제일 발달된 춤이다. 이 춤은 '불림-고개잡이-사방치기-용트림-활개치기-활개펴기-활개꺽기-멍석말이-허리잡이-짐걸이-너울질-빗사위-고개잡이-깨끼춤…' 순으로 진행되는데, 주로 깊은 굽신과 함께 긴 소매를 사용한 팔과 몸통 위주의 움직임이 주를 이루고 있으면서 보폭은 넓게 사용되지고 동작의 무폭(舞幅)은 크게 사용된다.[253] 또한 말없는 탈의 연기는 노장이 가장 우수한 것으로 소무와의 파계과정을 훌륭히 소화해 내고 있다.[254] 특히 양주별산대놀이의 춤은 기본 춤사위에 춤 연희자의 기호에 맞게 짜서 추어지며, 맡은 역에 따라 무폭(舞幅)을 얼마든지 조절할 수 있는 특성을 지니고 있다.

남부지방에서 추어지는 탈춤의 성격은 무릎에서 어깨로 이어지는 강

옴중-거드름춤 ⓒ이찬주

한 동작들이 아니라 허튼춤의 한 형태이다. 한편 북부지방에서 추어지

---

253) 류경성 면담 1994 10월 17일 재인용
254) 이두현 「한국의 탈춤」 일지사 1983 p40

는 탈춤의 경우, 도무(跳舞)와 함께 양손에 한삼을 끼었으므로 뿌림새가 발달되어 있다. 양주별산대놀이의 춤을 지역적 특성과 연관시켜 살펴본다면, 깨끼춤의 발과 무릎, 다시 어깨로 이어지는 탄력적인 춤사위는 남부지방의 특성과 연결될 수 있으며 거드름춤에서 보이는 깊은 굽신과 어느 순간 역동적인 면은 북부지방의 춤의 특성과 연결된다.

　이처럼 양주별산대놀이의 춤은 남부지방의 향토적인 춤사위와 북부지방의 역동적인 춤사위가 어울려져 총집합되고, 그 기반 위에 '도시' 문화권의 영향을 받아 더욱 세련되어졌다.[255] 이러한 양주별산대놀이의 춤은 경기 지역의 경쾌하면서도 깨끗하게 추어지는 춤의 특성과 함께 다른 어느 지역의 탈춤보다도 가장 발전된 단계의 춤으로 확고히 자리

완보-깨끼춤 ⓒ이찬주

---

255) 이찬주 「양주별산대놀이」 『춤으로 본 지역문화』 역락 2010 p44

잡았던 것이다.

한국춤의 미적 형태는 '흥'을 말미암아 생기는 움직임에서 비롯되어 감정몰입 현상의 적절한 조화 속에서 신바람을 지니며, 여기에 춤판에서의 멋대로의 즉흥성이 포함되어 자유롭게 변화된다.[256] 양주별산대놀이의 춤은 생동적이고 역동적인 연희자들이 '춤'을 통해 관객들의 흥을 고조시킨다. 그러므로 현존하는 탈춤 중 가장 많은 춤을 보유하며 탈춤 진행에 있어서 '춤'이 중요한 위치를 차지하고 있다.

이러한 양주별산대놀이의 춤사위는 아주 다양하게 짜여 있다. 동물들의 움직임과 사람들이 일을 하는 노동 형태, 일상에서 볼 수 있는 자연스러운 움직임이나 동작 등을 장단에 맞춰 춘다. 예를 들면 용이 하늘로 승천하려는 몸부림과 어르려는 모습, 수탉이 암탉을 주시하며 후리려고 한쪽 날개를 올려 돌아가는 것, 어느 사물을 향해 전진하거나 후진 또는 빙빙 도는 것 등이 아주 자연스럽게 짜여 있다. 덧붙여 발디딤과 팔과 다리의 유연함 그리고 골절을 각도 있게 굴절시키는 것이 양주별산대놀이의 특징이다.[257]

또한 양주별산대놀이의 춤은 연희자들이 맡은 역에 따라 무폭(舞幅)을 조절할 수 있다는 특성을 지니고 있으며, 흥을 풀어내는 가운데 절도 있으면서도 기교적인 손놀림으로 춤의 멋을 한결 더 높여 준다. 이러한 춤은 경기 지역의 경쾌하면서도 깨끗하게 추어지는 춤의 특성을 고스란히 담고 있다.

이러한 양주별산대놀이가 내포하는 의미는 마당이라는 공간을 통해 연희자와 관객들이 서로 공감할 수 있는 일체감을 갖게 하는 것이었다. 당시 사회적 상황에 따른 서민들의 생활정서가 춤이라는 몸짓을 통해 보이고 있었다.

또한 양주별산대놀이의 취발이와 소무의 노골적이고 외설적인 성행위 동작, 말뚝이, 쇠뚝이와 함께하는 양반 까치걸음, 말뚝이와 홍정하

---

256) 이찬주 『춤예술과 미학』 금광 2007 p278
257) 양주별산대보존회 『양주별산대놀이』 고려문화사 2001 p13

는 왜장녀의 수선거리는 춤, 도끼누이의 지노귀굿, 말뚝이와 애사당이 같이 노는 춤 등을 통해 사회적 상황의 대립적 경향을 형상화하여 민속으로 나타내고 있다. 이는 내용 면에서 민중들에게 위협이기도 했던 지배층들에 대한 저항적 요소와 서민들의 활력적 요소, 서러움 등을 춤으로 잘 나타낸 것이다.[258]

특히 신분의 벽을 파괴하는 일은 신명나는 일이었는데, 이를 파계승에 빗대어 표현하면서 지배계층의 부조리한 삶을 희화화했으며 인간평등을 바라는 민중들의 염원을 은유적으로 암시하였다. 이와 더불어 세속화된 사회의 모습을 본 민중들의 비판, 그리고 조선 후기 더욱 발전하게 되는 의식적 가치관의 변화로서 현실적이고 물질주의적 근대적 세계관, 가치관을 지향하는 조선 후기 사회상도 반영하고 있었다.

양주별산대놀이는 사회적 측면에서 비판의 대상이 되는 지배계층과 직접적으로 맞서는 것이 아니라 풍자적으로 그들의 잘못된 관념과 의식을 일깨우는 사회적 성격을 드러내고 있다. 이로써 양주별산대놀이는 양반 중심의 지배층을 일깨우며 서민계층과의 연대감을 확보하고, 민중의 공동체 의식의 전개를 통해 화합을 기원하는 역할을 하는 것이었다.

정리하자면, 양주별산대놀이는 탈을 이용한 주술적인 제천행사와 농경제례의 풍속에서 비롯되어 민중의 생활과 관련을 맺었고, 향리집단의 적극적인 재정적 후원과 그들의 주재를 통해 지금까지 전승되어 올 수 있었다. 특히 양주의 지리적 위치는 서민들의 소박한 향토적 성격과 함께 궁중 춤꾼들의 영향 아래 도시적 세련미와 다양한 춤사위를 갖출 수 있었다.[259] 이러한 양주별산대놀이는 민중의 성장 속에서 의식세계로의 표출로 인한 새로운 예술적 의지를 담으며 경기도의 대표적 문화로 자리매김하고 있다.

---

258) 은혜진 「조선후기 탈춤의 문화사적 특성에 관한 연구」 이화여대 석사학위논문 1994 p90
259) 이찬주 「양주별산대놀이」 『춤으로 본 지역문화』 역락 2010 pp44-45

뒷풀이-박인용, 고경민 ⓒ이찬주

4. 범부춤

1) 범부춤의 역사

　범부춤의 지역인 밀양은 삼국 시대 변한(弁韓)의 '미리벌'이라는 부족국가로 시작하여 후일 가야국에 속했다가 법흥왕 때 신라의 추화군으로 되었다. 이즈음 낙동강 남쪽의 가야문화와 북의 신라문화가 충돌하면서 낙동강유역문화라는 특색을 가지기도 하였다. 지리적으로 밀양은 경남의 중심이며 낙동강좌의 웅부로 불렸다. 지형적으로는 군의 북에 화악산, 동에 천황산, 남에 종남산, 서에 관용산으로 둘러싸여 있다. 이러한 특수성 때문에 대륙문화와의 접촉이 어려웠고 이에 우리의 정서가 담긴 독자적인 춤 문화가 발생될 수 있었다.[260]
　남부의 낙동강 유역과 그 지류인 남천강 유역은 땅이 기름진 넓은 평야를 지니며 이름난 농경지역을 이루고 있다. 따라서 일찍부터 농업이 발달하면서 농경문화를 형성하여 전설, 민담, 민요, 민속놀이 등을 근간으로 독특한 세시풍속을 가지고 있다. 『동국여지승람』 제26권 「밀양도호부(密陽都護府)」의 풍속조(風俗條)에 '상화치(尙華侈) 농근우농(農勤于甕)'이라 기록되어 있듯, 농사일에 부지런하면서도 사치스러운 기질의 멋까지 지녔다. 그것은 농사일에 바쁘면서도 즐길 줄 알아 자연스레 농경생활 속에서 그들의 독특함을 지니고 만들어질 범부춤을 미루어 짐작할 수 있다.
　우리의 생활이 농경 위주로 영위되었고 이는 생존에 있어서 가장 기본적인 식생활을 안정시키는 중요한 수단이었으므로 범부춤은 풍년을

---

260) 김미숙 『慶南 鄕土舞踊 硏究 : 密陽 백중놀이중 양반춤과 범부춤을 中心으로』 1982 p34

기원하고 농민을 위로하며 작업능률을 향상시키는 형태를 포함하게 되었다.261)

범부춤이 추어진 시기는 백중일을 전후한 간지(干支)와 지지(地支)가 '진(辰)' 십이지(十二支)의 다섯째로 용(龍)을 상징에 해당되는 용(龍)날을 택하여 추어졌고, 농사가 끝난 후 '호미를 씻거나' '발뒤꿈치를 씻어' 농사일의 마무리에 대한 즐거움과 풍년을 기원하는 민중들의 축제로서 추어졌다. 범부춤이 추어지는 잔칫날의 명칭을 '호미씻이', '농부날'이라 하기도 하고 밀양의 음식 이름을 붙여 '꼼배기 참놀이', '꼼배기참'이라고도 불렀다. '꼼배기참'은 밀양지방의 방언으로, 고된 농사일에만 나오는 귀한 음식을 이른다.

또한 밀양에서 연대는 확실히 알 수 없지만 밀양국악예술보존협회 전(前) 사무국장 권태목의 증언262)에 따르면, 조선 왕조 말엽 밀양의 외곽지대인 대문거리에 9대로 진사(進士)가 살았던 구대골이 있었는데 이 집의 하인배들과 머슴들이 농사일이 한가한 때를 택하여 남천강 대밭등지에서 논 것을 처음으로 추정한다.263) 이러한 머슴과 하인의 춤이 조선 말엽 평민들의 계(契)놀이에 춤과 놀이의 일부로 흡수되었고 이 계(契)놀이는 아전(衙前)들, 즉 범부들로 구성되었으며 그 명칭을 '보본계(報本契)'라고 하였다. 1900년 1세대 보본계 중에서 김성숙, 하성옥이 범부춤을 추었고 1920년 2세대 보본계에서 하보경이 범부춤을 추었다.

범부춤은 '평범한 옷차림을 하고 춘다'는 뜻이며, 범부란 양반과 상놈의 중간 신분인 중인층, 즉 아전(衙前)을 말한다.264) 원래 범부춤은 '벌춤'이라고 불렸다. 벌춤이란 밀양의 방언으로 '넓은 곳에서 아무렇게나 추며 노는 춤'을 뜻한다.265) 이는 허튼춤의 하나로서 넓은 마당에서 추어졌던 춤을 일컫는다.

---
261) 이찬주 『범부춤의 심층구조와 의미에 대한 화쟁기호학적 연구』 한양대 박사학위 논문 2005 p8
262) 권태목 증언 1982.11.8
263) 고대민족문화연구소 1982 p145
264) 정병호 『한국의 민속춤』 삼성출판사 1991 p476
265) 김미숙 『慶南 鄉土舞踊 硏究 : 密陽 백중놀이중 양반춤과 범부춤을 중심으로』 1982 p52

밀양에서 범부춤이 발굴된 시기는 1960년대 후반기 전국민속경연대회가 해마다 열려 틀이 잡혀 갈 무렵, 각 도마다 출연시킬 민속놀이를 뽑았고 이에 밀양에서도 범부춤을 내세워 추게 되었다고 한다. 이때가 1970년 3세대로 이강석, 조병환이 범부춤을 이어 나갔다.

한때는 넓은 들에서 논다고 하여 '밀양 들놀이'라고도 하였고 1980년 '밀양백중놀이'로 명칭이 바뀌었지만, 그 안에서 범부춤은 우리 농경생활을 배경으로 공동체적인 협동생활에서 형성된 춤으로 농촌에서 지속적으로 전승되며 추어져 왔다.[266] 범부춤은 농경축제에서 농민들이 춤을 추면서 그들의 즐거움, 설움을 모두 풀어내는 것이다. 그러므로 범부춤은 자연발생적으로 생성되어 지역적 공동체 안에 정착하면서 민중에 의한, 민중의 춤으로 발전하게 되었다. 이러한 범부춤은 민속춤으로 서민과 함께 호흡하며 생활환경 속에 깊이 뿌리박고 오랫동안 성장하고 발달되어 왔다.

범부춤은 '멋스러움'을 지니며 몸과 몸짓이 획일적 형식의 춤에서 벗어나 자유롭고 즉흥적이며 신명이 나는 춤으로 표현된다. 무한한 자유에의 갈망과 그들의 풍년의 소망을 표현하는 춤에서 발생된 이 범부춤의 예능보유자로 평생을 살다가 작고한 이가 바로 앞서 언급한 1920년대 보본계의 하보경(河寶鏡, 1908~1997)이다.[267]

그는 16세부터 춤을 배웠으며 범부춤 외에도 여러 춤을 두루 추며 60년간 밀양 지역의 전통문화발전에 큰 기여를 하였다. 1981년 전국민속예술경연대회에서 범부춤으로 개인 연기상과 1982년 향토문화상을 개인으로 수상하였다. 또한 정병호에 의하면 우리나라에서 가장 춤 잘 추는 춤꾼[268]이라고 언급되었고, 그의 춤을 배운 이들은 한때 하보경이 젊은 날 씨름하다 다친 왼팔이 춤을 출 때 언제나 처져 있었지만 다친 팔의 움직임도 너무 멋스러워 따라 추었을 정도였다고 한다. 또한

---

266) 이찬주 『범부춤의 심층구조와 의미에 대한 화쟁기호학적 연구』 한양대 박사학위 논문 2005 p9
267) 1980년 11월 17일 중요무형문화재68호 밀양백중놀이지정 및 예능보유자 제257호
268) 정병호 『한국무용의 미학』 집문당 2004 p173

범부춤 - 하보경

'서 있기만 해도 춤이 되었다.'는 춤꾼 하보경은 범부춤을 최고의 가치로 올려놓은 장본인이기도 하다.

그는 어린 시절 한학을 배웠으나, 풍물패의 모갑이 놀이패에서 우두머리 노릇을 하던 아버지인 하성옥과 범부 출신으로 구성된 김성숙 등 1900년대 보본계(報本契) 1세대의 각종 놀이판을 쫓아다니며 춤 솜씨를 익혔다. 1970년대 말 전통무용연구회의 명무전(名舞展)을 통해 그의 춤이 서울에 소개되었는데, 토속적인 풍미로부터 배어 나오는 그의 장인적 품격은 한국춤계에 적지 않은 충격을 주었다. 평상복의 범부춤은 그의 장기였다. 범부춤은 영남 특유의 허튼춤 가운데 대표적인 남성춤이다. 억세고 투박한 영남 기질을 바탕으로 경쾌한 중량감, 꾸밈새 없는 품격, 흐트러짐 속의 견고함, 자연스런 파격이 옹골차게 어우러져 있는 그의 춤은 한국 놀이춤의 전형으로 평가되고 있다.[269]

하성옥·하보경·하병호의 삼대에 거쳐 온 모갑이인 놀이패의 우두머리 집안으로서 지속적으로 범부춤을 추어 왔고, 현재 범부춤 보유자로 대를 이어 명맥을 유지하고 있는 이는 하보경의 손자 하용부(河龍富1955~)이다. 그는 2002년 2월 1일 중요무형문화재 제68호 밀양백중놀이의 범

---

[269] 브리태니커

부춤, 북춤 예능보유자이다. 하용부는 이러한 집안에서 자연스레 범부춤을 습득하며 춤판을 따라다녔고, 1980년 하보경의 춤을 중심으로 중요무형문화재 제68호가 구성될 때 아버지인 하병호로부터 할아버지 춤의 유업을 이어받을 것을 권유받았다.

"얼씨구, 좋다. 놀아라, 쳐라" 놀이판의 특성상 반말이 횡행하는 이곳에서 부자지간보다는 한 대를 걸러 손자인 하용부와 할아버지인 하

밀양백중놀이 범부춤 ⓒ이찬주 국립민속박물관

보경이 춤을 주거니 받거니 하는 것이 좋았다고 한다. 게다가 하용부의 부친이 너무나 일찍 세상을 떠났기 때문에 그는 범부춤을 할아버지인 하보경과 더욱더 함께했다. 심지어 할아버지인 하보경의 기력이 쇠약해졌을 땐 하용부는 지게에 모셔 표충사 뒤 제약산을 오르면서 범부춤을 추어 왔다고 한다.

하용부의 멋들어지는 범부춤의 춤사위는 프랑스 안무가 도미니크 로보에게도 감동을 주어 프랑스 무대에서도 보여 주고 강습도 행해졌다고 한다. 그 후 1999년 범부춤의 멋을 또 보고 싶다는 도미니크 로보의 요청에 의해 프랑스에서 또다시 추었다고 한다. 독일의 피나바우쉬도 범부춤에 반해 한국을 소재로 한 2005년 신작 〈러프컷(Rough Cut)〉을 안무할 때도 하용부에게 독일로 와 줄 것을 요청하여 안무하였고, 범부춤

에서 보여 주는 한국춤의 숨의 구조를 가장 놀라워했다고 한다.[270]

소박함을 지니고 우리 고유의 멋을 지닌 범부춤, 자연스레 추는 춤에 감동받고 무기교의 기교에 놀라게 되는 것이 범부춤이 지닌 매력이다. 멋진 사위만 골라 넣은 춤의 기교로 빽빽하게 채워진 춤이 아니라 한참을 비워 두는 범부춤의 편안한 '숨'으로 감동을 주는 춤이 바로 범부춤이다. 이는 틀에 박힌 형식 없이 타고난 신명을 고스란히 보여 주는 범부춤의 신명으로, 농부의 마음과 노동의 해방감이 융합되면서 꾸밈없이 솔직하게 추어지는 것이 그 매력이다.

범부춤은 독특한 몸짓을 지닌 평민들의 단출한 의복인 흰색바지저고리에 넓은 놀이판이 좁다는 듯 큰 원을 그리면서 돌아다니며 힘차고 절도 있게 추는 야성적인 춤이다. 판소리의 고수처럼 한 사람이 떨어져 앉아 장고를 치고 그 장고재비를 바라보면서 뛰어다니며 어르기도 한다. 또한 장고재비를 향해 머뭇거리다가 바로 꽂히듯이 춤을 추며 뛰어다니는 동작들은 들녘에서 일하는 힘찬 남성의 모습을 그대로 담고 있는, 다른 춤에서는 찾아볼 수 없는 인상적인 모습이다.[271]

어느 순간에는 온몸을 던지듯 하다가 굽히고, 뒷다리를 쭉 뻗어 눕히듯 하여 고갯짓과 어깻짓으로 으쓱대면서 뽐내 보이고, 한손은 앞가슴에 붙이기도 하면서 잔뜩 멋을 낸다. 범부춤 특유의 자유롭고 형식에 메이지 않은 고갯짓, 어깻짓과 배김사위 등이 역동적이고 남성적인 모습을 한층 더 자아낸다.

범부춤은 사회적·역사적·자연적 조건에 영향을 받아 생성되었고 감상 목적이 아닌 직접 추어서 느끼고 즐기는 향유성, 집단적인 보편성, 시대적 흐름에 따른 유동성, 자연적인 전승성으로 생활에 밀착된 것이다.[272] 이러한 범부춤은 한국문화의 바탕을 지닌 자연적인 춤의 특성을 지니며 우리의 고유민속으로서 깊은 연관성을 지니며 면면히 이어져

---

270) 이찬주 면담 범부춤 문화재지정 하용부 2005. 제1차 3.22, 제2차 6.1
271) 봉천놀이마당 1994 p556
272) 이찬주 『범부춤의 심층구조와 의미에 대한 화쟁기호학적 연구』 한양대 박사학위 논문 2005 p12

왔음을 알 수 있다.

2) 범부춤의 표층구조

범부춤 하보경 ⓒ정범태

범부춤은 놀이에서 만들어진 춤이므로 먼저 놀이의 형태에 대하여 알아보자. 놀이의 형태에 대하여 쉴러(Schiller)는 잉여의 에너지를 방출하기 위해 놀이는 넘쳐흐르는 에너지의 소비라고 했고, 마즐러스(Mlawarus)는 일한 뒤 원기를 회복하기 위한 것이라는 휴양설을 주장했다. 패트릭(G.T.W. patreck)에 의하면 놀이는 정신적 긴장을 풀기 위한 것이라는 이완설을, 그루스(K. Groos)는 본능 실현설을, 홀(S. Hall)은 생활 준비설 등의 전통적인 놀이의 개념을 주장했다.[273]

범부춤의 형태는 자기표현에서 사회의 역할을 중시하고 습성과 태도를 본능적으로 표현하는 것으로 볼 수 있다. 호이징거(Huizinga)가 모든 놀이가 무엇보다도 자유로운 행동이라는 점에 긍정하듯, 범부춤의 서

---

273) 김미숙『한국 놀이춤에서 나타나는 음양오행에 관한연구』한국무용예술학회 2000 p63

사구조는 놀이의 하나로서 자유롭고 자발적이며 그 자신들을 위하여 추구하는 인간의 활동의 자유적 특성을 지니고 있다. 그 안에서 범부춤은 자유로운 활동, 융화된 활동, 가상적인 즉 허구의 활동으로 놀이의 충동을 그대로 표현하며 재능으로 발휘되고 있다.

밀양백중놀이에서의 서사구조를 보면 앞놀이(잡귀막이굿·모정자놀이·농신제), 본놀이[작두말타기, 춤판(양반춤·병신춤·범부춤·오북춤)], 뒤풀이의 세 가지로 나뉜다.

(1) 앞놀이

앞놀이의 시작은 꽹과리와 징으로 흥을 돋우며 시작을 알린다. 금각을 길게 서너 번 불면 모두 나와 허튼춤으로 어울린다. 먼저 잡귀막이굿을 시작하고 그것이 끝나면 모정자놀이를 하여 흥을 돋우는데, 이때 논매기 모심기 노래와 함께 동작을 한다.

〈모심기 노래〉[274]

한강수에 모을 부어
모쩌내기 낭감하네
하늘에다 목화를 심어
목화따기 난감하네
물길랑 처정청 헐어
주인네 양반 어디로 갓노놓고
문어야 대전복 손에 들고
첩으야 집에 놀러갔나
밀양아 삼랑아 국노늪은
가락왕의 유람터요

---
[274] 밀양백중놀이 보존회 1999

칠보야단장 곱게 하고
왕의 행차 구경 가세

일꾼 : 잘한다 이후후후…
….

이 노래를 부를 때는 둥글게 원을 지어 서기도 하고 앉기도 하는데, 서 있는 사람은 빙빙 돌면서 춤을 추기도 하며 동작의 움직임으로 흥을 돋운다. 이 가사의 내용과 곡조가 서러운 것을 보면, 춤꾼인 농민들의 생활이 그들의 강한 생명력만큼이나 한이 서려 있음을 짐작할 수 있다.

〈논매기(김매기) 노래〉

논매기 앞소리 :
어화친구 벗님내야
이내말씀 들어 보소
오뉴월 삼복더부
불같이 더운 날에
밭도 매고 논도 매니
땀이 난다 땀이 난다
구슬같이 땀이 난다
배는 고파 등에 붙고
목은 말라 불은 탄다.
열심히 농사지어
부모봉천 하연후에
나라충성 하여주소

일군: 어후후후…

이 노래는 김매는 시늉을 하며 자유리듬으로 느릿느릿 길게 부르는데, 매우 처량하게 들린다. 모심기를 마치면 흥을 돋우기 위해 덧배기 가락에 맞춰 오른편으로 돌며 덧배기춤(허튼춤의 일종)을 춘다. 논매기가 시작되면서 모두 논을 매듯이 엎드려 소리를 주고받는다.

모를 심고 논을 매는 흉내를 내면서 모심기와 논매기 노래를 부르며 어울려 논다. 농경 작업은 노동을 필수로 하며 물논에서 하는 작업인 만큼 고통이 심하며 건강과 인내를 필수로 하므로 농요 중에는 노동을 노래한 것이 많다. 농요는 북과 장고의 느린 장단에 맞춰 흥겹게 노래 부르며 작업을 하자는 것이다.

덧배기춤으로 한바탕 놀다가 농신제를 중심으로 둥글게 서서 북을 둥둥둥 세 번 울리고 축원문을 읽으면, 구경꾼들은 농신제에 쌀·콩·돈·축원문을 넣은 주머니를 매달고 그해의 풍년과 오복을 빈다. 이것은 생활의 모든 것을 기원하는 민간 신앙적 성격을 띤다. 그다음은 힘자랑으로 씨름과 쌀 한 섬 정도의 들돌을 어깨 뒤로 넘기는데, 이긴 사람을 위하여 2분간 춤판과 흥겨운 자락이 연출된다.

(2) 본놀이

본놀이는 힘자랑에서 뽑혀 장원이 된 머슴인 좌상·무상을 작두말에 태우고 놀이판을 도는 것으로 시작한다. 이를 작두말(소)놀이라 부른다. 이때 머슴은 갓을 거꾸로 쓰고 우장을 입었는데, 이는 양반의 삿갓과 도포를 상징한다.

양반으로 가장한 머슴이 도포에 정자관을 쓰고 부채를 들고 등장하여 양반 행세를 하며 근엄하게 양반춤을 춘다. 뒤를 이어 십여 명의 병신들이 출연하여 갖가지 병신춤을 추는데 이 병신춤은 난쟁이, 중풍쟁이, 배불뚝이, 꼬부랑할미, 떨떨이, 문둥이, 곱추, 히줄래기, 봉사, 절름발이의 춤 등 해학이 깃든 장끼를 보여 준다. 병신춤이 끝나면 흰 바지저고리에 왼쪽 바짓가랑이에 웃대님을 맨 범부가 등장하여 범부춤을 춘다. 범부춤을 마지막으로 하여 본놀이가 끝나고 마지막 뒤풀이 마당이 이어진다.

놀이에 대한 형태 중 가장 최고의 춤판으로 여겨지는 밀양백중놀이의 춤들을 좀 더 자세히 살펴보자. 먼저 양반춤은 의관을 정제하고 부채를 들고 나와 춘다. 타 지역의 한량무가 방 안에서 추는 것으로 섬세하고 예쁜 것에 비해, 밀양의 양반춤은 넓은 들판에서 마음껏 활달하게 추어지는 것이 특색이다. 발놀림 폭은 다소 좁은 듯하나 양팔의 활개는 크며 정지한 상태에서는 여러 박자를 같은 방향의 손과 발을 함께 움직인다. 이 양반춤은 머슴들끼리 노는 놀이판에 양반이 끼어들어 머슴들을 물리치고 거드름을 피우면서 춤을 즐기고 있다는 상황이 배경으로 깔려 있어서 양반의 모습을 더욱 당당하면서도 거만하게 나타낸다.[275] 이 양반은 물론 머슴들 중에서 가장한 것으로, 양반을 놀리기 위한 것이다.

양반이 춤을 추고 있을 때 머슴들이 여기저기서 많이 등장하여 갖가지 병신춤을 추면서 양반을 놀리자, 양반은 뒤로 물러난다. 난쟁이, 중풍쟁이, 배불뚝이, 꼬부랑할미, 떨떨이, 문둥이, 꼽추, 히줄래기, 봉사, 절름발이 등 10여 명이 각각 해당 역할의 특징을 춤으로 보여 준다. 병신춤판은 매우 익살스럽고도 흥겨운 분위기를 이루는데, 앞의 양반춤과 대조를 이루며 더욱 효과적이다. 이때 복장은 평복 차림을 한다.[276]

소작농이나 머슴들이 일하다 쉬는 참에 논두렁 위에서 병신 흉내를 내며 양반을 놀리면서 놀았는데, 이것이 연유가 되어 이런 병신춤이 생긴 것이라고도 한다. 힘든 농사일의 피로와 삶의 시름을 지주층인 양반들을 모욕하고 풍자하며 한바탕 웃는 동안 어느 정도 해소할 수 있었고, 이는 다시금 농사일을 계속하게 하는 힘이 되었을 것이다. 이때 특이한 악기로서 사장구와 물장구가 등장한다. 사장구는 작은 자배기 두 개를 가지고 양옆 아가리에 가죽을 붙여 장구처럼 만든 것이고, 물장구

---

275) 이찬주 『범부춤의 심층구조와 의미에 대한 화쟁기호학적 연구』 한양대 박사학위 논문 2005 p30
276) 강진옥 「민속의 현장 풍요를 약속하는 화해의 마당-밀양백중놀이」 한국문화예술위원회

는 자배기에다 물을 반쯤 부어 바가지를 엎어 놓고 두드리는 것이다.

 병신춤이 끝나고 분위기가 고조되자 뒤에 물러서 있던 양반이 흥에 겨워서 도포와 의관을 벗고 상투머리에 망건을 쓰고, 흰 바지저고리에 왼쪽 바짓가랑이에 웃대님을 맨 범부 차림의 양반이 출연하여 범부춤을 추면서 신나게 논다.

 가락은 양산도 가락으로 3박 장단이다. 춤은 활달하고 야성적이며 놀이판을 원을 그리듯 힘차게 뛰어다니며 활개춤을 추다가 배김사위를 많이 보인다. 옆치기사위는 장단을 향해 앉아 좌우로 뛰는 것으로 배김사위와 함께 모두 범부춤에 활기와 발랄함을 주고 있다. 범부춤을 마지막으로 본놀이가 끝나고, 마지막 뒤풀이 마당으로 이어진다.

(3) 뒤풀이

 뒤풀이는 머슴차림의 다섯 북재비들이 오북춤을 추면서 흥을 고조시키면, 주위에 있던 놀이의 참가자들이 이 장단에 춤을 준다. 남녀노소 없이 일체 화해의 장으로서 춤판이 이루어진다.

 이러한 밀양백중놀이의 서사 구조 안에서 범부춤은 '넓은 곳에서 평범한 남자가 아무렇게나 추는 춤'이란 말 그대로 일종의 춤을 추며 노는 놀이의 형식이다.

 범부춤의 표층구조에서 가장 첫 번째에 해당하는 것이 여러 놀이와 마찬가지로 '즐거움'의 요소를 지니고 있다. 왜냐하면 범부춤은 일 년의 중요한 농사를 마무리 짓고 한 해의 휴식을 맞이하는 '자유시간에 행해지는 것'이기 때문이다. 자유만큼 인간에게 즐거움을 주는 것은 없다. 그래서 범부춤의 '즐거움'의 요소는 추는 사람과 춤을 구경하는 사람 모두에게 자유의 '웃음'을 동반하게 하여 열정과 환희를 표출케 한다.[277]

 그렇다면 이 범부춤의 표층구조에는 놀이로써 즐겁게 춤을 추는 '즐

---

277) 이찬주 『범부춤의 심층구조와 의미에 대한 화쟁기호학적 연구』 한양대 박사학위 논문 2005 p31

거움' 외에 어떠한 의미를 지녔을까? 그것은 범부춤이 우리 민족에게 익숙한 농경생활을 그린 삶의 범주 중 하나라는 점에서 그 춤의 존재 자체가 우리 일상생활을 대변하고 있다는 것이다. 범부춤은 관객이 동원되어 구경하고 먹고 마시는 즐거운 놀이로써 그 즐거움에 흥이 나서 열광하고 몰두하여 춤을 추게 하는, 즉 미치게 만드는 바로 그 힘 속에 범부춤의 원초적인 성질이 드러난다. 이는 경험 과학의 수리적 방법의 해석보다는 춤의 미적 특성의 표층구조로 보아야 한다.

  호이징거는 놀이를 정함에 있어서 "형식이라는 각도에서 보면, 놀이는 허구적인 것으로서 일상생활 밖에 있음에도 불구하고, 놀이하는 자를 완전히 사로잡을 수 있는 자유로운 행위로 간단하게 정의할 수 있다. 그것은 어떠한 물질적 이익도, 효용도 없는 행위로서, 명확하게 한정된 시간과 공간 속에서 행해지며, 주어진 규칙에 따라 질서정연하게 진행되는데, 기꺼이 자신을 신비로 둘러싸거나 아니면 가장(仮裝)을 통해 평상시의 세계와는 무관하다는 것을 강조하는 집단관계를 생활 속에 생기게 한다."고 하였다.[278] 이 정의에 비추어 볼 때, 범부춤 역시 허구와 기분 전환의 역할이 표층적 구조를 지녔음을 주지하게 된다.

  범부춤의 표층구조에는 즐거움을 주지만 본질적으로 생활의 다른 부분과 분리되어 있다. 왜냐하면 일반적으로 시간과 공간의 명확한 한계 속에서 이루어지기 때문이다. 범부춤은 욕구의 즐거움이 제한된 시간과 장소 속에서만 행해지는 고유의 과정이라는 점에서 의미가 있다. 범부춤의 현저한 특성은 시간적 한계성과 직접적인 연관을 가진다. 이러한 범부춤은 연희적 시간성으로 본래의 삶이 아닌 일상생활에서부터 또 다른 일시적인 활동의 영역으로 건너뛰는 것이다. 이러한 몰입과 탐닉이 환희, 혹은 또 다른 감정에 도달할 때 순간적이긴 하지만 범부춤은 아름다움과 장엄함에까지 도달한다.

  앞서 밀양백중놀이 중 앞놀이에 해당하는 잡귀막이 굿에서도 알 수

---

278) 김미숙 『한국 놀이춤에서 나타나는 음양오행에 관한연구』 한국무용예술학회 2000 p64

있듯이 굿의 시작 부분에 굿마당, 즉 굿 연희 장소가 정해지면 그곳의 잡귀를 잠재우고 물 닦음을 한 후 그곳은 부정한 것을 없애는 신성한 공간으로 또 다른 세계 속에서의 고유한 영역과 시간성을 간직하게 된다.

범부춤의 연희의 시간은 공간만큼이나 중요하게 여겨진다. 즉 범부춤이 시작되고 어느 시기가 지나면 그것은 지나가 버린다. 그러므로 범부춤이 밀양백중놀이 안에서 진행되는 동안은 모든 것이 움직이고 바뀌며 계승되고 어울리며 흩어져 버린다. 이는 범부춤이 밀양백중놀이 안에서 시간적인 제약을 받고 있음을 의미한다. 범부춤은 특성상 시간예술로서의 성격을 갖추고 있지만, 시간 속에서 리듬감으로 펼쳐지는 성격을 보여 주기도 한다.

범부춤은 시간적으로 한계성을 지니면서도 확고한 문화 형식의 모습을 띠게 되었고, 새로 만들어진 정신적 창조물로서 우리의 기억 속에 남아 전해져 내려오면서 전통이 되었다. 시간의 한계성과 함께 두드러지는 것은 공간의 한계성이다.[279] 범부춤은 그 자신의 공간 속에서 움직이는데, 이러한 공간은 현실적으로 혹은 관념적으로, 의도적으로 미리 구획되어 있는 공간이다.

범부춤에는 놀이, 욕구의 즐거움, 고유영역의 시간성, 공간성의 고유한 절대적인 질서가 지배하면서 아울러 고유한 규칙을 지닌 형식의 기능을 가진다. 어떠한 것을 위해서 어떠한 것의 표현인가라는 일상적인 현실을 한 발 앞서 다른 질서로 전환된다. 범부춤은 일상의 그것을 무언가 다른, 아름다운 고귀한 이미지로 창조하여 또 다른 질서를 이루는 표층구조를 갖고 있다. 범부춤의 표층구조는 불완전한 세계 속에서 일시적으로 제한된 완벽성을 가져다주며 흥겨움의 신명으로 승화시키는 표층구조를 이루고 있다.

---

279) 이찬주 『범부춤의 심층구조와 의미에 대한 화쟁기호학적 연구』 한양대 박사학위 논문 2005 p33

3) 범부춤의 심층구조

　서사구조 안에서 의미생성의 심층구조를 살펴본 레비스트로의 지적대로 '차다'라는 말의 의미는 '차다'라는 그 단어만으로 스스로 의미를 갖는 것이 아니라 '뜨겁다'라는 말과의 차이나 대비를 통하여 의미를 드러내는 것처럼, 범부춤의 심층구조도 이항대립의 구조 안에서도 파악이 가능하다. 범부춤은 밀양백중놀이에서 그 역할에 맞추어 이루어진 양반춤, 병신춤, 오북춤 등과 추어지는데 주로 각 민속놀이들에서 보여 주듯이 즉흥성을 지닌 허튼춤 양식이다. 그중 범부춤을 이항대립의 구조로 살펴보면 일반적으로 범부를 중심으로 밀양백중놀이의 안과 밖으로 살펴볼 수 있다.
　범부란 아전(衙前)으로 양반과 상놈의 중간 신분인 중인층이다. 이들의 범부춤은 원래 밀양의 방언인 '벌춤'처럼 넓은 곳 아무 데서나 출 수 있다. 그러나 현실에서는 양반처럼 아무 때나 놀 수 없다. 당시 우리나라 생계 수단은 대부분이 농사이며, 기름지고 넓은 평야를 지닌 곳인 밀양에서도 물론 농사를 짓는다. 농사는 시기를 놓치면 한 해를 모두 망치는 것이므로 아무 시기나 놀 순 없다. 또한 열심히 지어야 됨은 물론이고, 하늘의 보살핌을 받아 많은 비와 가뭄의 걱정에서 벗어나야 생계유지가 가능하다.
　농사를 짓기 위해선 건강함은 물론 힘도 세야 한다. 그래서 밀양백중놀이에서는 힘자랑이 꼭 들어 있고, 힘자랑에서 1등을 한 장원은 양반이 탈 수 있는 소를 태워 준다. 범부들에게 소를 타고 놀 수 있는 공간이 밀양백중놀이의 안에서만 가능하며 밭을 갈아야만 하는, 없어서는 안 될 소를 양반네처럼 탈 수는 없다.
　더구나 농사란 것은 혼자서 지을 수 있는 것이 아니다. 공동체를 이루며 함께 품앗이를 해야 계절의 시간에 맞게 농사를 지을 수 있다. 또한 신분은 상놈이 아니나, 충분히 땅을 지닌 범부란 없어 양반들에게 땅을 얻어 소작한다. 만일 양반에게 밉보여 소작을 하지 못하거나 공동체의 삶에서 제외된다면, 음식이라도 얻어먹는 양반네의 상놈보다 못한 처지에 놓일 수도 있는 것이 범부의 삶이다. 그러므로 평소에 일을 게을리하거나 놀 수 없을 뿐만 아니라 양반의 세도에 짓눌려 지내던 범부들이 양반들을 비웃을 수 있고, 마음껏 놀고 배불리 먹을 수 있는 곳이 바로 밀양백중놀이판이 벌어지는 곳이다.

앞서 서사구조의 표층구조에서도 언급하였듯이 밀양백중놀이 앞놀이의 시작은 꽹과리와 징으로 흥을 돋우며 금각을 불면서 허튼춤으로 시작된다. 먼저 시작되는 잡귀막이굿은 범부춤이 행해진 연희 공간이 일상생활로부터 벗어나는 특정한 장소라는 것을 의미한다.[280] 이러한 점은 호이징거가 말하는 놀이의 공간에 새로운 제한으로 규정시켜 고유한 법칙의 힘을 지배받는 장으로서 둘러싸인, 외부와 금지된 신성화된 세계라는 의미를 갖는다.[281] 제사의식이 거행되는 이곳은 곧 성스러움(聖)의 공간으로 바뀌어 세속세계의 속됨(俗)의 공간과는 다른 세계가 되는 것이다.

농신제를 중심으로 둥글게 서서 북을 둥둥둥 세 번 울리고 축원문을 읽고 쌀·콩·돈·축원문을 넣은 주머니를 매달고 그해의 풍년과 오복을 빈다. 그야말로 배불리 먹고 편안히 살 수 있기를 신에게 의지하는 의미를 지닌다.

춤판은 신에게 즐거움도 선사하고 노동이 끝나 '호미씻이'라는 말처럼 힘든 노동은 사라지고 노동의 피로감에서 해방되어 실컷 즐기는 것이다. 그야말로 농사의 육체적·정신적 고생을 위무받는 장소가 된다.

양반들도 이날만큼은 그동안 농사일에 고생한 공로로 귀한 음식인 '꼼배기참'과 그 밖의 술과 안주를 충분히 준비해서 놀이판에서의 음식을 제공한다. 먹거리를 풍부하게 제공하는 것은 물론 심지어는 그들과

---
280) 이찬주 『범부춤의 심층구조와 의미에 대한 화쟁기호학적 연구』, 한양대 박사학위 논문 2005 p34
281) 김미숙 『한국 놀이춤에서 나타나는 음양오행에 관한연구』, 한국무용예술학회 2000 p67

평등한 관계를 넘어 자신들을 비웃는 범부들의 불평을 허용하기도 한다. 이러한 공간에서 범부들은 "주인네 양반 어디로 갓노, 놓아둔 문어야 대전복 손에 들고 첩으야 집에 놀러갔나" 또는 "병자년 승년에 콩지름 갱죽 먹고 뒤뜰 논에 갔다가 죽은 영감" 하며 놀러 다니는 양반들과 돈이 있는 양반들을 조롱하고 매도할 수 있고, 상류층 계급을 비판하기도 한다. 밀양백중놀이에서는 가부장 제도의 엄격한 규범이 무너지면서 평소에 억눌려 있던 불평을 늘어놓거나 대들기도 한다.[282] 양반에 대한 하위계층의 설움을 달래 주는 것이다.

이러한 범부춤의 심층구조에 들어 있는 설움의 해소는 아마 한을 푸는 데에 있을 것이다. 우리나라에서 한은 우리 민족의 정서요 심층적으로 내재되어 있는 밑바탕의 본질이다.

그렇다면 한의 본질을 거슬러 올라가 보자. 한국, 한겨레, 한글 등 우리의 것을 일컫는 말에는 '한'이라는 정신적 맥락이 이어진다. 이를 '한얼'이라고 하고 그것을 체계화시킨 것을 '한' 사상이라고 한다. 즉 우리의 정신세계에 이러한 '한'이 가지고 있는 다의적 의미가 광범위하게 작용하고 있다. 그러한 '한'의 의미 속에서 우리라는 동질의식을 확인하며, 그것을 재확인할 수 있다.[283]

하늘을 공경하는 경천사상(敬天思想)이 고대 한민족의 주된 사상이었다는 것은 주지의 사실이다. 천제와 제천 등의 하늘에 제를 올리는 모습뿐만 아니라 일상의 삶 속에서도 하늘을 공경하고 밝음을 숭상하는 모습이 담겨 있다. 하늘과 태양을 하나로 보고, 밝음을 숭상하던 우리 민족에게 하늘과 태양 그리고 달은 바로 밝음의 상징이었다. 밝은 빛의 이미지와 우리 민족의 마음이 교묘하게 얽혀 있는 것이다.

이는 마치 한 해의 풍요로움을 기대하는 범부춤의 마음을 유사행위의 춤으로 끌어내듯, 범부춤은 농부의 마음과 모습이 그대로 나타난다. 이

---

282) 임재해·김욱동 지음 『탈춤의 미학』을 읽고 대한출판문화협회 1994
283) 강미리, 「천부경의 한사상으로 시도해 본 우리춤의 새로운 깊이와 넓이 : 창작춤 〈묘〉, 〈본〉, 〈근〉 그리고 〈류〉의 구성 원리」, 한국무용연구 17권, 한국무용연구학회 1999 p132

는 영원히 죽지 않는 생명의 힘을 보여 주고 있다고 할 수 있다. 여기에 바로 우리 춤의 정신이 담겨 있다. 한줄기 빛이 되어 어둠을 물리치는 춤사위, 바로 그것이 우리 민족의 춤사위이고 계층을 뛰어넘는 풍자와 하위계층의 설움을 표현하고 있는 범부춤의 심층구조 중 하나이다.

범부춤의 무색 의상 또한 빛, 즉 광명인 '밝'과 연관을 지니고 있다는 점은 주목할 만하다. 범부춤은 광명의 사상인 한 사상을 춤으로 형상화하고 있고 그 광명은 바로 춤을 출 때 환형, 즉 커다란 원형의 춤을 추는 것으로서 둥근 하늘을 뜻하는 것으로 상정할 때, 이 또한 한 사상이 표현된 것으로 보인다.[284] 범부춤의 흰 한복은 '하늘과 밝음'이라는 의미를 내재하고 있는데, 이것은 우리의 '밝' 사상과 연결되어 남성의 하얀 무명저고리와 바지의 상징적 의미의 서사적 심층구조를 이룬다.

또한 범부춤이 연행되는 동안에는 일상 세계를 지배하는 어떤 법칙이나 규범도 그 힘을 발휘할 수 없는 일종의 치외법권적인 공간이 된다. 지주가 아무리 무서운 존재라도 이날은 간섭할 수 없고, 동네의 내로라 하는 양반이라도 놀이를 즐길 때면 말을 타고 가다가도 조용히 내려 지나갔을 정도로 범부춤을 추고 노는 지역은 특유의 법칙적 지배를 받고 있다.[285]

이러한 상황은 범부춤이 지닌 일상성과는 다른 비밀스런 분위기의 심층구조를 지닌다. 그것은 바로 범부춤 속에 내재되어 있는 신과의 교류를 가능하게 하는 요소로 중요한 역할을 담당하고 있다. 범부춤은 평등한 관계에서 외부의 간섭 없이 기술과 힘, 속도 등의 재능으로 관객을 사로잡으며 재능적인 춤과 아울러 주변을 도는 춤으로서 '흥을 돋우는 춤'이라는 고유의 미적법칙을 담고서 행해졌다. 범부춤은 무엇인가를 성취해 내려는 기상과 이완의 생동감으로 가득 찼을 뿐 아니라, 농사꾼의 재주를 춤으로 보여 주며 신적 교류를 가능하게 한다. 이러한 접신

---

[284] 강미리, 「천부경의 한사상으로 시도해 본 우리춤의 새로운 깊이와 넓이 : 창작춤 〈묘〉, 〈본〉, 〈근〉 그리고 〈류〉의 구성 원리」, 한국무용연구 17권, 한국무용연구학회 1999
[285] 이찬주 『범부춤의 심층구조와 의미에 대한 화쟁기호학적 연구』 한양대 박사학위 논문 2005 p36

은 범부춤에 있는 심층구조로서 춤 속에 빠져들게 하는 힘의 요소를 지녔다.

범부춤의 형태와 구조적인 면을 본질적으로 분석하면 모두 성(聖), 속(俗)과 관련되어 있다는 결론에 이르게 된다. 이러한 심층구조적인 면에서 보면 범부춤인 밀양백중놀이의 안과 밖의 이항대립구조가 나타난다.

치외법권적인 공간에서 범부춤의 즐김은 위와 아래의 신분이 존재하지 않는 평등한 관계에서 외부의 관섭 없이 이루어졌다. 성스러운 공간에서 신에게 의지하고 한 해의 행복을 보장받기 위한 움직임이었다. 또한 농번기를 끝낸 후 육체적인 고단함에서 해방되고 정신적으로도 가장 편안하며 심지어 소를 타면서 양반의 대접을 받는 특별한 그 하루는 신같이 사는 느낌을 받을 것이다.

밀양백중놀이의 밖의 세계인 현실과는 대조적으로 충분히 배불리 먹을 수 있고 즐겁게 춤추며 놀 수 있는 밀양백중놀이의 안의 세계는 이항대립구조를 지닌다. 양반의 삶을 풍자하고 범부들의 삶의 설움과 한을 해소하면서 먹거리를 함께 나누고 함께 춤을 추는 정을 나누기도 하는 이항대립구조를 지니고 있다. 범부춤은 전체적으로 밀양백중놀이의 구조 속의 안과 밖에서 삶의 대조적인 모습을 지니며 성스러움(聖)의 공간과 속됨(俗)의 공간으로 나타난다.[286]

---

286) 이찬주 『범부춤의 심층구조와 의미에 대한 화쟁기호학적 연구』 한양대 박사학위 논문 2005 p37

4) 범부춤의 선의 구조

　선(線)은 점의 외부로부터 가해지는 힘에 의해 발전한 형태이며, 무한한 운동성과 무한한 방향성을 갖추고 있다. 선(線)이 점의 외부로부터 가해진 힘에 의해서 발전된 형태라는 생각은 기하학적인 견해로서, 점의 내면적인 힘에 의해서도 형성된다는 현상을 놓쳐서는 안 된다. 이러한 내·외면적인 작용에 의해서 형성되는 선은 무한히 그리고 모든 방향으로 발전할 수 있는 자유성을 갖추고 있다.[287]

　직선에는 수평선, 수직선, 사선, 꺾은선의 네 종류가 있고 이들 선은 외면적·내면적으로 서로 다른 성격을 갖고 있다. 직선의 종류 중 첫째로 수평선은 좌우로 연장되는 평탄한 확장을 가지며 안정된 감각성을 갖추고, 둘째로 수직선은 상하로 연장되는 발전성으로 따뜻한 느낌을 받아 대지를 파고드는 예리함과 격렬함을 강하게 느끼게 한다. 셋째로 사선은 수평선과 수직선의 90도 사이에서 자유롭게 위치할 수 있는 선이다. 넷째로 꺾은선은 두 개의 선이 충돌하여 각이 형성되는 것과, 하나의 선이 저항을 받아 방향을 전환함으로써 각을 형성한다.

　곡선에는 호선, 사행선, 와선, 나선의 네 종류가 있다. 곡선에서 첫째로 들 수 있는 호선은 직선의 현상이 활같이 굽은 현상이다. 둘째의 사행선은 파도와 같은 굴곡을 지닌 형태이다. 생명활동의 변화가 풍부한 호흡이나 약동과 표현미의 발전을 기대할 수가 있다. 셋째의 와선은 선회적인 운동성에 의해 형성되는 형태이다. 이 와선은 운동성이 풍부하므로 격한 감정을 표현하는 데 흔히 쓰이고, 넷째의 나선은 와선과 마찬가지로 선회적인 운동성에 의해 형성된 형태이며 운동성의 격렬함이나 강함에는 와선보다 표현적으로 더 깊이가 있다.

　앞서 언급한 선은 이러한 점의 형태가 이어져서 생긴 것으로, 점은 외면적인 형식요소의 간결한 최소의 기본 형태이다. 점은 확실히 작고 단

---
287) 고바야시 신지(小林信次) 『무용미학』 1982 p106

순한 형태이나 점에는 작은 존재 속에 에너지가 압축되고 충만해 있다.

범부춤에 등장하는 선들을 살펴보면, 직선과 곡선 중 곡선이 주류를 이루고 있다. 먼저 곡선에 대해 언급해 보고자 한다. 범부춤에 주로 나타나는 손과 팔의 움직임에서 그 선의 움직임은 곡선미를 이루고 있는데 이는 장단의 리듬에 맞추어 팔(∞)자 사위라 불리는, 당기고 미는 상체의 팔과 손끝의 움직임에서 곡선의 효과를 더해 준다. 범부춤은 3박자의 양산도가락에 맞춘 장단에 팔과 손끝의 활용이 큰데 그것은 리듬적인 것이 결정적 역할을 하며 팔(∞)자의 생명활동적인 변화무쌍함을 손끝으로 어르며 보여 준다.

이렇게 장단의 리듬과 범부춤과의 관계는 변화하는 리듬형을 구사하는 손놀림의 곡선에 있으며, 단순한 팔자(∞)의 손놀림으로 장단을 맞추는 반복의 동작이지만 즉흥적 손놀림에서 똑같은 움직임이란 없어 그 선(線)의 움직임은 곡선 중에 나선을 이룬다.[288] 범부춤의 곡선미를 느끼게 하는 선은 우리나라 춤이 손에 의해 추는 선의 예술이라 불릴 정도로 손의 움직임에서 곡선을 위주로 하여 움직이기 때문이다. 얼굴과 목과 발은 손의 움직임과 아주 친밀한 관계를 가지고 있어 손과 함께 어우러지는 묘미에서 춤의 예술성을 한층 높여 주는 큰 역할을 한다.

팔자(∞) 외에도 팔의 움직임을 살펴보면 양팔앞뒤흔들기, 어깻짓, 고갯짓 등 모든 팔의 움직임에서 팔꿈치 관절이 직선으로 뻗은 것이 없다. 범부춤은 가장 기초적인 팔의 춤사위에서 적극적으로 움직이는 팔동작까지 '어르고' '감고' '풀고' '엎는' 등 동작 선의 대부분 곡선 형태를 지닌다.

앞서 언급한 곡선의 종류 중 활이 휘어진 듯한 호선은 손과 팔의 동작이 둥글려져 있다. 다만 황산학 사위에 있어서 학의 움직임을 모방한 것으로 양팔을 활개를 펴는 것이 직선 중에서 수평선을 그리는데, 이는 범부들의 움직임보다는 학의 모방, 즉 양반의 모습을 담아 그들이 주로

---

288) 이찬주 『범부춤의 심층구조와 의미에 대한 화쟁기호학적 연구』 한양대 박사학위 논문 2005 p39

사용하는 팔의 수평을 차용하고 있는 것으로 볼 수 있다.

그렇다면 직선에 해당하는 수직선은 어떻게 범부춤에서 드러나는가? 그것은 범부춤이 지니는 쾌활하고 활동적인 움직임 그리고 들판을 뛰어다니는 범부들의 모습의 역동성에서 수직선의 움직임을 보이고 있는 것으로 드러난다. 물론 이는 팔이 지니는 선의 모습을 중심으로 본 것으로, 양옆으로 편 것을 수평선으로, 팔을 위로 올리고 아래로 내리는 것을 수직선으로 본 것이다.

범부춤은 손과 팔의 움직임이 곡선일 뿐만 아니라 범부춤이 추어지는 춤판, 즉 무대의 모양도 커다란 원형에서 이루어지고 있다. 이러한 원형은 자연스럽게 범부춤을 구경하기 위해 모인 형태로 친밀감과 안정성을 갖는다. 밀양 사람들이 관객으로 둘러앉은 원형은 그 모습 자체가 자연적인 형태이며 생명의 기원을 이루는 알에 근원을 두고 있다. 근원적 형태인 원형은 자연스럽고 모난 데 없는 소박함과 단순함 그리고 한국적 미의 원형으로서 범부춤의 공동체에 그 기반을 이루고 있다.[289]

원시인들은 원의 중심점에 신생아, 죽은 자, 환자 등을 놓고 원의 중심을 힘의 발산으로 받아들여 토템, 신의 형상, 제단 등을 꾸미기도 하였다. 이러한 원의 형태는 인간의 문화가 발달한 곳이라는 상징적 의미를 지녀 왔으며, 지금도 화합의 움직임 등의 의미로 많이 사용되며 끊임없이 이어져 내려오고 있다. 즉, 범부춤의 춤판 역시 원형으로서 공동체를 기반으로 하는 화합과 종교적인 힘의 발산의 역할을 다하고 있다.

한국인의 예술 표현 방식은 곡선이고 오늘날의 예술 표현에서도 많이 이용되고 있듯이[290] 범부춤의 손과 팔의 곡선적인 움직임 그리고 범부춤의 춤판인 원형 모두 온화한 곡선을 그리며 주로 은근함의 표현을 지닌다.

점은 그 형태가 이어져서 선(線)을 이룰 수 있으며 최소의 기본 형태의

---

289) 이찬주 『범부춤의 심층구조와 의미에 대한 화쟁기호학적 연구』 한양대 박사학위 논문 2005 p40
290) 권영걸 1995

간결함을 지닌다. 점에는 '침묵의 울림이 있다'는 말과 같이[291] 소극성과 적극성을 동시에 소유한 두 가지 점의 성격적 요소를 지닌다. 이는 점이 작고 단순한 형태이기도 하지만 압축되고 충만한 강한 힘을 지닌 점을 말하는 것으로서 소극성의 점과 적극성의 점으로 볼 수 있다는 것이다. 즉, 선의 구조에서 점이라 해도 그 운동성에 있어서 같은 점으로 보아서는 안 된다. 특히 범부춤은 배김사위, 장구꽂이사위 등 적극성을 지닌 춤사위로서 한 지점에 정(靜)태의 일순간을 보여 준다.

그뿐만 아니라 선의 구조에 있어서 유기적 관계를 보이는 것이 바로 힘과 '숨'이다. 여기서 말한 힘이란 기(氣)이며, '숨'은 이 기(氣)를 체내로 담아 외적으로 발산하는 것이다. 한국춤의 '숨'은 내면의 기(氣)에 의한 작용으로 그 깊이와 내면을 통해 춤의 농도를 짚어 볼 수 있다.

범부춤의 '숨'은 하단전에서 출발하여 팔다리를 거쳐 그 움직임을 전달하고, 맺은 '숨'의 긴장과 강한 고요의 배김사위에서 한껏 역동적 힘을 발산한다. 어깻짓, 고갯짓 등으로 먹어 주는 '숨'과 방향을 부드럽게 전환하면서 걸어가는 두루거리 변형사위로 이완의 여유로운 풀이를 한다. 범부춤은 춤사위를 결정하는 '숨'의 박의 떨어짐으로 움직임의 구분 짓고 있으나, 한 장단이 끝난 '숨'의 정리는 다시 맺고자 하는 '숨'의 시작을 의미하며 여유로운 정지 형태를 보인다. 이는 '숨'의 풀이가 또 다른 응축된 에너지의 힘을 생성하기 때문이다.

범부춤에서 선(線)의 구조는 공간개념으로까지 확대하여 파악할 수 있다. 이러한 표현형식은 선의 어떤 움직임이 공간(空間)에 변화를 주는 것을 의미하며, 공간의 개념은 범부춤의 춤길을 통해 살펴볼 수 있다. 앞서 춤 자체의 모양새로서의 직선과 곡선 그리고 점을 살펴보았듯이 범부춤 춤길의 예술 표현방식에서도 곡선과 직선 그리고 점의 범주에서 살펴볼 수 있겠다.

---

291) 고바야시 신지(小林信次) 『무용미학』 1982 104

5) 범부춤의 춤길

춤에서 제시되는 양팔 앞뒤 흔들기, 두루거리변형사위, 한팔 벌려 엎기, 어깨 울러매기, 황산학사위, 무릎치기, 배김사위 고갯짓, 어깻짓, 양팔 감는 사위, 장구꽂이사위, 옆치기사위 등으로 춤길을 살펴보면 춤길의 선의 구조에 따라 걸어오는 사위나 동작들은 앞으로 전진(前進)함에 따라 그 공간의 이용이 매우 단순함을 지적할 수 있다. 춤길의 구조에서 나오는 춤길의 점은 '숨'의 강약과 춤사위에 따라 때로는 적극성의 점으로 맺기도 하지만 부드럽고 완만한 곡선에서의 소극성의 점의 표현이 더 많이 이용되고 있다.[292]

범부춤의 곡선은 대자연의 둥그스름한 산의 모습, 흘러가는 구름의 모습에서 나타나는 자연적인 선 그대로이며 디디는 발사위에 있어서도 멈출 듯하면서 이어지고 이어질 듯하면서 멈추는 그런 은근한 직선과 곡선을 지니고 있다. 범부춤의 춤길은 원과 곡선에서 시작과 끝이 없는 무한의 연속이며 생명이 면면히 이어져 흐른다. 바로 이러한 점에서 범부춤의 선의 구조는 인간의 영혼과 육체적 생명력이 끝없이 이어지며 순환하는 것을 느끼게 한다.

제르멘드 프뤄뒤모가 선의 미학에 대해 동작을 경쾌하게 하는 데 적합하며 다리, 몸통 팔의 긴 선은 멀리 뻗어 나가는 느낌까지 더하여 준다[293]고 했듯이 범부춤의 춤길의 선의 구조는 연속성의 움직임이 원만하고 무리가 없이 자연스럽게 움직임으로 흘러가며, 간결한 힘으로 뻗어 나가고 있다. 이 춤은 악센트를 지닌 적극성의 점과 함께 감칠맛 나는 역동성을 지녔고, 리듬과 장단 사이사이로 내뿜는 호흡의 구조인 공간의 선에 따라 시원스럽게 멈추는 배김새의 정지의 호흡에서 상승할 때 위로 수직하여 올라간다.

---

292) 이찬주 『범부춤의 심층구조와 의미에 대한 화쟁기호학적 연구』 한양대 박사학위 논문 2005 p44
293) 제르멘드 프뤼도모 『무용의 역사』 양선희역 삼신각 1990 p178

범부춤의 경우, 춤길의 구조에서 볼 수 있는 구성이 세 가지로 나뉜다. 원 선상에서 추어지는 춤, 원의 한가운데에서의 춤, 장고재비와의 춤으로 나뉘는데 여기서 춤의 전개는 다음과 같다.

(1) **원 선상에서 추어지는 춤**(사방돌기)

① 양팔 앞뒤 흔들기 → ② 두루거리 변형사위 → ③ 양팔 앞뒤 흔들기 → ④ 한팔 벌려 엎기 → ⑤ 어깨 울러매기

(2) **원의 한가운데에서의 춤**

⑤ 어깨 울러매기 → ⑥ 황산학사위 → ⑦ 어깨 울러매기 → ⑳ 팔자사위(왼쪽) → ㉑ 팔자사위(오른쪽) ㉒ 양팔 앞뒤 흔들기 → ㉓ 황산학사위 → ㉔ 두루거리변형사위

(3) **장고재비와의 대무**(일직선상에서 추는 춤)

⑧ 무릎치기 → ⑨ 배김사위(고갯짓) → ⑪ 장구꽂이사위(어깻짓) → ⑫ 양팔 감는 사위 → ⑭ 장구꽂이사위 → ⑮ 도포자락 걷는 사위 → ⑯ 오른팔 푸는 사위 → ⑰ 왼팔 푸는 사위 → ⑲ 옆치기사위 → ⑳ 팔자사위

대체로 위와 같이 전개되는데, 사방돌기란 놀이판에서 가장 큰 원을 그리며 한 바퀴 도는 것이고, 장고재비와의 대무는 장고재비 약 10미터 앞에서 흥을 주고받은 후 아주 빠른 속도로 도약(skipping) 형태로 뛰어가면서 춤추는 것을 말한다. 그리고 옆치기사위가 이어진 후 장고재비와 대무한 위치에서 뒤로 물러나며 퇴장할 때 之(갈지자) 대형이 나타난다.

범부춤의 유연한 움직임의 춤길은 범부춤의 사방돌기와 갈지자형의 움직임에서도 엿볼 수 있다. 이에 반하여 범부춤의 선의 구조의 독특한

특징인 적극성의 점은 경쾌하며 상승의 구도를 갖게 되고 멀리 뻗어 발산하는 느낌까지 더하여 준다. 전체적인 범부춤의 춤길의 선의 구조는 연속적인 움직임이 원만하고 무리가 없이 자연스러운 움직임으로 흘러가 온화하면서도 긴장된 기분을 동시에 느끼게 하여 단순하면서도 강인함을 갖고 있다.[294]

아울러 팔자의 놀림과 나선 등 손과 팔에 곡선을 형성하였고, 배김사위의 동작선이 상하의 수직으로 뻗어 가며 비교적 묵직한 선으로 곡선과 점의 조화미를 이루고 있다. 범부춤의 선을 분석해 보면 나선모양, 원형, 곡선, 직선, 상승지향, 수직이동형에서 좌우의 몸짓을 지닌다고 볼 수 있다.

6) 범부춤의 춤사위 분석

밀양백중놀이에서 예술성을 강하게 보이는 것이 춤들이다. 이 춤들은 반상의 차별이 심했던 밀양의 사회상을 반영하고 있고 향토성 짙게 나타난다. 범부들의 양반에 대한 불만과 비판이 언어가 아닌 춤으로 형상화되어 보다 더 강렬하게 표현되고 있다. 또한 머슴들의 발랄하고 활기에 찬 모습들도 춤 전체에서 드러나고 있다. 본 놀이의 춤판에서 양반춤, 병신춤에 이어 분위기가 고조되자 뒤에 물러서 있던 범부가 흥에 겨워서 춤을 추면서 신나게 논다.[295]

범부춤의 복장은 상투머리에 망건을 쓰고 흰 바지저고리를 입으며 왼쪽 바짓가랑이 위에 웃대님을 매며 가락은 양산도 가락으로 3박 장단이다. 상체동작으로는 양팔 앞뒤 흔들기, 한 팔 벌려 엎기, 어깨 울러매기, 고갯짓, 어깻짓, 양팔 감는 사위이다. 하체동작은 뛰기, 한 발로 들고 뛰기, 돌기, 모둠 뜀뛰기, 외발뛰기, 무릎치기 등이다.

294) 이찬주 『범부춤의 심층구조와 의미에 대한 화쟁기호학적 연구』 한양대 박사학위 논문 2005 p45
295) 이찬주 『범부춤의 심층구조와 의미에 대한 화쟁기호학적 연구』 한양대 박사학위 논문 2005 p46

범부춤의 상체동작	
양팔 앞뒤 흔들기	사람이 자연스럽게 걸을 때의 팔처럼 오른팔은 앞으로, 왼팔은 뒤로 흔들 듯이 뛰면서 매 박자마다 반복해서 흔든다.
팔(∞)자 엎기	1박에 오른팔을 가슴 앞쪽 눈높이만큼 들어올린다. 2박은 오른쪽으로 좀 더 벌린다. 3박 역시 오른쪽으로 이동시킨다. 4박엔 벌린 팔을 가슴 쪽으로 돌려서 팔(∞)자 모양을 만든다. 이때 왼팔은 자연스럽게 내려진 자세이다.
어깨 울러매기	활개펴기의 상태에서 오른 팔꿈치를 꺾어 오른쪽 어깨에 둘러매거나 혹은 반대 팔을 꺾어 둘러매는 동작이다. 밀양에 방언에 따라 울러맨다고 한다.
배기기	'배기'는 '박이다'의 축약된 말로, 수직으로 높이 도무하여 꽉 배긴 후 시선을 한 지점에 투사하는 동작이다.
고갯짓	배김사위에서 나타나는 동작으로 꽉 배긴 후 고개를 숙인 상태로 1박까지 있다가 2박에 고개를 들고 3박에 다시 고개를 숙이며 매 박마다 반복한다.
어깻짓	이 동작도 배김사위에서 나타난다. 1박엔 배김새동작 그대로이며 2박에는 가슴에 붙인 오른팔을 앞으로 내밀 때 오른쪽 어깨를 앞으로 움직여 우쭐거리고 3박엔 오른손을 다시 가슴에 붙이며 어깻짓을 한다. 이 동작을 2장단까지 반복한다.
오른팔 풀기/ 왼팔 풀기	배김사위 동작에서 오른팔을 감아 가슴 밑에 내려오고 왼팔은 뒷짐을 지고 오른팔을 나중에 풀어내는 동작을 말한다. 왼팔은 동작은 같되 반대로 왼팔을 감은 후에 다시 풀어내는 동작을 말한다.
양팔 감아 풀기	배김사위 동작에서 앞의 오른팔 풀기와 왼팔 풀기 후에 양팔을 동시에 번갈아 움직여 풀어내는 것으로 양팔로 허튼춤을 추어낸다.
도포자락 걷기	도포는 양반이 입는 옷이며 범부들이 도포를 입지는 않았지만 자신도 모르게 도포를 입은 것으로 생각되어 넓은 소매를 걷어 올리는 모양을 흉내 내고 있다.

범부춤의 하체동작	
걷기	발을 디디는 모양새를 말한다.
뛰기	도약(skipping) 형태로 매 박자에 맞춰 발을 번갈아 가며 뛴다.

한 발 들기	한 발은 몸의 중심을 유지하고 다른 한 발은 든다.
모둠 뜀뛰기	두 발을 벌리고 동시에 같이 뛰면서 중심을 이동하는 것이다. 몸의 중심은 두 다리 중간에 있으며 이동의 움직임은 장고를 중심으로 좌우로 움직이는 것을 일컫는다.
외발뛰기	한쪽 다리에 몸의 중심을 둔 채 다른 한발을 높이 들고 매 박자마다 뛰는 것이다. 1박에 오른발을 높이 들고 몸의 중심을 왼발에 둔 채 뛴다. 2박엔 뛰면서 왼발의 중심을 오른발로 옮기고 왼발을 든다. 매 박자마다 위와 같은 동작을 반복하는 것인데 주로 정면으로 하거나, 몸의 측면을 보이며 뒤로 후진하거나 제자리에서 뛴다.
무릎치기	1박에 왼쪽다리로 몸의 중심을 잡고 오른쪽 다리는 발을 들어 올리는데, 이때 무릎이 굽어 ㄱ 자형이 됨과 동시에 다리와 발은 ㄴ 자형이 되는 형태이다. 발을 높이 드는 것을 들고 뛰면서 동시에 오른손으로 높이 올린 오른쪽 다리 허벅지를 치는 동작이다. 2박엔 반대로 반복한다.

　이러한 상체와 하체의 동작들로 이루어진 범부춤은 허튼춤에 속한다. 허튼춤이란 일정한 형식 없이 자기 멋대로 완전히 즉흥적으로 추는 춤으로, 멋과 흥을 중시하는 흥풀이춤이라고도 할 수 있다.[296) 이 춤은 마당춤과 방안춤으로 구별되기도 하는데, 방안춤은 춤사위가 비교적 부드럽고 그 기교가 섬세한 편이다. 마당춤의 경우 탈놀이 또는 농악판을 벌일 때 길놀이나 뒷놀이에서 추고, 단오날에는 들에 모여 화전놀이를 할 때 춘다. 방안춤은 집안에 경사가 났을 때를 비롯하여 기방에서 춤판을 벌일 때 춘다.

　허튼춤은 일명 입춤이라고도 하며 지방에 따라 그 용어가 조금씩 다르다. 허튼춤으로는 덧배기춤, 보릿대춤, 소쿠리춤, 활개춤, 도굿대춤, 두꺼비춤, 용두춤, 개구리춤이 있다. 여기에는 하늘·비·바람과 같이 자연의 직접적인 현상이나 농부가 일하는 모습, 부처의 인자한 모습, 잡귀를 쫓아내는 주술의 전투행위나 토테미즘적 성향을 담는다. 두꺼비춤, 용두춤은 남성의 성기를, 엉덩이춤은 성행위를, 개구리춤은 비를 위한 기원을 나타내기도 한다. 논자에 따라 장끼춤을 허튼춤으로 분류

---
296) 김창경 『한국 민속무용연구』 형설출판사 1982 p272

하기도 한다. 사용되는 악기는 북, 장고, 꽹과리, 징이며 어떤 때는 구음만으로도 춤을 춘다고 한다.

한국 사람들은 다른 사람의 춤을 그대로 모방하거나 그 춤을 반복하여 전승하는 것을 그다지 좋아하지 않았다. 그 이유는 춤은 변화와 다양성, 개성을 지니고 있어야 좋은 춤이라는 이른바 '자기표현으로서의 즉흥'이라는 미적 속성을 중요시했기 때문이다.[297] 물론, 원형적 동작이나 형식적 틀이 있긴 하지만 춤추는 사람에 따라 동작이 매번 달라지고 있음을 알 수 있다. 한국춤의 본질은 어떠한 춤을 그대로 추는 것을 자랑하는 것이 아니라 그 춤 자체가 가진 예술성에 따라 평가된다. 특히 농민들이 추는 춤은 자신의 표현의 특성이 가장 순수하게 잘 나타난 춤이다.

범부춤은 그대로 이어 가면서 추는 전수 개념의 춤이 아니라 '자신의 멋이 들어간' 전승 개념의 춤이다. 따라서 범부춤은 밀양 지역의 춤의 특성을 지니고 춤추고 있기 때문에 자기 표현성과 창작성, 자율성이 내재된 춤이다.

이 밀양의 허튼춤에 속하는 범부춤은 경남 지역을 둘러싼 독자적인 특성을 가지고 있고, 배김사위, 장구꽂이사위, 황산학사위, 옆치기사위, 두루거리변형사위, 팔(∞)자 사위, 도포자락 걷는 사위 등[298] 독특한 이름이 붙어 전승되어 내려오고 있다.

어깨 울러 매는 사위	춤사위는 구전으로 내려왔고 일반적으로 춤동작, 춤 모양, 춤과 춤 사이로 불리기도 하고 또 사위는 짜임새, 걸음새, 밝음새 등 춤 모양이나 맵시 동작을 의미한다. 논자는 상체와 하체동작을 합하여 불리는 춤동작으로 한정한다. 오른 팔꿈치를 꺾어 오른쪽 어깨에 둘러매거나 혹은 왼쪽 어깨에 둘러매거나 양팔을 둘러매는 동작이다. 밀양의 볏단을 울러 맨다고 하는 방언에서 나왔다.
황산학사위	양팔을 어깨 높이만큼 옆으로 펼치고 있는 춤사위로 학의 모습에서 모방하였으며 발은 한쪽은 들고 다른 발은 들어서 무릎가랑에 붙인다. 오른발과 왼발을 번갈아서 한다.

297) 정병호 『한국무용의 미학』 집문당 2004 p172
298) 이찬주 범부춤 문화재지정 하용부 면담 2005. 제1차 3.22, 제2차 6.1.

팔(∞)자 사위	손을 밀고 당기며 손의 움직임이 팔자를 그려 내는 것으로 범부춤에서는 거의 대부분이 팔자의 손놀림 모양으로 주류를 이룬다.
배김사위	'배기'는 '박이다'의 축약된 말로 수직으로 높이 도무하여 콱 배긴 후 시선을 한 지점에 투사하는 동작이다. 배김사위에서 무릎치기로 이어진다.
무릎치기 사위	장고재비에게 한 장단에 뛰어 들어가서 배김사위를 한 후 동시 다발적으로 무릎을 치는 동작으로 오른쪽 넓적다리 부분을 치고 왼쪽 다리를 치며 들어간다.
장구꽂이 사위	몸통을 방아 찧듯이 앞뒤로 흔드는 동작으로 1박은 배김사위 상태에서 전진해 있다가 2박에 오른팔을 머리위로 쭉 뻗는다. 3박에 장고재비 쪽으로 향하여 내린다. 4박엔 배김사위 동작으로 맺는다.
도포자락 걷는 사위 (소매 걷는 사위)	도포는 양반이 입는 옷이며, 범부들이 도포를 입지는 않았지만 도포를 입은 것으로 순간적으로 생각하여 소매를 걷어 올리는 모양을 흉내 내는 것이다. 오른손으로 왼손의 소맷자락을 걷고 왼손으로 오른손의 소매자락을 걷는다.
오른팔/왼팔 푸는 사위	왼발은 앞으로 굽히고 오른발은 뒤로 비스듬히 굽혀 오른손은 가슴 밑 내려와서 대고 왼손은 등 뒤에 뒷짐으로 대고 그 반대의 동작으로 왼손은 앞으로 하고 오른손은 등 뒤에 뒷짐을 댄다.
옆치기사위	이 춤은 하체동작인 모둠뜀뛰기로 뛰어서 굴신한 상태에서 추는데, 장고재비를 앞에 두고 앉아 좌우로 뛰는 것을 말한다. 팔은 양팔을 옆으로 들고 있으며 옆치기사위를 하면서 손의 동작은 오른쪽으로 뛰며 오른쪽 팔자사위, 왼쪽으로 뛰며 왼쪽팔자사위를 한다.
두루거리 변형사위	팔 동작이 앞·뒤·옆·위로 자유롭게 움직이는 가운데 한 팔은 머리 위에 있고 다른 한 팔은 가슴 아래에서 약간 든 상태인데, 양팔의 흐름이 사선으로 나타난다. 양반춤에는 두루거리사위가 있으나 범부춤에서는 방향을 전환할 때만 사용하여 두루거리 변형사위라 부른다.

 범부춤은 여러 예술 형태들 중에서 가장 민중적인 예술로 우리 민족 고유의 감성, 즉 선천적 형식을 고찰하려는 중요한 연구대상으로 지목될 수 있다. 이러한 범부춤을 살펴봄으로써 이 춤이 가진 동작과 개성을 분석하고 아울러 거기에 담겨 있는 미적 요소들의 특질을 고찰할 수 있다.

제3장

한국의 춤을 찾아서 II

1. 승무

1) 승무의 역사

　승무는 우리나라 민속춤의 정수(精髓)로서, 미학적인 관점에서 볼 때 예술성이 뛰어난 춤으로 높게 평가되고 있다. 승무의 기원이나 유래에 대해서는 명확하게 규명되어 하나로 통합된 설이 없고, 불교의 교리적인 입장에서 본 불교설과 민속무용의 입장에서 본 황진이 설, 파계승의 번뇌에서 기원한다는 설, 가면극의 노장 과장에서 유래한다는 설[299] 등이 존재한다.

　그중 첫 번째인 불교의 교리적 입장에서 본 승무의 기원설은 이른바 『법화경』에 의한 설인데, 세존께서 영취산에서 『법화경』을 설할 때 천사색(天四色)의 채화(採花)를 내리니 가섭이 이를 알아차리고 방긋 웃으며 춤을 추었다고 하는 설화이다. 즉, 가섭이 득도 과정에서 추었던 춤을 후세에 승려들이 모방하여 춘 춤이 바로 오늘날의 승무라는 것이다.

　민속무용의 입장에서 본 황진이 설은 조선조 개성의 명기 황진이 그리고 지족선사와 관련된 설이다. 황진이가 지족선사를 파계시키기 위해 모시장삼에 고깔을 쓰고 홍띠를 두른 승복 차림으로 춤을 추다가 옷을 벗으며 교태로움을 드러냈고, 지족선사가 이 교태로움에 넘어가 파계하였다는 일화에서 승무의 기원을 찾고 있다.[300]

　승무가 파계승의 번뇌에서 유래하였다는 설은 어느 승려가 속세의 번뇌를 잊기 위해 북을 두드리며 춤을 추었는데 여기서 승무가 기원했다

---

299) 『중요무형문화재해설: 무용, 무예, 음식 편』 문화공보부 문화재관리국 1990 p87. 정병호 『한국의 전통춤』 집문당 2002 pp228-229
300) 이찬주 『춤-all that dance』 도서출반 이브 2000 p293

는 것이다. 이 설은 상좌승이 스승이 없는 틈을 타서 평상시 스승이 하는 절에서의 예의범절과 독경 설법의 모습을 흉내 내는 동작에서 유래했다는 동자무(童子舞) 설과, 육관대사의 제자 성진이 길을 가던 중 오선녀가 노니는 광경을 보고 인간으로서 갖는 연정의 고뇌를 불법에 귀의함으로써 극복하고 법열을 느낄 수 있었는데 이를 춤으로 표현했다는 소설『구운몽』과 관련된 설이 있다.

그 밖에 가면극의 노장 과장에서 승무가 유래하였다는 설[301]이 있는데, 어느 것이 확실하다고 단정하기는 어렵다.

승무는 불교의식 무용과 민속적인 요소가 결합되어 창작된 것으로 알려지는데, 특히 불교 의식무용과 연관을 맺고 있음에 주목해야 한다. 즉, 불교 재(齋) 의식 중 연화도량에 단을 만들고 승려가 불전에 헌화공양을 할 때 상좌승들이 팔대 장삼에 춤을 추는 데서[302] 착안한 것으로 여겨진다. 승무는 불교의식(佛敎儀式)에서 승려가 추는 춤을 가리키기도 하지만 민간에서 춤꾼들이 가사에 흰 장삼을 입고 홍띠를 두른 채 흰 고깔을 쓰고 추는 춤을 가리킨다.

재(齋)와 같은 큰 불교의식에는 승려들이 법고춤, 나비춤, 타주춤, 바라춤 등을 추는데 이것은 승무(僧舞)라고 하지 않고 '작법(作法)' 또는 '법무(法舞)'라고 부른다. 즉 신업공양(身業供養)이라 하여 '온몸으로 동작을 지어 불전에 공양을 올린다'는 의미의 춤으로, 민간에서 불리는 승무와는 다르다. 그러나 불교의식무의 재(齋)에서 추는 작법과 일부 비슷한 점도 있다. 흰 고깔과 흰 장삼을 입고 추는 모습은 나비춤을 닮았고, 북채를 들고 가락에 따라서 북을 두드리며 추는 춤은 법고춤과 유사하다. 승복을 입고 장삼 위에 걸치는 홍가사처럼 홍띠를 두르는 차림도 불교의식의 복식과 비슷하고, 음악도 염불·도드리·타령·영산회상 등 불교의식무 기원설에 무게가 실린다.

---

301)『중요무형문화재해설: 무용, 무예, 음식 편』, 문화공보부 문화재관리국 1990 p87. 정병호『한국의 전통 춤』집문당 2202 pp228-229 재인용
302)「조선춤이야기」,『조선일보』1939.11.09

승무는 예술성이 풍부하고 춤가락이 다양하며 장단의 변화가 많은 춤으로 내면적인 흥과 멋을 풍기고 품위와 격을 갖춘 예술적 가치가 있는 춤[303]이다. 또한 승무는 긴 장삼이 허공에 뿌려지며 감겼다 풀어지는 데서 생겨나는 발생적인 움직임을 지니며, 인간 본연의 욕망을 표현하는 동시에 인간의 비애를 높은 차원에서 극복하고 승화시킨 춤이라 할 수 있다.[304]

전국적으로 민간에서 확산되어 오랜 기간 추어 온 승무는 민속춤이 무대화되면서 전통춤으로 변모되었다. 승무는 한성준 손녀인 한영숙을 비롯해, 이매방, 이동안 등에 의해 널리 퍼졌다. 특히 호남 지역의 승무는 이매방에 의해 연행되면서 대중적으로 널리 알려졌고, 이후 그의 춤에 반해 그의 제자가 되었던 이들이 호남 지방 승무를 전국적으로 확산시켰다. 이매방은 자신의 철학과 움직임의 원리인 대삼소삼을 비롯하여 하체를 강조하면서 이매방류 승무를 다져 갔다.

요약해 보면, 승무는 춤의 역사 속에 전승되어 온 춤이기도 하지만 춤의 명인 이매방을 통해 새로운 역사로 쓰였다고도 할 수 있다. 승무는 종교적인 색채를 넘어 오랜 역사를 통해 전해 내려오면서 민족 고유의

중 법고치고 김중근 ⓒ이찬주 수락산 흥국사 소장 탱화(1868)

---

303) 김천흥·홍윤식, 『승무』, 문화재관리국, 제44호 1968 p331
304) 이찬주 『춤예술과 미학』 금광출판 2007 p273 재인용

예술로 승화되었고, 이 춤에는 정신적으로 번뇌와 해탈의 의미가 담겨 있으며 그것을 표현하는 춤사위는 화사한 선의 아름다움을 간직하고 있다고 하겠다.[305]

2) 승무의 종류

승무에는 한국춤의 기본적인 춤동작이 집약되어 있고 춤 구성에서도 한국춤의 기본 틀을 제시하고 있어서 다른 민속춤에 비해 우리 춤의 미적 가치와 정서가 드러난다.[306] 승무는 지역마다 사는 기후와 생활풍습 등이 다르고 지역이 갖고 있는 음악도 차이가 있듯이 춤을 추는 동작의 맵시와 이를 뒷받침하는 장단들도 다르게 형성되어 왔다고 여겨진다.

승무는 서울·경기 지역의 한영숙류 승무와 호남지방의 이매방류 승무 그리고 화성재인청의 이동안류 승무로 크게 구분된다. 그 외에 충남지방의 심화영류 승무 등이 있다.

(1) 한영숙류 승무

먼저 한영숙(1920~1990)류 승무는 한영숙의 조부 한성준(韓成俊, 1874~1941)으로부터 전해졌다. 한성준은 1900년대 협률사, 광무대, 원각사 같은 극장에서 공연을 했으며 1908년 원각사에서 단원들에게 춤을 지도하였다. 1936년 조선성악연구회에서는 승무부를 따로 두어 한성준이 이사를[307] 맡을 정도로 이 춤에 열의를 보였다. 그는 전통예술의 근대화를 연 인물로 7~8세에 승무를 추어 천재라는 말을 듣기도 하였다.[308]

이러한 한성준은 대한제국 시기에 태평무와 살풀이춤, 승무 등과 같

---

305) 이찬주 「승무」 대전시청 2017 p55
306) 이미영 「한국춤 연구」 민속원 2007 p240
307) 김연정 「한성준춤 다시보기」 무용역사기록학 제44호 p71
308) 「묵은 조선의 새향기」 조선일보 1938년 1월 6일자.

은 민속춤을 무대화된 형태로 다듬었으며 그 춤을 손녀 한영숙에게 전수하였다. 한성준은 무대가 연습 장소 이상의 크기를 갖고 있고, 프로시니엄 형태로 만들어지면서 춤의 구성을 한층 더 넓혀 갔을 것으로 추측된다. "한영숙류 승무는 동적인 춤이 돋보이는데 뿌림사위가 주종을 이루고 있으며 걸음걸이는 느린 걸음걸이를 제외한 대부분은 특이한 엇박자의 걸음들이기 때문에 가볍고 계속 이어지는 동작소를 나타내고 있다.[309]"고 언급 부분에서도 이러한 연유가 아니었을까 싶다.

한영숙류의 승무는 특히 염불 과장에서 몸 방향이 객석 측으로 방향이 많으며 시선의 방향이나 높이도 대체로 상향 지향적이며 공간의 고도도 중간 이상이 많고 정적이며 수평적이라고 말[310]해진다. 이는 무대와 관객이라는 요소 때문인 것으로 짐작할 수 있다.

한영숙 ⓒ정범태

---

309) 국립문화재연구소 「중요무형문화재 제27호 승무」 신부사 1988 p113
310) 김은숙 「한영숙 승무와 이매방 승무 춤사위의 비교분석」 한국무용사학회 2007 p143

(2) 이매방류 승무

이매방(李梅芳)은 1927년 전라남도 목포에서 태어났다. 본명은 규태인데, 중국의 예인 매란방(梅蘭芳)의 이름을 따서 지은 예명 '매방'으로 정식 개명했다. 어릴 때부터 누나의 치마저고리를 입고 춤을 추었다. 7세무렵 예기 함국향(咸菊香)을 따라 권번에 드나들며[311] 그곳에서 춤을 가르쳤던 친할아버지 이대조에게 승무를, 여름방학이면 광주권번에서 박영구에게 승무와 승무 북가락을 배웠다.

권번(券番)이란 1918년 기생조합이라는 명칭이 정책적으로 권번으로 바뀐 것으로, 일본식 교방(敎坊)을 의미한다. 교방(敎坊)은 고려·조선 시대 시녀들을 중심으로 하여 가무(歌舞)를 관장하던 기관으로, 조선 시대에는 장악원(掌樂院) 소속의 좌방(左坊)과 우방(右坊)을 아울러 교방이라 하였다. 원래 교방은 중국 당나라 때 음악을 교습하는 예인을 관리하는 기구를 말한다.

1918년 『조선미인보감』에는 권번에서 춤과 음악은 늘 가까이 있었고 춤의 경우 정악분교실에서도 승무의 학습 내용이 있었다고 한다. 하지만 1945년 광복 이후 권번이 없어지고 1948년 대한민국 정부 수립과 한국전쟁을 거치면서 기녀들은 그 자취를 감추었다. 교방의 예인들은 몇몇 활동하는 이들에 의해 명맥을 유지하게 되었는데, 그 가운데 이매방은 권번에서 배운 남성으로서 교방의 예술 활동을 전수받은 인물이라고 할 수 있다. 권번에서는 주로 방과 마루에서 춤이 추어졌으니 무대화된 한영숙류 승무와 달랐을 것으로 짐작된다.

이매방은 열다섯 살이 되던 해 목포 역전에서 개최한 판소리 명창 '임방울명인명창대회'에 참가하여 승무를 추게 된다. 목포공업고등학교 건축과 재학 중이던 그는 승무 추는 박봉선의 불참으로 대신 무대에 올라간 것인데, 이후 명창대회의 전국순회공연의 일원으로 활동하며 이매방은 승무로 지속적으로 무대에 섰다고 한다.[312]

---

311) 이매방 구술, 김영희 채록연구 『한국근현대사 구술채록연구시리즈 67 이매방』 2006 p44
312) 국립문화재연구소 『중요무형문화재 제27호 승무』 신부사 1998 p53

보렴승무 ⓒ이찬주춤자료관 제공

이병옥 이매방 이찬주

 고등학교를 졸업하고 2년 뒤 1945년 해방되자 이매방은 권번에서 춤을 가르치기도 했으며, 1948년에는 임춘앵 여성국악단에서 춤을 지도하고 6·25 이후에는 삼성여성국악단에서 춤과 안무를 지도했다. 1952년에 전북 군산에 무용연구소를 처음 개설한 이래로 서울, 광주 등지로 이주하며 승무와 살풀이춤 등을 가르쳤으며, 1977년 7월 30일 서울 YMCA의 대강당에서 공연한 이매방 승무발표회를 통해 비로소 그의 이름을 대중들에게 널리 알리게 되었다. 판소리 예능 보유자 김소희의 창을 받으며 이매방이 선보인 〈삼현승무〉, 〈보렴승무〉로 서울에 혜성같이 등장한 그는 당시 한성준류의 '승무'를 접하던 이들을 깜짝 놀라게 했다. 관객과 평론가들의 주목을 끌었으며 관중으로부터 많은 박수갈채를 받았다.313)

1987년 승무가 중요무형문화재 제27호로 지정되고, 1990년 살풀이춤이 제97호로 지정되면서 이매방은 예능보유자가 되었다. 우리나라에서 전통춤을 추는 춤꾼들 가운데 그의 집을 드나들지 않은 이가 없을 정도라는 말이 있을 정도였다.314) 또한 이매방은 승무, 살풀이춤을 대중적으로 널리 알린 인물 가운데 한 명이라고 할 수 있다. 그는 권번에서

송화영 ⓒ임춘섭

313) 이광복 「승무와 함께 반세기 이매방」 『문예진흥 8』 한국문화예술진흥원 1984 p53
314) 이찬주 면담, 법우스님 승무전수관, 2017.0615.

춤을 배워 춤을 추어 온 예인으로서 꾸준히 춤을 추어 왔으며 무대화 과정을 거치면서 '이매방류 승무'라는 이름으로 완성을 이루었다. 그의 섬세하고 정교한 춤 기교와 대단했던 법고 가락은 이제 많은 제자 춤꾼들에 의해 이어지고 있다.[315] 많은 이들 중 법우 스님은 독특하게 승려의 신분으로 지역에서 대전시 무형문화재 제15호로 이매방류 승무를 계승·발전시키고 있다.

선행 연구들에 의하면, 이매방류 승무는 몸의 방향이 우측과 좌측 등 방향이 고루 분포되어 있고 시선 방향이 대체로 하향지향적이며, 공간구도에 있어서 고도와 저가 많이 나타나고, 무대의 전후좌우의 구성이 뚜렷하지 않고 원형으로 공간구성을 보여 준다고 한다.[316] 일반 무대와 달리 권번은 한옥의 구조를 띠고 있었으므로 춤추는 공간은 대개 방이나 마루가 될 것이다. 춤을 보는 사람들이 둥글게 원을 그리며 앉아 있게 되므로 춤을 추는 사람 역시 사람들이 잘 볼 수 있게끔 사방을 고려하여 움직였다고 할 수 있다. 그래서 한 방향이 아닌 다방향으로 구성되는 춤을 추었던 것으로 보인다.

(3) 이동안류 승무

이동안(1906~1995)류 승무는 경기도 무형문화재 제8호로 지정되었으며 화성재인청류로서 연극적인 요소가 가미되어 있다. 다른 지역의 승무와 달리 독특한 유래설(說)을 가지고 있[317]는데, 앞서 설명했던 기원들 중에서 불교기원설, 파계승의 번뇌설, 가면극과 노장설이 그것이다. 이는 근대 극장 무대의 출현과 함께, 재인청의 승무를 기본으로 새롭게 짜인 구성의 한 양식으로 보인다.[318]

이동안 승무는 장삼의 길이가 짧은 편으로 무릎 선까지 내려오고 동

---

315) 이찬주 『승무』 대전시청 2017 p60
316) 최영순 「전통춤의 형성과 발달 과정 연구」, 중앙대 2003 p62
317) 심우성 「발탈 演戲攷」 中 1979 p10 심우성과 이동안의 면담 재인용
318) 박영애 「화성재인청류-승무」『춤으로 본 지역문화: 경기도·충청편』, 역락 2010 p79

작은 염불 1장단에 4~8가지로 동작이 많으며, 도드리장단에서는 한쪽 한삼을 두 번 휘감아 돌려 뿌리는 것이 특이하다. 타령장단에서는 탈놀이의 노장춤에서 보이는 토속적인 느낌이 든다.[319)]

이동안의 춤은 대체로 발 디딤에서 중족을 많이 사용하는데 이는 기방춤이 내족을 주로 쓰는 것과 확연히 구분된다. 마지막에 입고 있던 장삼과 고깔을 벗어 법고 위에 가지런히 올려놓고 북을 향해 두 번 절을 하고 합장한 다음 맨손 춤으로 마무리를 하는데 돌아서며 미련이 남는 듯 허튼춤에서는 감정의 깊이가 한층 더해지면서 춤이 마무리된다.[320)]

(4) 심화영류 승무

충청남도 무형문화재 제27호로 지정된 심화영류 승무는 1930년대의 고형의 승무이다. 충청남도는 2000년 무형문화재 제27호로 승무를 지정하였으며, 이는 중고제 판소리 명인 심정순의 딸 심화영에 의해 전승되었다.

심화영 ⓒ한국향토문화대전

---
319) 이동안 승무, 공간사랑 1982 http://www.artsmuseum.org
320) 박영애 「화성재인청류-승무」『춤으로 본 지역문화: 경기도·충청편』, 역락 2010 p82

심화영류 승무를 발전·전승시킨 전통 예능인 집안 출신의 심화영은 1913년 서울에서 출생하였으며, 부친은 서산 출신으로 가야금 산조와 병창의 대가인 심정순(沈正淳,1873~1937)이다. 심화영은 유명한 국악인이였던 큰오빠 심재덕((沈載德,1899~1967)에게 가야금·판소리·춤 등을 배웠고, 승무는 충청도 지역에서 춤을 잘 추기로 유명했던 방 모(某)에게 전수받았다. 심화영은 여러 면에서 재능을 보였지만, 그중에서 특히 승무가 특출하였다. 심화영은 1945년에 서산에 이주한 후 평생 서산에 살면서 자신만의 승무를 발전시키며 제자 양성에 힘을 썼다.[321]

심화영류 승무는 충청 지역 고유의 승무를 펼쳐 온 독창성과 예술적 가치를 높이 평가받아 충청남도 무형 문화재 제27호로 지정되었고, 이후 심화영 승무보존회가 구성되었다. 심화영 승무보존회는 심화영의 외손녀인 이애리와 그의 제자들 중심으로 이끌고 가고 있다.

심화영류의 승무는 다른 승무와 달리 빠른 동작을 절제시키며 선 채로 춤을 시작한다. 무복으로 남색 치마를 입고 흑색 장삼에 하얀 고깔을 썼다. 승무를 출 때 홍가사에서 연유된 홍띠를 매는 것이 보통인데, 이 춤에서는 홍가사와 비슷한 형태로 등에 둘렀다. 깨끗하게 표현되며 여섯 장단의 염불로만 구성된 이 승무는 장삼의 선이 긴 수평선과 휘어 감은 S자 곡선의 조화를 바탕으로 감정선이 한껏 절제된 응축미를 드러낸다.[322]

이상과 같이 예인들에 의해 체계화된 승무는 한영숙을 비롯해 이매방, 이동안 등에 의해 예술적으로 세련되고 정제된 춤사위로 다듬어졌다.

---

[321] 디지털서산문화대전 「심화영」
[322] 이찬주 『춤, 사람 그 생동하는 기록』 위시앤 2022 p184

3) 승무의 문헌과 옛 그림

앞서 언급했던 바와 같이 민속춤으로서 널리 알려진 춤 가운데 하나인 승무의 기원이나 유래에 대해서 명확하게 밝혀진 것이 없고 여러 가지 설이 분분하며, 다만 승무의 유래를 짐작할 수 있는 몇 가지 문헌이 남겨져 있다.

이능화의 『조선불교통사하편』[323]에 따르면 승무는 기생이 곡관을 쓰고 장삼을 입고 춤을 추는 것이라고 되어 있다. 끝에 양손으로 북을 둥둥 치니 이는 근세의 승가를 모방한 것이니 소위 고무(鼓舞)라고 한다. 이매방류 승무의 경우 특히 교방춤으로서의 특징을 지닌다. 교방춤으로서의 승무에 대한 기록을 살펴보면, 먼저 김인겸(金仁謙, 1707~1772)이 쓴 『일동장유가(日東壯遊歌)』에 "의성 기생 윤매와 봉매가 중춤을 추니 구경하고"[324]라는 구절이 나온다. 여기에서 기녀에 의해서 중춤이 추어졌음을 알 수 있다 중춤에 대해서 이매방은 "승무라고 안 했어 중춤 중 '승(僧)' 자 아니냐. '승' 자가 중 '승' 자 다들 중침 중춤 잘 추드라이…."[325]라고 말함으로써 '중춤'이라는 용어는 권번 내에서는 '승무'라는 용어 대신 사용되었으며 이 용어가 권번이 사라지는 일제 말까지 사용되었음을 알 수 있다.[326]

1866년 홍순학(洪淳學, 1842~1892)이 지은 『연행가』에서도 교방춤으로서의 승무에 대해서 언급하고 있다. 홍순학은 선천(宣川)에 있는 의검정(依劍亭)에서 기녀가 추는 승무를 보고 "우습도다 승무로다"[327]라고 적고 있다.

---

323) 이능화, 『조선불교통사하편』 민속원 1992 p651 백경우의 논문 재인용
324) 김인겸 원저, 최강현 역주 『일동장유가』 보고사 2007 p124
325) 이매방 구술 김영희 채록연구 『한국근현대예술사 구술채록연구 시리즈 67 이매방』 한국문화예술진흥원 2006 p88
326) 백경우 「이매방(李梅芳) 춤의 양식적 특성으로 본 역학(易學)적 분석-〈승무〉·〈살풀이춤〉·〈입춤〉·〈검무〉를 중심으로-」 성균관대학교 대학원 박사학위논문 2011 p58
327) 홍순학 저, 이석래 교주 『기행가사집』 1976 p36, 홍종선·백순철 『연행가』 신구문화사 2005 p43

1872년 정현석의 『교방가요(敎坊歌謠)』에서도 '승무'라는 제목을 찾아볼 수 있다. "젊은 기생이 절하고 춤을 춘다. 풍류랑은 쾌자를 입고 대

광대 줄 타고 김준근 ⓒ이찬주 국립민속박물관   굿중패 놀이하고 김준근 ⓒ이찬주 국립민속박물관

무한다. 한량이 기생 주위를 돌며 춤을 추다가 둘이 서로 희롱하며 친압할 즈음 노승이 무대 모퉁이 엎드려 있다. 상좌가 나와 춤추다가 노승에게 가서 기생을 가리킨다."328)라고 되어 있다.

재인청 승무의 유래설은 다음과 같다.329) 깊은 산중에 도승과 제자가 살고 있었다. 그런데 도승이 병이 들어 정성을 다하였으나 백약이 효험이 없게 되자 백일기도한 끝에 꿈을 꾸게 되는데, 어디선가 풍악 소리가 들리면서 승려가 내려와 삼현육각을 잡히고 북을 치면서 승무를 추었다. 춤을 추던 승려는 이것이나 해 보라면서, 스승의 병환이 낫거든 이 절을 떠나라 하고 사라졌다. 제자가 승려의 말대로 해 보니 진정 스승의 병환이 나았고 제자는 절을 떠났다고 한다. 이로부터 절집에서 승무를 추게 되었고, 오늘날에는 일반 춤꾼들도 한판의 승무를 짜서 추어 온다는 것이다.330)

조선 시대 말기 불교의 신앙 내용을 그린 탱화와 풍속화를 살펴보면, 김준근(金俊根)331)의 그림 〈중의 수륙지내는 모습〉, 〈굿중패 노름놀고〉에

---

328) 정현석 편저, 성무경 역주 『교방가요:조선후기 지방 교방(敎坊)의 악·가·무(樂歌舞)』 보고사 2002 p222
329) 심우성 「발탈 演戯攷」 中 1979. 10, 심우성과 이동안의 면담 재인용.
330) 우리춤연구소 『춤으로 본 지역문화: 경기도·충청편』 역락 2010 p79 재인용
331) 조선 시대 말기 풍속화가이며 호는 기산(箕山)이다.

서 스님들의 춤추는 모습이 그려져 있는 것을 발견할 수 있다.[332] 이는 사당패를 지어 놀이를 하는 유랑 집단을 그린 것이다. 그림 오른쪽에

청년사

한 승려가 법고춤을 추고 있는데, 북을 치는 몸짓과 장삼 자락의 흔들림이 시원하고 거침이 없다. 옛날에는 집집마다 돌아다니며 꽹과리를 치고 시주를 청하는 중을 굿중이라고 하였다. 점차 예인 집단이 발전하면서 굿중패를 이루고 이러한 판굿으로 춤을 추고 밥과 돈을 받기도 하였다. 악기 없이 춤을 추는 인물은 먹장삼을 입고 장삼을 안쪽으로 뿌리며 움직이는 모습이다.[333] 이를 통해 승무를 춘 흔적을 볼 수 있고, 이는 승무 연구에 중요한 사료이기도 하다.

---

332) 수륙은 음식을 취하고 귀신이 깨끗한 땅에서 음식을 취한다는 뜻에서 따온 말이며 재는 몸과 마음을 깨끗이 한다는 의미이다. 공양을 올리고 귀의하는 순수한 믿음을 표시하는 의식이다. 수륙재는 고려 시대부터 행해졌고 조선 시대에 특히 성행했다.
333) 이찬주 『승무』 대전시청 2017 p66

4) 무복과 무구

(1) 무복

승무의 무복(舞服)으로는 일반적으로 승복을 착용한다. 승무의 기원설 가운데 불교의식무를 생각하면 쉽게 알 수 있다. 또한 어깨에서부터 늘어뜨려 허리에 매는 홍띠를 착용하는데, 이는 불교 재의식에서 추는 나비춤의 하얀 장삼과 법고춤의 홍가사에서 연유된 것이다. 머리에는 고깔을 쓴다.[334]

이매방(1940년대)

이매방류를 계승하는 법우 스님이 추는 승무에서는 남성의 경우 옥색 바지저고리를 입고 여성의 경우 남색 치마를 입는다. 저고리는 연분홍색을 주로 입으며, 흰색을 입거나 치마와 동일한 남색을 입는 경우도

---

334) 이찬주 『승무』 대전시청 2017 p68

있다. 공통으로 흰 버선을 신는다. 법우 스님의 경우 흰색 장삼을 주로 입는 편이지만 흑색 장삼을 입을 경우 흰색 바지저고리를 안에 받쳐 입는다. 이매방 선생도 1940년대 전국순회공연 당시 흑장삼을 입은 경우가 있다. 흑색 장삼은 일명 먹장삼이라고도 부른다. 스님들의 장삼 색깔이 먹색이어서 불교적 의상을 이어받은 데서 비롯된 것이다. 이매방은 "흑색 장삼을 승무 장삼은 옛날 키를 기준으로 2미터지. 장삼은 원래 먹장삼에다 홍띠를 매고 옛날에는 하늘하늘 비치는 갑사로 만들었지. 원래 의상은 그랬지. 흰 장삼은 한영숙이 유행시킨 거지."[335]라고 말했다.

　2인무의 승무를 출 때는 한 사람은 흰색 장삼을, 다른 이는 흑장삼을 입어 흑백의 대조를 이룬다.[336]

법우스님 · 최석권 ⓒ정재훈

　장삼은 깃을 바깥으로 뒤집어 고름을 등 뒤로 매듭을 짓는 것이 특징이다. 보통 리본처럼 묶어 늘어뜨린다. 소매 자락은 길게 늘어져 있는데 보통 240㎝이나 춤추는 사람의 체격에 따라 더 짧기도 더 길기도 하다. 또한 소매는 승무의 끝부분에 북채를 꺼내기 용이하도록 팔뚝 부분을 밑으로 터서 구멍을 내었다.

335) 백경우 「이매방(李梅芳) 춤의 양식적 특성으로 본 역학(易學)적 분석」 성균관대학교 대학원 박사학위 논문 2011 p66
336) 이찬주 면담, 법우 스님, 2017.06.22.

보통 왼쪽 어깨에 두르는 홍띠는 금박을 찍어 넣기도 한다. 법우 스님의 경우 2000년 초에는 금박 없이 사용했으나 2005년 이후에는 홍띠에 금박을 넣었는데, 금박 안에 청홍색을 넣었다. 그 청홍색 위에 새와 방아 찧는 토끼 문양으로 금박을 넣었는데 이는 일월광(日月光)을 나타내는 것으로, 낮이나 밤이나 불교적 정신 수양을 거르지 말고 정진하라는 의미이다.[337] 고를 이룬 아랫부분에 천(天) 자와 왕(王) 자를 4개 새겼는데 이는 동서남북의 불법(佛法)을 수호하는 네 명의 외호신(外護神)인 사천왕(四天王)을 의미한다. 이러한 홍띠를 왼쪽 어깨에 두르고 오른쪽 허리 밑에서 고를 만들어 맨다. 고를 이룬 아랫부분은 보통 허벅지에서 무릎 께까지 늘어지나 장삼 길이만큼 긴 경우도 있다.

고깔은 흰색 고깔을 착용한다. 깨끗함을 강조해 문양은 들어가지 않는다. 저고리 밑으로 복주머니를 다는데 색깔은 붉은색, 은색, 남색 등 여러 가지이다. 복주머니 매단 끈에 술이 달려 있으며 더러 호박(琥珀)이나 비취를 달기도 한다. 이러한 주머니는 스님들이 차고 다니는 회색 또는 빨강색 염낭과 무관하지 않다.

(2) 무구

무구(舞具)로 보통 북, 북틀, 북채를 사용한다. 북은 불교의식에 사용되는 법고(法鼓)와 비슷한 형태의 것을 사용하며 보통 승무 북이라고 부른다. 북틀에 걸거나 얹어 사용한다. 북, 북틀, 북채는 모두 춤추는 사람의 체격에 따라 적절한 것을 사용할 수 있다. 승무에서 북은 중요한 무구이다. 승무에서 북을 치는 장면이 전체 분량에서 얼마 안 되더라도 비중으로 따지면 거의 절반을 차지한다.[338]

북의 다양한 가락을 표현하는 솜씨가 승무를 잘 추느냐 못 추느냐 가늠하는 데 절대적인 기준이 되기도 한다. 그렇기 때문에 춤추는 자의

---

337) 이찬주 면담, 법우스님 대전연정국악원 2017.06.08.
338) 이찬주 『승무』 대전시청 2017 p71

체격에 맞는 것을 선택해야 한다. 법우 스님은 밤색의 나무 형태 틀 위에 걸린 북[339]을 사용하기도 하고 법고와 비슷한 형태의 북을 사용하기도 한다. 후자의 경우 북의 가장자리와 북틀(받침다리)에 단청을 입힌 것을 쓸 때도 있다. 북채의 경우 지름 2㎝에 길이는 27~33㎝ 정도이다.

5) 승무 춤사위와 장단별 진행 과정[340]

(1) 승무의 주요 춤사위

이매방류 승무의 춤사위는 예비동작, 연결동작, 주된 동작, 후속동작, 그리고 발동작으로 나누어 구분할 수 있다. 주요 춤사위는 다음과 같다.

	춤 사 위	설 명 (상체)
예비동작	엎드림	장삼을 몸 앞으로 펴고 엎드려 있는 자세. 장삼의 소맷자락을 교차해 왼발은 안으로 오른발은 밖으로 놓고 엎드린다.
	모음	합장하는 자세로 두 손을 다소곳이 모은다.
	몸통 비틀기	엎드린 자세에서 오른쪽 어깨를 오른쪽으로 움직여 가서 몸통이 비튼 자세를 이른다.
연결동작	여밈	손을 모아 잡아끄는 동작으로 왼손은 밑으로 오른손은 위로 장삼소매를 교차시켜 여미는 동작이다.
	감기	한손은 배 쪽으로 한손은 등 쪽으로 손을 감는다.
	팔 올리기	한팔 또는 두 팔을 옆으로 들어 올리는 동작이다.
	팔 일자 펴기	한팔 또는 두 팔을 펴서 평행선이 되게 만든다.
	팔 비스듬히 펴기	한팔 또는 두 팔을 위로 또는 아래로 비스듬히 펴서 사선 모양을 만든다.
	걸치기	장삼의 소매를 어깨나 팔에 걸쳐 놓는 동작이다.
	퍼넘기기	장삼의 소매 아래부터 머리 위로 뿌려 넘기는 동작이다.
	활개펴기	팔 펴기와 비슷하지만 활대라는 용어의 뜻처럼 힘 있게 날갯짓하듯 장삼을 펼친다.
	휘젓기	엎드린 채로 좌우로 양팔을 휘젓는 것을 말한다.

---

339) 북 크기는 대략 지름 50-60㎝, 길이 30㎝로 보인다. 일명 북 받침다리.
340) 이찬주 『승무』 대전시청 2017 pp75-77

주된동작	뿌림	꼬아서, 돌려서, 뛰어서, 번갈아, 감아서, 던져서, 옆으로, 앞으로, 위로, 뒤로.
		뿌림은 말 그대로 뿌리는 동작으로 동작 모양의 형태와 방향에 따라 접두어를 붙여 다양하게 사용한다.
후속동작	팔 내리기	한 팔 또는 두 팔을 내리는 형태로 장삼을 입고 추는 만큼 서서히 내리는 동작이다.
	꼬리치기	손목으로 살짝 장삼자락을 치는 동작으로 부드러운 옷자락의 선을 만들어 낸다.
	학체 (꼬리 펴기)	장삼 섶 뒷자락을 양손가락으로 서서히 펴면서 학이 날개를 펴듯이 움직여 마지막 박자에 소매를 제치는 동작이다.
발동작	궁체	활모양이 펴지는 동작으로 힘이 있고 무겁게 활시위를 당기듯 피며 장삼을 뿌린다.
	양우선	앞뒤로 팔을 들고 위로 젖히고 왼손바닥은 아래로 엎는다.
	디딤	발바닥 전체를 바닥에 붙이는 시점부터 바닥에서 떨어져 걷는 것으로, 정박에 한 번 딛는 디딤을 일컫는다. 디딤은 오른발, 왼발을 교대로 딛는다.
	비디딤	한 발을 두 번씩 딛는 걸음으로 디딘 후에 자연스럽게 따라오는 발걸음이다(일명 투스텝).
	비정비팔	승무의 기본 보법으로 정(丁)자 또는 팔(八)자로 발을 딛는 기법으로 정지나 동작 중 두 발이 모아지는 지점에서의 발 모양새를 말한다(발을 옮길 때 무겁고 박진감 넘치는 보법).
	까치걸음	디딤 중의 섬세한 걸음걸이로, 주로 정지된 사위와 뿌림사위 뒤에 연결된다.
	연풍대	회전하는 사위를 말하며 오른손은 뿌리면서 오른발을 회전 방향으로 딛고 가슴을 젖혀 왼손을 뿌리면서 왼발을 오른발 옆으로 디뎌 회전한다.
	잉아걸이	까치걸음처럼 빠른 걸음으로 걸어가는 보법으로 발디딤의 각도가 3자형으로 걸어가는 보법이다.
	완자걸이	까치걸음처럼 빠른 걸음으로 걸어가는 보법으로 완자무늬처럼 기(己)자형으로 걸어가는 보법이다.
	안가랑	한발을 뒤로 꺾어 차올리는 동작으로 무릎을 약간 굽혀 한다.
	발 들기	한발을 가볍게 들고 정지하는 동작을 말한다.

(2) 춤동작 살펴보기

엎드림

모음

몸통비틀기

여밈

ⓒ신의식

감기

(양손 앞뒤로)감기

팔올리기

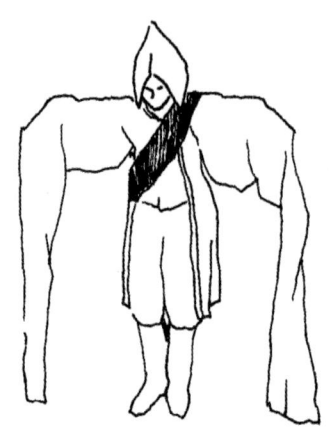
팔일자펴기

(한손감아) 걸치기

팔비스듬히펴기

퍼넘기기

활개펴기

(엎드려 양팔) 휘젓기

(옆뿌림)뿌림-(윗사선)뿌림

양팔 위로 뿌림(한발씩 옆으로 가는 동작)

위로 뿌림, (발)디딤

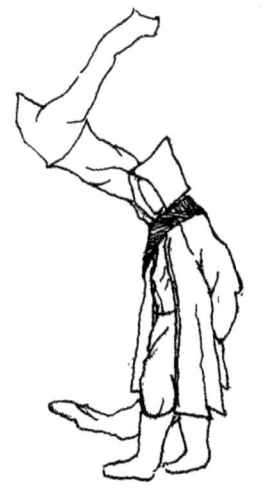

(발)디딤과(위로)뿌림-염불동작

(양팔) 팔 내리기

(꼬리펴기) 학체

(감아서)뿌림

ⓒ신의식

(두손)모음

(앞으로·뒤로) 감기와 발들기-양우선

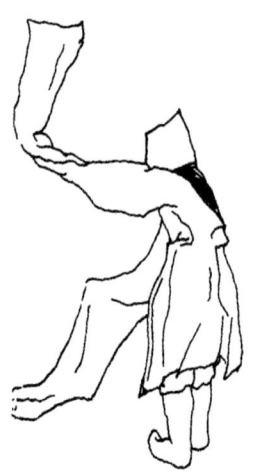
(한팔 위로 다른팔 뒤로) 뿌림

(앞으로)감고 돌며 앉는 사위-양우선

연풍대

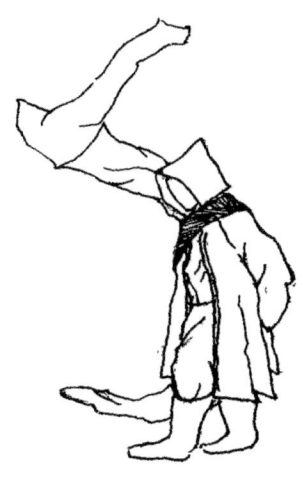
한손감고 내리치기

(윗사선) 뿌림과 뒤로 두발가기

(양손을 밑 사선으로)모으기

ⓒ신의식

(2) 승무의 진행 장단

장단은 염불장단으로 시작하여 도드리(반염불)장단, 타령장단, 자진타령, 굿거리, 북놀음, 다시 굿거리로 끝을 맺는다.

① 염불장단: 덩~~~~쿵~~~~기덕-덕~~쿵~~~~덩더러러러~

② 도드리장단(반염불 또는 졸림): 덩~쿵~기덕~쿵~더러러러

③ 타령장단: 덩~~기덕~~덩~따 - - 따

④ 자진 타령장단: 덩~따~덩따쿵~덩~따~덩따쿵~

⑤ 굿거리장단: 덩~기덕~덩더러러러~쿵~기덕~쿵더러러러

6) 승무의 특징

무(僧舞)라는 이름으로 불리며 세속에서 대중의 흥미를 끌어온 이 춤은 불교의식무와 비슷하면서도 동작 면에서는 탈춤, 한량무(閑良舞), 농악(農樂)과 같은 여러 민속적인 춤을 토대로 하여 민간에서 뛰어난 춤꾼들에 의해 이어져 내려왔고, 20세기 초 무대예술화되면서 더욱 멋스럽게 변모하였다.[341]

영산재는 스님들이 행하는 큰 재(齋)로 그 안에서 법고춤, 나비춤, 타주춤, 바라춤을 볼 수 있다. 부처님의 소리 범패에 맞춰서 추는 춤으로 부처님께 공양을 올리는 마음을 담는다.

"승무는 복장도 불교의식무에서 나왔고 승무에서 추는 춤도 불교의식무에서 전해진 춤으로 항상 법무"라고 이매방 선생은 말한다. 그의 맥을 이어 대전의 문화재 15호로 활동하는 법우 스님은 거기에 대해

---
341) 이찬주 『승무』 대전시청 2017 p89

"부처님의 소리를 아름답고 예쁜 춤사위보다 담담하게[342] 몸을 사용해 춤 동작으로 부처님께 공양한다는 법식"이며 "춤사위 하나하나가 예쁘고 도드라져 보이게 할 수도 있지만 부처님께 공양을 올리는 마음 자세로 춤을 추고 있으며 스님의 입장에서 추는 것이 예인이나 다른 일반인이 추는 승무와 다른 점이 아닐까."라고 말한다.

승무에는 인간의 희로애락(喜怒哀樂)이 다 들어 있으며 그에 따른 번뇌를 떨쳐 마침내 해탈의 경지에 오르는 춤이다. 승무는 세속에서 떨어져 나가면서 염불타령이 되고 그다음에 굿거리가 되고 속세와 이별은 자진모리가 된다. 무대에 올라가면 마음하고 춤이 한 몸이 되어서 무념무상으로 춤을 출 수밖에 없다고 말하는 이도 있다.

춤이란 스승에게 춤을 배워서 추는 것이지만, 자기만의 멋을 잃지 않고 춘다. 이매방 승무가 그의 작은 몸집에서 보여 주는 움직임에 맛깔스러움을 얹어 표현했다면, 그를 잇는 제자들의 승무는 자신의 몸짓에 따라 다르다. 춤이란 것은 가진 신체의 형태가 다르듯 각 개인이 표현하는 춤도 다르게 나타나는 것이다. 같은 무보에 따라 춤을 추더라도 미세하게 다른 것은 바로 이 점 때문일 것이다. 그 안에 자기 것이 있는 것이다.

승무의 장삼의 선은 긴 수평선과 일직선 길고 짧은 선의 조화를 바탕으로 그의 감정적 절제가 한껏 응축되어 있다. 몸의 방향을 좌측과 우측으로 고루 전진하며 세상에 순응하는 이치를 따라가는 듯하다. 남성적이면서도 때로는 여성스럽게 시선을 아래로 내리깔고 풀어 가는 모습은 세상에 대한 정(情)을 부드럽게 담아내는 듯하다. 장삼을 두 번 휘감아 돌려 뿌리는 동작과 위로 뿌렸다 다시 아래로 모아 주는 동작은 다른 춤과 구별되는 승무만의 멋이다. 발디딤에서 내족(內足)을 많이 사용하는 이 춤에서 한 걸음 나아가면 한 걸음 물러나고, 좌로 가면 우로 오는 좌우걸이의 발디딤의 기교도 멋스럽다. 춤에는 뿌림과 거둠으로

---

342) 이찬주 면담, 법우스님 승무전수관, 2017.04.11

승무- 마고트폰테인 방문(1978) 한국의집 ⓒ이찬주춤자료관제공

공간의 여백을 장삼으로 꽉 채우면서 고개를 한껏 뒤로 젖혀 하늘을 우러르는 간절함을 담고 있기도 하다.

  장삼을 흩날리며 다가와 북 앞에 서서 한 손이 올라가면 반대손이 내려오고, 한쪽 손바닥을 엎으면 다른 한 손을 뒤집는 양우선 춤사위의 동작적 조화를 이루는 가운데 다양한 몸짓을 만들어 낸다. 춤꾼과 북의 만남은 북놀이 때뿐만 아니라 내내 서로 교감하고 있는 것 같다. 북을 향해 절을 하고 시작하고 춤의 장단 변화가 있을 때마다 만났다가는 헤어지는 과정을 거듭하는 동작에서 그러하다. 북은 춤의 전개에서 긴장감을 유지시켜 나가며 중요한 몫을 하고 있다.

  승무가 최고조에 이르러 춤추는 사람이 북을 치는 순간, 장삼의 소맷자락에서 꺼낸 북채로 힘껏 북을 두들기는 모습은 온갖 시름과 번뇌를 떨치려는 듯하다. 북놀음 장단에 맞춰 북채로 북을 울리는 동작은 강인함과 간절함을 담고 있는 듯하다. 무엇이든 포용할 듯 단단한 나무뿌리와 같으면서도 부드러운 향기를 머금고 곧게 벋은 난초 같은 모습이다.[343]

---

343) 이찬주 『승무』 대전시청 2017 p92

승무는 단순히 팔을 올리고 발디딤을 내딛는 행위가 아니다. 자신을 갈고 닦는 수행인 듯하다. 조지훈의 시 「승무」의 시구를 응축해 놓은 듯하다. "얇은 사 하이얀 고깔을 고이 접어 나빌레라… 소매는 길어서 하늘은 넓고 돌아설 듯 날아가며 사뿐히 접어 올린 외씨버선이여…." 마치 하늘이 마치 여인이 하늘의 신과 접촉하듯 긴 장삼을 허공에 뿌리며 감았다 풀어내는 모습은 춤추는 것을 넘어 마력마저 느껴진다. 들어 올린 외씨버선 발은 무한한 고요의 정(靜)을 그리다가 시간이 지나면 다시 동(動)을 통해 질적인 승화로 나아간다.

승무는 역동성을 지닌 정중동에 의한 춤이 근본을 이룬다. 맺는 형의 정지는 그 정(靜) 속에 동(動)이 있듯이 언제나 발생할 수 있는 에너지가 있는 것이다. 승무에 대해 조지훈 선생은 "춤추는 자가 발의 동작을 멈추고 문득 어깨를 한번 올리고 팔을 서서히 펴서 원을 그릴 때는 굉연(轟然)한 율동을 느끼게 된다. 우리 춤은 고요함 속에서 움직임을 보고 움직임 속에서 고요함을 표현하는 멋을 느끼며 미의 극치를 이루는 것이다."라고 썼다.

전이연 ⓒ임춘섭

2. 충청도 앉은굿

1) 개요[344]

충청도 지방을 중심으로 주로 볼 수 있는 앉은굿은 한국 무속의 한 갈래로서 오랜 역사를 지니고 있으며 충북 지방의 청주·제천·충주·보은 등과 충남지방의 대전·공주·부여·당진 등을 중심으로 넓게 분포되어 있다. 대전무형문화재(앉은굿) 제2호, 무형문화재(앉은굿) 제20호, 대전무형문화재(설경) 제2호, 충청남도무형문화재(설경) 제24호로 지정되어 있다.

앉은굿이란, 말 그대로 앉아서 독경을 외우며 진행하는 굿으로 선 채로 춤추고 노래하는 선굿(立)과는 확연히 구별된다. 사실 한국은 서울, 경기도, 경상도, 강원도 등 전 지역에 걸쳐 대개 선굿이 주류를 이루어 왔다. 선굿은 무당과 마을 사람들이 모여 벌이는 굿판에서 무당이 하늘과의 접신을 위해 춤추고 노래하며 하늘을 향해 솟구치는 모습을 통해 사람들은 소원을 얻는다고 믿어 왔다. 무당이 하늘로 솟아오르며 엑스터시에 빠지는 광경은 굿을 할 때 가장 큰 볼거리 중 하나이다.

반면에 앉은굿은 굿의 가장 극적인 볼거리인 뛰어오르기가 없고 이름 그대로 앉아서 진행하는데도 불구하고 충청도 지방을 중심으로 지속적으로 전해 내려오고 있었다. 충청도 사람들은 예로부터 점잖은 기질을 지닌 지역으로 유명하며 그들의 느린 말의 속도와 톤을 통해서 그들의 생활상을 어렴풋이 짐작해 볼 수 있다.

숙종 때 이중환(李重煥)은 『팔역지(八域志)』에서 조선 8도인의 기질을 이야기하는 중에 충청도를 청풍명월로 여겼다. 맑은 바람에 밝은 달이라

---

344) 이찬주 「앉은굿」 『춤으로 본 지역문화』 역락 2010 p295

했으니 선비의 기질을 높이 평가한 말이다. 충청도 사람들의 겸손하고 예의를 숭상하며 지조를 지키는 선비적 성향은 장점인 동시에 소극적 성향이라는 측면에서 결점이기도 하다. 인조 때 병조판서를 지내고 부여에 낙향한 장만(張晩)의 시조에서도 그 소극성을 살펴볼 수 있다.

> 풍파에 놀란 사공 배 팔아 말을 사니
> 오솔길이 물 도곤 어려워라
> 이 후란 배도 말도 말고 밭 갈기나 하여라.[345]

이러한 특성 때문인지, 의상까지도 화려한 선굿의 의상과 달리, 충청도 굿은 양반 모습에 여린 하늘색의 의복을 갖추어 입고 마치 책을 읽어 내려가듯이 독경을 외는 앉은굿으로 행해진다. 충청도 사람들은 굿이 가장 절정에 달하는 순간에도 모든 사람들이 앉은 채 독경을 행하는 법사를 바라보고 있다. 이러한 독특한 모습에서 앉은굿은 '양반굿'이라는 또 다른 별칭을 갖고 있기도 하다.

과거 충청도의 앉은굿은 남무(男巫)만으로 행해지는 굿으로서 경을 읽는 소리에서 '남성들의 강한 힘'을 느낄 수 있었고, 이를 근거로 접신과의 행위를 제시하였다. 이후에도 충청도의 앉은굿은 경을 읽어 나가는 법사가 중심이 되어 여전히 굿이 행해지고 있지만 보살과 함께 굿을 행하는 경우도 더러 생겨나게 되었다. 충청도 앉은굿은 선굿에서 보살의 장식적인 움직임, 여성성을 더해 주는 역할을 가져온 것이기도 하지만 사실상 마을의 사라진 대잡이 노릇에 의한 필요성에서 생겨나 게되었다. 이러한 앉은굿은 오랜 시간 동안 충청도 지역문화와 어우러지면서 형성되었고 타 지역의 선굿과는 법사, 무구, 무복, 보조 역할의 보살 등 여러모로 다른 독자적인 형태를 구축하며 지역성을 대변하는 가치를 지녀 왔다.

---

345) 임동권 「충청도 인의 기질과 문화」 제2회 우리춤연구소 국제학술심포지엄 2008 p1

다만 아쉽게도 그동안 충청도에서 앉은굿을 행해 왔던 많은 선대의 유명한 법사들의 기록이 점차 사라지고 그들을 기억하는 사람들도 좀처럼 찾아보기 어렵게 되었다. 하지만 다행스러운 것은 충청남도에서 대전 앉은굿이 1994년 무형문화재 제2호로 지정되면서 신석봉 법사 이래로 많은 전수자와 이수자가 생겨나고 있고, 태안의 장세일 법사와 송선자 보살이 충청남도무형문화재 앉은굿 설경으로 지정되면서 활발하게 전수되고 있다는 점이다. 이에 비해 충청북도의 문화재 지정은 충청남도의 문화재 지정과는 15년의 차이를 두고 있을 정도로 늦다. 2010년에 이르러서야 청주의 신명호 법사가 '충청북도 앉은굿 문화재'로 지정되었다.[346]

앉은굿은 그동안 충청도 무속으로서 지역민의 애환을 달래 주며 긴밀한 관계를 가져왔다. 이러한 앉은굿도 세월의 변화에 따라 점차 과거 굿의 기능보다 문화재로서의 보존과 가치를 내세우는 새로운 변화가 이루어지고 있는 추세이다.

2) 전승 관계

(1) 법사의 유래

앉은굿에서는 충청도 지역민의 점잖은 기질처럼 앉아서 독경(讀經)을 하는 무속인을 '법사(法師)'라 부른다. 법사에 대한 기록은 몇 번의 변화를 거쳐 현재에 이르렀다.

그 첫 번째 등장은 판수(判數)이다. 소경이 점을 치는 것은 한국 고유의 풍속 중 하나로 알려져 왔다. 소경에 관련된 기록은 이능화의 『조선도교사』를 통해 살펴볼 수 있다.[347] 여기서 좀 더 거슬러 올라가면 『고려

---

346) 이찬주 「앉은굿」, 『춤으로 본 지역문화』 역락 2010 pp296-297
347) 이능화, 『조선도교사』, 이종은 역주(1977), 『조선도교사』, 보성문화사, 1959, p.458.

사』에 삭발한 맹인을 맹승이라 불렀던 기록이 전해 오며, 조선 초기에 고려 시대의 제도를 모방한 관상감(觀象監)에 있던 점복이 능통한 맹인의 사례에서도 살필 수 있다. 조선 시대 이들 맹승단체의 거처는 명통사(明通寺)에 있었으며,348) 이곳에서 맹승의 칭호는 선사(禪師)로 불렸다.

이러한 맹승들은 하늘에 제사를 지내는 선사처럼 나라에 큰일인 가뭄과 질병이 있을 시에 기도를 하였다. 그러므로 명통사의 도류승(道流僧)에서부터 그 시기적 기원을 찾아볼 수 있다. 이 시기 맹승들은 독경과 축수(祝壽)를 맡아 하였고 '점을 치는 것을 업으로 삼은 소경' 이외에 '독경'까지 행했던 이들은 판수로 불렸다. 조선조 세종 경자년에 여름을 대비한 병의 치료를 위해 판수 7명을 불러 독경을 하였을 뿐 아니라 세종 자신이 신장대349)를 잡아 지성으로 기도를 드렸다350)는 기록도 전해지고 있다.

판수의 유래에서 맹승단체의 독경을 단지 불교적 경전으로만 볼 수 없는 이유는 앉은굿에서 행해지는 독경에 대한 서대석의 견해에서 찾아볼 수 있다. 그는 독경이 한국의 토속신앙과 관련된 것으로 도교 및 불교의 경전과 결합하여 형성되었고, 이것이 소경에 의해 읽히는 축원문으로 시작되었다고 한다.351) 또한 서양인 선교사 헐버트의 글에서도 판수들의 등장을 살펴볼 수 있다. 그는 판수들이 잘못에 대한 회피 여부, 포상 여부, 어떤 일에 대한 성공 여부, 장래 점치기, 전생과 신상에 관한 일, 달아난 사람 찾기, 친척 친구 안부, 사망 시기, 이사, 집수리, 아들의 출세일, 병이 들었을 때 등을 점쳤다고 한다.352) 이 글을 통해 한국의 근대 초기까지 경을 읽으며 점을 치는 판수의 명칭이 이어져 왔음을 알 수 있었다.

두 번째는 경객(經客)이다. 세월이 흐르며 축원문을 읽는 자들 중에는

---

348) 안상경, 「충북지역 앉은굿 무가연구」, 『충북학』 제3호, 2001, p.151.
349) 신을 받아들이기 위한 막대기.
350) 이필영 「대전 시사」 대전직할시 편찬위원회 1993 p128
351) 서대석 「경무고」 한국문화인류학회 창간호 1968 p53
352) H.B. Hulbert, 「The Korean Mudang and pansu」, 8Methodist publishing house, Seoul, 1903.

소경이 아닌 자도 등장하기 시작했는데, 사람들은 이들을 소경과 구별하고자 '경객'이라 부르게 된다. 이후 서대석은 『경무고』에서 앉은굿을 업으로 삼고 있는 소경과 일반을 통칭하여 경무(經巫)라고 제시하기도 하였다. 무속연구가들도 경무라는 호칭을 제시하기도 하였지만, 무속인들과 충청 지역민들 사이에 이들은 법사(法師)로 불렸다.

이러한 연유는 다음과 같이 유추해 볼 수 있다. 오래전부터 무속인들의 호칭을 여자는 '무당', 남자는 '박수'라 하여 남녀를 구별 지어 불러 왔다. 이후 점차로 여자는 '보살(菩薩)', 남자는 '법사'로 어느덧 바꾸어 부르게 되었다. 이는 불교에서 여자스님과 남자스님을 부르는 호칭에서 연유되어 좀 더 격을 갖추고자 이들의 호칭을 따라 부른 것으로 보인다. 이후 오늘날까지 앉은굿을 하는 남성 무속인을 충청도 지역에서는 법사라 부르고 있다.

이에 앉은굿에서 중요한 위치를 차지하고 있는 법사는 그 명칭들이 그들의 모습과 사회적 위치의 변화에 따라 맹승, 선사, 판수, 경객, 법사들로 불려왔음을 살펴보았다. 물론 이들 중 법사의 기원을 판수로 보았을 때 법사와 소경인 판수에는 차이점이 있지만, 충청도 지역의 앉은굿은 독경과 무속인을 중심으로 살펴보아 법사의 기원에 대해 독경을 읽는 판수로부터 시작한다고 보는 것이 가장 적절하다.[353]

(2) 문화재 법사들의 전승 관계

충청북도와 충청남도에는 앉은굿의 문화재로 등재되어 있는 4인방이 있다. 그 첫 번째가 대전의 앉은굿의 중심에서 활동하며 가장 많은 제자를 배출하는 신석봉(申石奉) 법사(75세)이다. 대전 중구 문창동에서 출생한 그가 앉은굿으로 들어서게 된 계기는 어려서 병을 얻고 절에 들어갔다가 16세에 해원사 유성환에게 불경(佛經)을 배우고 회복되는 듯해서 하산하였으나 다시금 18세에 신이 들어오려 하였다고 한다. 그는 절에

---

353) 이찬주 「앉은굿」 『춤으로 본 지역문화』 역락 2010 pp298-299

서 선배 독경자들로부터 독경을 배우기 시작하였고 이들이 한장수(보살), 구춘근, 고기선, 홍연철, 김수복이었으며 특히 홍연철에게 무경(巫經)을, 김수복에게 고장(鼓杖)을 배웠다.

이후 신석봉 법사는 1992년 10월 13일 장충체육관에서 열린 대전·충남 대표로 대한승공경신연합회에서 주최한 전국 팔도굿대회에서 최우수상을 수상하였고, 1993년 8월 20일에도 전국팔도굿대회에서 충청도 안택굿으로 개인별 특상을 받았다. 이후 1994년 일찍이 무형문화재로 지정되며 그를 중심으로 대전충청남도 앉은굿보존회가 설립되었다.

그는 전수자 및 문하생들과 함께 현재 충청도 앉은굿을 널리 알리며 보존하는 데 큰 역할을 해 오고 있다. 특히 신석봉 법사는 많은 타 지역의 무속인들에게도 앉은굿을 전수하고 있는데, 서울의 신영임과 그의 아들 배준철 법사는 2000년부터 신석봉 법사로부터 설경·독경·고장을 배워 서울에서 앉은굿을 10년간 뿌리내리고 있다.

그 외에도 수원 용인의 공성구 법사, 강원도의 변옹림, 서준철 법사, 원주의 이봉주, 서천의 김응기, 의정부의 이순영, 이정애와 천안 아산의 장혜선, 광주의 박민숙, 영동의 전광평, 부산의 김남숙 등 많은 제자들을 통해 전 지역에서 꾸준히 앉은굿을 펼쳐 나가고 있다. 이들은 거의 자신의 고향에서 태어나 대전에 신석봉 법사의 제자로서 앉은굿을 배우고 여전히 자신들의 고향 지역에서 지속적으로 앉은굿을 뿌리내리고 있어 언제 어느 지역에서든 앉은굿이 활성화될 수 있는 여지를 만들어 내고 있다[354].

두 번째는 대전문화재에는 앉은굿 설경 보유자인 송선자(宋善子, 1946~) 보살이다. 그녀는 1977년부터 무업에 종사해 왔으며 유명한 충청남도 법사 중 한 분인 故 황하청 법사(1920~1999)로부터 15년간 설경을 비롯한 앉은굿을 전수받았다. 황하청은 1999년 대전문화재 설경 2호로 지정

---

354) 이찬주 「앉은굿」『춤으로 본 지역문화』 역락 2010 pp300-301

받을 정도로 기량이 뛰어났다. 그의 제자인 송선자 보살은 원래 기독교를 믿는 집안이었기에 신기에 시달려 몇 년 동안 성스럽게 기도에 정진했으나 결국 스승 황하청 법사에게 내림굿을 받고 무속의 길에 접어들었다. 전통무속인의 길을 걸은 지 30년이 흐른 지금, 그녀는 2000년 2월 18일 대전무형문화재 제2호 앉은굿 설경의 보유자로서 전통의 맥을 잇고 있다. 전통무속의 발전을 위해 혼신의 힘을 다하고 있으며 전국적으로 제자를 양성하면서 민속신앙 정착의 터전을 마련하고 있다.

대전 충청도 앉은굿 역대 계보

1대 — 이화섭
↓
2대 — 김명국
↓
3대 — 서정욱
↓
4대 — 구충근, 고기선, 홍연철, 김수복, 한장수
↓
5대 — 신석봉 법사(75세)
(대전 앉은굿문화재 제2호 안택굿, 미친굿)
↓
6대 — 방성구 법사(후보자 59세)
국중식 법사(이수자 73세), 황기영 법사(이수자 70세)
김차봉 법사(이수자 65세), 임혁재 법사(이수자 63세)
김호준법사(이수자), 이해용(이수자)
두인애 보살(이수자)

이영?(대전)
↓
민영태

한웅희(태안)
↓
장세일(79세)
(태안 앉은굿문화재 제24호 설경)

```
        ↓                              ↓
      황하청                      황옥순, 한정민
        ↓
   송선자(65세)
(대전 앉은굿문화재 제2호 설경)
        ↓
  한  덕, 김미숙, 이승자
  조정선, 김정숙, 권두언
```

```
     윤치서(충북)
         ↓
       김종헌
         ↓
     신명호(76세)
(충청북도 앉은굿문화재 제20호)
```

　세 번째는 태안의 장세일 법사이다. 1932년 아버지 장오선(張吳仙)과 어머니 이씨(李民) 사이에서 2남 1녀 중 논도 없는 농부의 둘째 아들로 태어나 1945년 태안군 소원초등학교를 졸업하였다. 초등학교를 졸업하고 2년 정도 서당에 다녔고 한문을 잘할 정도로 머리가 좋았다. 이웃에 경문을 공부하는 사람들의 소리가 밤마다 담 너머로 들려왔고 그 소리가 이상하게도 귀에 잘 들어왔으며, 가끔 그 경문 소리가 나는 집에 들러 내용도 보며 경문을 좋아하게 되었다. 일찍이 어려서부터 설경의 경전(經典)에 관심을 가지고 있었고 독경을 한두 가지씩 읽고 외다가, 23세 되던 해부터 본격적으로 주변에 경전이 능한 사람을 찾아다녔다.

　당시 충청남도 태안에서 그 당시 설경 분야에 제일 유능하고 체계적인 학식을 갖추었다는 한응회(韓應會, 1900~1974년 74세로 작고)를 만나 법사의 길로 들어서게 되었다. 그가 설경을 배운 건 스물셋이었지만 서른셋 쯤 되자 원했던 일은 아니었지만 그에게도 신명이 찾아와 집에 신당을 모시기 시작하였고, 그는 한응회에게서 배운 설경과 그가 알려 준 경문

외에 여러 곳에서 수집한 경문들로 『경문요집(經文要輯)』이라는 책을 만들어 보급하고 있다.[355] 이후 그는 충청남도의 설경 무형문화재 24호가 되었다.

마지막 인물은 신명호(65세) 법사이다. 그는 충청남도의 앉은굿문화재인 3명보다 늦게 문화재로 선정되었지만, 충청북도에서는 이미 오래전부터 앉은굿으로 유명했던 인물이다. 그는 젊은 나이에 오른쪽 다리를 앓았는데, 치료되지 않자 충북 청원군 가덕면의 백촉산 미륵사 위의 베틀바위 암굴로 들어갔다. 그러나 이후에도 또 병마가 찾아왔고 결국 충북 청안의 안응골에 사는 김영윤에게 내림굿을 받고 무속인이 되었다. 그는 충북 청원군 가덕면의 윤치서의 제자 김종헌으로부터 앉은굿의 모든 경문을 물려받고 굿을 배워 나갔다. 청원에서 28살 되던 해에 청주로 자리를 옮겨 앉은굿을 지속적으로 펼쳐 나갔다.

신명호 법사는 북과 징을 치면서 무경(巫經)을 읽어 복을 빌고 재앙을 쫒아내는 충청북도 무속의 기능보유자로서 그는 설위설경(設位設經)인 굿의 장소를 종이로 직접 꾸미며 장식물을 제작하고 설치도 한다. 그뿐만 아니라 복을 비는 안택굿, 재앙을 물리치는 축사굿 등 여러 축원문을 독송할 수 있는 '충청북도 앉은굿'의 대표적인 인물이다. 그는 1994년 『앉은거리 경문대사전』을 출간하였는데, 이후 1996년과 2004년에 재판될 정도로 널리 알려져 있고 '신명호 법사의 앉은경문'이 CD로 제작되기도 할 만큼 충북 지역에서 앉은굿으로 주목받고 있다.[356]

충청북도는 대전.충남의 문화재지정에 비해 늦은 감이 있지만 신명호 법사는 2010년 4월 9일자로 '충청북도 앉은굿 문화재 20호'로 등재되었다.

---

355) 태안뉴스, 2009. 5. 26.
356) 이찬주 「앉은굿」『춤으로 본 지역문화』 역락 2010 pp302-303

3) 앉은굿의 종류

앉은굿은 선굿만큼 목적에 따라 그 종류도 다양하다. 앉은굿의 종류를 의례의 성격에 따라 다음과 같이 4가지로 나누어 볼 수 있다.

(1) 복을 바라는 굿(祈福祭儀)

안택굿(재수굿), 고사굿, 삼신굿, 용왕굿, 삼재푸리, 살풀이가 있다.

① 안택굿

안택굿은 집안의 평안과 재수를 신령들에게 청원하기 위한 굿이다. 집안의 신(神)인 조왕(竈王), 제석(帝釋), 터주(土主), 삼신(三神), 조상(祖上) 등을 불러들인다. 안택굿은 가신종합제로서 대체로 음력정월 초하루부터 보름까지 또는 10월 상달에 법사를 초빙해 진행하며 대개 하루가 걸린다. 예전 안택굿에는 가정에서 발생하는 여러 가지 불상사를 막고 평안과 풍년, 가정의 번창을 위해 도신(禱神)떡을 만들고 집 안의 8가지 신[357] 모두를 빌기도 하여 도신떡이란 별칭도 가졌었다. 지금은 안택굿에서 주로 조왕굿, 터주굿, 성주굿, 조상굿, 제석굿 등을 기본으로 하고 있으며 과거 집 안에 우물이 있는 가정은 요왕굿도 치렀다. 이러한 안택굿은 앉은굿의 가장 대표적인 의례로 볼 수 있다.

② 고사굿

고사굿은 추수감사제의 성격이 강한 굿으로 보통 시월을 전후한 시기에 행한다. 제물은 시루, 돼지머리, 삼색실과 청주 등이며 시루는 햇곡식으로 조상(祖上), 터주(土主), 성주(城主), 조왕(竈王), 삼신(三神), 잡신(雜神)

---

[357] 조왕신, 조상신, 산신, 제석신, 성주신, 지주신, 신장신, 대감신

을 위해 여섯 시루를 마련한다. 특별한 모의 행위 없이 굿은 태을보신경(太乙保身經), 부정경(不淨經), 축원문(祝願文), 고사덕담(告祀德談), 내전푸리 등을 구송한다.[358]

③ 삼신굿

삼신굿은 자손이 귀한 가정에서 아기를 갖기를 원할 때와 자손들의 명이 짧은 집안에서 행하는 비정기적인 굿이다. 아기 갖기를 원하는 삼신을 모실 때는 신대를 따라 밖에서 돌이나 나무를 가져와 삼신을 모셔오는 행위를 한다. 물론 지역에 따라 차이가 있으나 밖에서 모셔 온 돌이나 나무를 함께 베주머니에 쌀 또는 미역과 함께 넣고 모시고 받들거나, 안방에 짚을 깔고 삼신상을 차린 후 흰 종이를 깔고 그 위에 쌀을 부어 놓고 쌀 위에는 미역을 얹어 놓기도 한다.[359] 또한 출산 후 자손의 명이 길기를 바라는 삼신굿은 백일과 돌에 가장 크게 모시며 주로 아기의 장수가 굿의 주된 기원이지만 재물, 덕, 편안한 임종도 포함된다. 이때의 굿은 태을보신경, 부정경, 축원문(祝願文), 삼신경(三神經) 등을 구송한다.

④ 용왕굿

지역에 따라 요왕제, 용왕제라고도 부르는 이 굿은 마을의 안녕과 풍어를 비는 정기적인 굿이다. 정월에 집중적으로 행하며 용왕시루, 청주, 삼색실 등을 제물로 올리며 일부의 제물은 물에 던져 차리기도 한다. 굿은 태을보신경, 부정경, 용왕축원문(龍王祝願文), 용왕경(龍王經), 내전푸리 등을 구송한다.[360]

---

358) 안상경 「청주의 앉은굿과 경문」 『청주문화』 제23호 청주문화원 2008 p122
359) 임승범 「충남 내포 지역의 앉은굿 연구」 한남대 석사학위논문 2005
360) 안상경 「청주의 앉은굿과 경문」 『청주문화』 제23호 청주문화원 2008 p122

⑤ 삼재푸리

삼재(三災)는 사람으로 태어나기 전의 그 수많은 세월 동안 쌓여 온 좋고 나쁜 기운들이 사람으로 태어나면서 음양오행의 주기에 맞추어 나타나는 현상을 말하며[361] 흔히 12년마다 찾아오는 나쁜 징조로 알려져 있다. 삼재는 인도의 범어인 '깔빠(Kalpa)'의 근원이 되며, 한국인은 좋은 복(福) 삼재도 있지만 주로 삼재에 대한 나쁜 이미지가 많아 삼재가 드는 해에는 누구나 몸가짐을 조심한다. 이에 삼재푸리는 삼재에 걸린 사람에게 행하는 비정기적인 굿이다. 제물은 소금, 팥, 콩, 깨끗한 물, 나이전 등을 올리는데 나이전은 나이 수대로 동전을 그릇에 담아 올리는 것을 말한다. 삼재푸리 때는 삼재인 사람의 머리 위에 박을 씌운 후 팥과 소금을 머리에 뿌리고 이후 삼재인 사람의 속옷을 불에 태운다. 삼재푸리는 한국의 토속신앙으로 정월 초에 집중적으로 행하며 요즘은 사찰에서도 원하는 이들을 위해 해 주기도 한다. 굿으로는 태을보신경, 부정경, 삼재경(三災經)을 구송한다.

⑥ 살풀이

살풀이는 인간의 삶에 있는 살(煞)을 풀기 위한 임시적인 굿이다. 살은 한자어로 살(煞)이라고 쓰고 죽일 살(殺)이라는 훈을 붙여 쓴다. 국어사전에는 살의 낱말을 '사물의 해로운 빌미가 되는 힘과 기운'으로 정의 내린다. 이러한 해로운 살은 풀어 주는 것이 누구에게나 마땅하다. 수수팥떡은 적(赤)색을 띠고 있으며 오래전부터 귀신과 나쁜 일을 쫓는 데 효험이 있다고 믿어졌다. 이에 살상(煞床) 앞에 제주(祭主)[362]를 앉히고, 그 나이 수대로 수수팥떡과 깨끗한 물 청수를 놓는다. 대주(大主)의 머리 위에 보자기를 씌우고 그 위에 키(箕)를 씌운다. 이어 수수팥떡을 재와 고춧가루에 묻혀 화살 끝에 꽂아 대주의 머리 위를 향해 쏜다. 이후 살을

---

361) 도담 「삼재」 문원북 2006
362) 대주집안의 제일 어른을 대주(大主), 여자는 제주(祭主)라 부른다.

모두 대문 밖으로 쏘며 대문 밖으로 나가지 않은 화살은 다시금 주어 밖으로 쏜다. 굿은 태을보신경, 부정경, 축원문, 팔신청래(八神請來), 해살경(解煞經) 등을 구송한다.

(2) 병을 고치는 굿(救病祭儀)[363]

병굿, 푸닥거리, 단귀신잡이, 미친굿이 있다.

① 병굿

집안에 몸이 아픈 사람이 있을 경우 치르게 되는 굿으로, 귀신이 탈을 일으켜 하는 굿이다. 병굿은 법사의 능력이 제대로 발휘되는 굿이며, 이 굿에서는 풍성한 제물이 쓰이지 않는다. 이는 법사가 귀신을 달래기 보다, 제어하고 잡귀와 싸울 태세로 독경을 하며 마지막 중요한 의례로 잡귀를 집 바깥으로 내기 때문이다. 병굿은 사귀(邪鬼)를 신장대에 내리게 하여 잡은 후 병에 담아 밀가루 반죽으로 병을 막아 버린 후 사람이 다니지 않는 길에 묻어 버린다. 병굿의 순서는 태을보신경, 부정경, 조왕경, 당산경, 성주경, 축사경(대가림),[364] 안심경, 퇴송 순서이다.

② 푸닥거리

푸닥거리는 소규모 형태의 병굿이라 할 수 있다. 닭이나 돼지 등의 어떤 희생물에게 인간의 재액을 전이시키거나, 인간에게 끼친 '살'을 풀어내는 등을 일종의 모의행위로 표출한다.[365]

---

[363] 이찬주 「앉은굿」 『춤으로 본 지역문화』 역락 2010 pp306-308
[364] 성주 대가름을 해서 집안에 일어난 탈이 무엇 때문인지를 묻는다. 성주대가름을 통해서 병굿의 내용이 결정되기 때문이다.
[365] 안상경 「청주의 앉은굿과 경문」 『청주문화』 제23호 청주문화원 2008 p121

③ 단귀신잡이

　단귀신잡이는 마을공동체에서 개인 질병 치유를 위한 피부병의 대응 방법으로 보통 '단잡이'라고도 부른다. 마을공동체인 단귀신잡이에서 하는 축사경은 이튿날부터 본격적으로 시작되며 귀신을 잡아 줄 신장을 내리게 하는 것을 '단 모은다'고 한다. 단귀신잡이에서 단이라는 표현은 피부병이 생겼을 때 여는 의례로, 오곡걸립을 위하여 오곡밥을 짓고 각 종류의 피부병인 단을 잡아 땅에 묻는다.366) 이는 과거 민간에서 의례로 치러지기도 하였고 법사에게 부탁하여 행하는 경우도 있다. 충남의 부여에서는 이러한 단귀신잡이를 '단(丹)독 잡기'라고 부르며 마을 공동체적 치유 방법으로도 행하고 있다. 태안에서는 공동체가 합심하여 피부병을 포함한 병을 쫓아내는 독특한 치료의례 방법을 '태세치기'라고도 부른다. 이는 마을에 병든 환자가 발생하면 마을 주민들이 복숭아 나뭇가지를 들고 집 안에 남아 있을 귀신을 내모는 행위를 한다.367)

신석봉-대전 미친굿무형문화재 2호

366) 오문선 「부여지역의 앉은굿」 역사민속학 제6호 1997 p108
367) 이필영 「개인의 피부병에 의한 마을 공동체의 치병의례」 『민속학 연구』 7 국립민속박물관 2000 p211

④ 미친굿

미친굿은 정신질환자를 치유하기 위한 굿으로 일명 '도깨비굿'으로도 불렸다. 미친굿은 여전히 맥이 끊어지지 않고 최근에도 많이 행해지고 있다. 특히 충청도 앉은굿의 미친굿은 전국적으로 알려져 있고 그 효험이 크다.[368] 미친굿에서는 환자가 하품을 하거나 기지개를 펴면 귀신이 떨어져 나가는 과정으로 여겼다. 미친굿에는 '화전치기'[369]란 절차가 있어 해가 질 무렵 환자의 겉이불을 뜯어 환자를 감싸고 법사가 기름을 입에 넣고 환자 주위를 돌다가 불을 내뿜어 귀신을 쫓아낸다. 대전 앉은굿의 신석봉 법사는 안택굿과 미친굿의 문화재로 지정받았으며, 현재도 미친굿을 하고 있다.

(3) **신을 받는 굿**(降神祭儀)

내림굿, 신사맞이굿이 있다.

① 내림굿

내림굿은 신병을 앓는 사람이 무당이 되기 위하여 받는 굿으로 '신명굿' 또는 '신가래재비'라고도 하며 충북에서는 '신령맞이굿'이라고도 한다. 내림굿은 입무제(入巫祭)로서 보통 사흘 이상의 대규모 굿으로, 무당이 되는 사람이 신을 받을 때까지 계속 진행된다. 첫날은 안택굿, 둘째 날은 허주굿으로 입무자의 몸에 실려 있는 잡귀·잡신을 몰아내는 의식을 한 후 본격적으로 내림굿을 행한다. 굿을 하는 장소에 천존신장·팔목신장목·오방신장위목 등을 붙이고, 일자철망·팔진철망·원앙철망

---

368) 이필영 「충청지역 미친굿」, 『민족문화』 제7집 한양대학교 민족학연구소 1998
369) 화전(火戰)은 먼저 환자에게 침착한 축귀를 하고 다음은 화전을 치는데, 화전 재료는 소나무 껍질을 잘 말린 다음 절구에 빻아서 고운 채로 친 다음 볶아서 만든다. 그 가루를 횃불에 흩뿌리면 온통 불바다처럼 된다. 이것을 먼저 환자에게 한 다음 집 주변을 돌면서 부려 숨어 있는 귀신을 축귀한다.

등을 둘러치며, 천존상에는 쌀을 담고 신장대를 꽂아 두고, 정안수·청주·삼색과일·포 등 모든 것을 진설하며, 신도상에는 백설기·청주·정안수를, 객신상에는 밥 한 그릇·삼색과일을 진설한다. 셋째 날에는 몸에 신을 받아들이는 신내림 및 입무자를 위한 축원을 행한다.

② **신사맞이굿**

신사맞이굿 또는 진접굿으로 불리는 이 굿은 신내림 체험이 있는 법사들과 보살들이 1년 또는 2~3년에 한 번씩 신사맞이굿이라는 이름하에 치러진다. 이때 신굿은 자기의 몸주신을 위하여 드리는 것으로, 굿이라는 의례를 통해 신들을 불러들여 즐겁게 놀아 주고 푸짐한 음식을 대접한 후 돌려보낸다. 이때 신장퇴문경을 구송함으로써 인간 세상으로 불러들였던 신장들이 원래의 장소로 돌아가기를 기원한다.

(4) **넋을 달래는 굿 위령제의**(慰靈祭儀)[370]

① **길닦이굿**

충청도에서 행해지는 길닦이굿은 망자의 혼을 천도하기 위한 임시적인 굿이다. 이 굿은 천상으로 못 가고 돌아다니는 영혼을 위해 길을 닦고 가게 하는 굿으로, 일명 '천도굿' 또는 전국적으로 '지노귀굿'이라고도 부른다. 충청지역에서는 죽은 지 약 일 년가량 안쪽의 망자의 혼은 '날지노귀' 또는 '생지노귀'라고도 부르기도 하는데, 죽은 지 1년 안 된 귀신들을 위한 굿은 신들의 힘이 보통 센 것이 아니어서 주로 오랜 숙련을 거친 나이 든 법사들이 맡아서 한다. 굿은 태을보신경, 부정경, 축원문, 명당경, 해원경의 구송과 내전푸리로 진행된다.

---

370) 이찬주 「앉은굿」 『춤으로 본 지역문화』 역락 2010 pp309-310

② 해원굿

　해원굿도 넋을 달래는 임시적인 굿으로 주로 집안의 죽은 조상 중에 객사한 사람이나 한 많고 원한이 많은 사람들을 위해 한을 풀어 주기 위한 굿으로, 원혼이 될 것을 염려하여 행하는 해원적 성격의 굿이다. 해원굿에는 청춘해원굿과 망자해원굿이 있고, 넋건짐은 망자의 영혼을 불러들이고 막대기로 한 명씩 넋을 받아 잡으며, 혼령상에는 백설기, 청주, 정안수, 삼색과일 등을 진설한다. 굿은 태을보신경, 부정경, 축원문, 해원풀이 등이 구송된다.

　이러한 모든 굿에 있어서 절차는 매우 중요하며, 주로 '조왕경 - 당상경 - 칠성경 - 터주경 - 요왕경 - 성조경 - 제석경 - 삼신경 - 조상경 - 역대축사 - 신장축사 - (성조대를 잡아서 가택을 물은 후 신장을 잡고 묻는다) - 안심경 - 내전(경)'을 행한다. 근래에는 주로 신장 축사까지 하는 경우가 많으며, 내전도 50년 전에는 대문의 안쪽에서 지냈는데 지금은 방에서 내전을 진행하는 것으로 바뀌기도 하였다.

4) 무구(巫具)와 제물

　앉은굿에서는 법사의 독경 위주로 굿이 이루어지므로 많은 이들이 단순한 굿으로 생각할 수 있으나 이와는 달리 다양한 설경들을 포함한 무구와 제물에 놀라기도 한다. 이러한 무구와 제물들은 앉은굿을 이해하는 데 필수적인 요소들이다.

(1) 무복과 악기

　앉은굿에서 법사의 옷차림은 갓을 쓰고 두루마기를 입기도 하고 또는 갓 대신에 한복바지와 저고리에 창호지로 만든 고깔을 쓴다. 이는 선굿의 무복과 비교할 때 무척 간소하나 법사들 사이에 엄정의관 정심정기 이라는 말처럼 의관을 엄정하게 갖추고 마음을 바르게 해야 한다는 의식 아래 그들의 의상은 굿을 하기 위한 최선의 의관이다. 그뿐만 아니라 북이나 징, 꽹과리를 반주로 사용하며 경을 읽어 나가는데, 경을 읽고 악기를 두드리는 법사들의 힘은 엑스터시의 효과가 충분히 전해질 정도로 강력하다. 앉은굿에서 신장대잡기를 위한 보조적인 역할의 보살이 등장하는 경우도 있는데, 보살은 선굿의 무당들처럼 쾌자를 입는 것을 흔히 볼 수 있다.

신명호 법사 충북무형문화재 제20호   신석봉 법사 대전무형문화재 제2호 ⓒ이찬주

(2) 경문과 소리(淸)

경문은 법사들이 굿을 할 때 읽는 글로 '무경'이나 '무가'라고 부르는 이들도 있으나 앉은굿을 행하는 법사들 사이에서 보통 '경문'이라 일컬으며 내용은 신통의 나열, 신병의 결진, 귀신의 착금 등으로 이루어져 있다. 경문은 문서로 습득되기도 하지만 예전에는 구전되기도 하였다. 근래 들어서는 경문의 책자가 발간되는 경우도 있으며, CD로 제작되

어 배포되기도 한다. 충청도 앉은굿의 경문이 지역에 따라 차이가 있으나 거의 비슷한 내용으로 구송되는 까닭은 『팔만대장경』이나 『천수경』 같이 불교에서 빌려온 것들도 있기 때문이다. 이러한 경문들은 일반 민중들이 많이 들을 수 있었던 내용들로 친근함을 느끼게 한다. 또한 축원(祝願), 덕담(德談), 해원사(解寃詞) 등의 경문은 개인과 지역에 따라서도 다르게 나타나는데 이는 시대의 변화에 따라 창작된 것도 있기 때문이다.[371]

서대석에 의하면 앉은굿의 경문은 한국의 토속신앙과 관련된 것으로, 도교 및 불교의 경전과 결합하여 형성되었으며 이 독경은 소경에 의해 읽히는 축원문으로 시작되었다고 한다.[372] 앉은굿에서 이른바 4대 경문이라 일컬어지는 옥추경·옥갑경·기문경·천지팔양경은 기본적이고 중요한 경들이며, 법사들이 앉은굿을 행하기 위해서 경문을 외우는 데 수련하는 기간은 보통 5년 정도 소요된다고 한다.[373] 어떤 경우이든 충청도에서 경의 학습은 필수적인 과정이고, 가장 중요한 것은 경문이다. 법사들은 경문에 대해 '밑천'이라고 표현할 정도로 중요시 여기며, 법사들의 표현으로 '귀에 잘 들어갈 수 있는 경문'이 되어야 한다고 말한다.

충청도의 앉은굿 소리를 연구한 음악전공자들은 경문의 장단을 경토리, 메나리토리, 육자백이토리로 나누기도[374] 하지만 법사들과의 대담에서 보면, 그들은 장단 치는 것을 '고장'이라 부른다. 이러한 고장 소리는 '삼불제석'이라 하여 제석복·칠석복·불사복을 할 때 빠르게 또는 느리게 치는 장단이다. 예를 들면 불사복에는 불사고장을 치는데, 불사고장은 나이 든 어른들인 할머니들께서 흥이 나서 춤을 출 때 하는 장단을 말한다.

이러한 고장은 여러 가지로 이름을 붙여서 사용하는데 대개 치는 모

---

371) 김기형 『한국민속학의 이해』 무경 1994 pp265-266
372) 서대석 『경무고』 한국문화인류학회 창간호 1968 p53
373) 일청(一淸), 이고장(二鼓杖), 삼문서(三文書)를 든다. 즉 경을 읽는 목소리가 맑고 잘 넘어가야 하며, 둘째는 장단을 잘 쳐서 신명나게 하고, 셋째는 경문의 사설이 좋아야 한다는 것이다.
374) 박혜정 『충남 앉은굿 음악』 우리춤연구소 국제학술심포지엄 2008 p44

양새를 붙여 춤고장, 줄고장, 축원고장, 동자고장, 막고장 대감고장으로 사용한다. 먼저 춤고장은 보통빠르기의 3마치로 같은 시간에 3번 치는데, 발뜀에 따라 하는 것이다. 줄고장은 고 풀 때[375] 빨리 치는 것으로 계속 이어서 빠르게 줄이어 치는 것을 뜻한다. 축원고장은 2마치로 같은 시간에 2번 치는 것을 의미하며, 2소박 4박과 3소박 4박의 리듬형이 주를 이룬다. 이것은 생기복덕에 맞추어 독경을 하는 고장이므로 생기 있게 빠르게 쳐야 하며 '생기복덕 고장'이라고도 일컫는다. 동자고장은 자진바라이며 동자신(神)이 실렸을 때 치는 것을 일컫는다. 막고장은 고장을 제대로 못 배운 사람이 특별한 것 없이 막 치는 것이며, 대감고장은 느리게 치는 고장을 말한다.

아주 오래전 앉은굿의 고장은 법사가 큰 물항아리에 박을 엎어 놓고 두드리는 형태였으나 이후는 지금의 쓰는 꽹과리와 북 두 가지인 고장[376]이 아니라 꽹과리가 없는 오직 북 한 가지를 두드리며 경을 읊었다고 한다. 이때 앉은굿은 오직 법사의 능력인 경문을 외는 청(淸)[377]으로 굿의 능력을 가늠했었다. 법사가 북 하나만을 사용하던 시절에는 천장에 북을 매달아 길게 끈으로 내려뜨려 법사가 앉아서 그 북을 쳤었다고 한다. 심지어 그때는 교통수단이 별로 없어 산을 넘어 굿을 하러 다녔기에 북도 가져가지 않고 그 마을의 풍물패의 북을 빌려다 썼다고 한다.[378]

굿이 잘 이뤄지고 받은 쌀, 고기 등도 20리 길을 짊어지고 다녔으며 그 이후 자전거, 차 등의 교통수단이 발달함에 따라 점차 굿의 고장도 변화하여 장고, 나팔·피리·퉁소를 포함하고 큰 행사에서는 풍물패까지 동원된다. 지금은 큰 앉은굿 행사에서 다양한 악기들을 트럭으로 한 차 가득 싣고 갈 정도로 앉은굿의 규모도 교통수단의 발달로 변화하였다.

---

[375] 이때 고는 소창을 12번 묶어서 고를 푼다고 하기도 하고 저승 고를 푼다든가, 길 닦을 때 고를 푼다든가 또는 군웅고는 9번 매어서 푸는 것을 말하며, 사지고는 4번 매서 푸는 고이다.
[376] 앉은굿은 악기를 고장이라 부른다.
[377] 경을 읽는 소리를 청(淸)이라 부른다.
[378] 이찬주 「앉은굿」 『춤으로 본 지역문화』 역락 2010 pp311-313

앉은굿에서는 세월이 흐름에 따라 이러한 경문에도 변화를 살펴볼 수 있는데, 그 대표적인 것이 바로 대감타령이다. 이 대감타령은 앉은굿에 나타난 선굿과 혼합된 양상으로 사실 대감타령은 전국적으로 선굿에서 쓰여 왔다. 충청남도 대전의 문화재인 신석봉 법사의 앉은굿 후보자인 방성구 법사는 대감타령을 앉은굿에서 행한다.

2009년 10월 15일자로 발간된 신석봉 법사의 한국전통 무속경의 책에는 새로이 만들어진 경문들이 있었다. 물론 그의 제자인 방성구 법사가 하는 경문인 대감타령도 들어 있다. 대감타령을 포함하여 이 책의 발간은 최근에 이루어졌지만 새로운 경문들을 만든 지는 오래되었다고 한다. 새로이 변화된 경문은 가택고사경, 대감축사경, 부부해로경, 신명제자축원경,[379] 12달액풀이, 삼재경, 군웅굿축사경, 건립축원경, 차고사축원경, 열두신명봉첩, 개업축업문 등으로 새로 만들어진 경문들이었다. 그러나 이 경문들도 만들어져 사용된 시기는 짧아야 20년에서 30년으로 오래전부터 쓰여 왔던 것들이다.

사실 굿이라는 것이 사람들이 원하는 것에서 생성되었기에 문화재라 하더라도 바뀔 수밖에 없다. 현시대를 살아가는 사람들을 위한 축원과 그들을 돕기 위한 행위에서 생긴 것이 굿이라는 점을 감안한다면, 굿도 사람들의 일과 생활에 따라 변화해 가기 마련이다. 앉은굿에서 개업이라든지, 자동차를 위한 고사 등의 경문은 새로이 생길 수밖에 없고, 개업한 음식점에서도 굿을 바란다면 이를 위한 개업축업문의 경문도 필요한 것이 사실이다. 이 시대 우리에게 걱정과 불안이 존재한다면, 앉은굿에서 경문은 그에 맞게 변화하며 발전할 것이다.[380]

(3) 제물

앉은굿에서는 굿마다 그 제물이 다르게 놓이는데, 천존상에는 쌀을

---

379) 제자의 법당을 위한 경문
380) 이찬주 「앉은굿」『춤으로 본 지역문화』 역락 2010 pp314-315

담고 신장대를 꽂아 두고 신도상에는 백설기·청주·정안수를 두며, 객신상에는 손님상·붉밝이상·조상상이 있다. 이들 상에 오르는 것은 시루, 불밝이쌀, 삼색과 일류, 나물류, 과자류, 깨끗한 물(청수), 술, 국과 밥 등이다. 과일의 어른이라 불리는 대추·밤·곶감인 조율이시를 필수로 중요시하고, 이러한 과일을 순서별로 잘 써야 하는데 근래에는 옛날에 없던 과일인 사과, 바나나 등과 음료수를 올리기도 한다. 사자상의 짚신은 사자신을 위한 것이며 삼베는 진옥, 소창은 조상 길 떠날 때 사용한다.

(4) 신당과 굿당

앉은굿의 법사들은 신당을 보통 자신들이 거처하는 집의 윗방에 모신다. 그러나 방이 한 개 있을 경우에는 신당을 자신이 거처하는 방에 모시기도 한다. 어떤 무속인들은 자신들이 기거하는 방에 신 모양의 인형을 만들어 두거나 그냥 물만 떠 놓고 표시만 하는 사람도 있다. 그러므로 법사나 보살들은 누구나 자신이 살고 있는 집에 신당을 가지고 있다.

그렇다면 굿당은 무엇인가? 굿당은 말 그대로 굿을 행하는 장소를 말한다. 굿당을 법당이라 부르는 무속인들도 있는데, 이는 자신들이 모시는 신에 부처까지 포함하여 모시는 무속인들이 자신들의 굿당을 일컬어 법당이라고도 부르는 것이다. 근래의 굿당은 법사와 보살이 아니라 보통 일반인들이 차려서 굿을 의뢰한 사람들에게 굿당을 대여하고 법사와 보살을 소개하여 굿을 지내기도 한다. 이러한 굿당에는 자신들의 취향에 따라 설경과 불도화, 팔진도 등 선굿에 비견해도 못지않을 정도의 수많은 도구들이 즐비하다.

(5) 설경

설경은 앉은굿에 사용하는 일종의 종이로 만든 것으로 '설위', '설경'

또는 '설위설경'이라 부르는데 청양·부여·대전·공주에서는 설경이라 부른다. 또한 서산·태안·당진 등 충남 서북부 지역은 '설위' 혹은 '서류'로 불렸는데, 이는 위목과 경문을 설치하는 행위 때문에 그렇게 불린 것으로 보인다.[381]

특히 전통 앉은굿에 등장하는 설경은 법사의 독경만큼 중요한 의미를 지니며 칼로 창호지에 종이를 베어 제작되는 이 설경을 '종이바수기' 또는 '종이까수기'라고도 부른다. 이러한 설경은 선신은 받아들이고 악신은 굿당 안에 들어올 수 없도록 막아 주는 방패의 기능을 하며 설경은 무속인들에 의해 직접 제작된다.

이것들은 귀신을 잡아 가두는 도구들로, 귀신 중에는 귀머거리와 눈먼 귀신도 있어 법사의 독경 외에 설경을 사용하여 귀신을 퇴치하는 데 사용한다. 그러나 이 가운데 삼대왕과 팔보살은 귀신을 잡는 도구로서의 설경이 아니라 신장을 부리는 명령의 역할을 하는 신들이다. 많은 이들이 홑설경과 접설경을 혼동하는 경우가 많은데, 접설경과 홑설경은 서로 반대되는 뜻이 아니다. 접설경은 팔문금쇄진 위에 덧붙이는 설경을 일컬으며 다른 말로 대철망을 친다고 한다. 홑설경은 하루에 간단히 끝나는 설경을 말한다.

철망 역시 설경으로 귀신을 잡아 가두는 역할을 하는 도구이며, 미친굿이나 병굿 등에 쓰인다. 철망에는 모양에 따라서 그물 모양으로 길게 죽 늘여서 달 수 있는 일자 철망과 용수철처럼 생긴 용수철망이 있다. 용수철망은 천장에 매달아 쓰는 것이다. 병철망은 긴 그물로 제작하는데 그 모양이 병처럼 생겨 붙여진 이름으로, 병에 귀신을 잡아 가두어 대설경 옆에 걸어 놓거나 귀신을 착수(捉囚: 잡아서 가둠)할 때 사용한다. 구리철망, 휘사철망, 각개철망은 지역에 따라 다소 부르는 차이가 있으나 같은 철망에 속한다. 부여·대전 등 충남 내륙에서 휘사는 휘장(揮帳: 휘두르는 천막)의 역할을 하고 당진의 맹진섭 법사는 이를 각개철망이라 부른

---

381) 임승범, 『충청지역의 종이무구』, 한국무속학 제13집, 2006, p.45.

다.[382]

태안의 김종일 법사는 문양을 판 종이무구를 '소철망' 대철망보다 작은 철망이라 부르며, 태안 지역에는 소철망이라는 명칭은 없고 종이에 문양이나 글씨를 파 넣는 것을 이문이라 부르며 '이문판다'고 한다. 부여·대전·충남 지역에서는 '수문판다'고도 한다.[383] 또한 옆벽에 치는 설경은 조상과 12대왕이 건너는 길로, 벽에 설경을 쳐서 잡귀가 접근하지 못하도록 한다. 이러한 설경들은 굿이 끝나고 조상 옷을 싸서 다 태워 버리는데, 법사들은 요즘은 태울 곳이 마땅치 않다고 말한다.

① 팔문금쇄진

팔문금쇄진은 『조조 손자병법』에서 원용하여 창안한 진법으로 팔문금쇄진에서 팔문은 휴(休)·생(生)·상(傷)·두(杜)·경(景)·사(死)·경(驚)·개(開) 8개의 문으로 되어 있다. 지역에 따라 천장 한가운데 붙인 뒤 여덟 개의 줄을 방위로 나누어 천장에 매달고 8개의 줄 가운데에 위목을 매달기도 한다. 이러한 팔문금쇄진은 병풍같이 펼쳐진 6폭의 설경이었지만, 근래에는 방의 크기가 커짐에 따라 8폭으로 바뀌어 사용되기도 한다.

설경은 병풍처럼 넓게 펼쳐 굿당의 앞 표면과 옆 벽에 전면 설치하고 설경에 담는 그림에 따라 학, 산신대 보살, 잉어, 나비, 산신할아버지, 동자동녀, 아미타령, 글문대감, 꽃반사설경, 천상천하백마장군, 여러 수문 팔부신장설경 등으로 부른다. 이러한 설경은 최근 앉은굿에서 그 무늬들이 점차 더 커지고 화려해지고 있다.[384]

굿의 도구 중 앉은굿의 문화재로도 지정받고 있는 설경은 그 속에 담고 있는 무늬도 많은 변화를 가져왔지만 크기도 커지고 있다. 설경에는 1㎜도 안 될 정교한 선을 잇댄 다양하고 정밀한 문양들이 있는데, 이 정밀한 문양들은 몇 번의 칼질로 창을 든 사람, 사천왕상, 귀(鬼)·수(壽)·복

382) 양종승·최진아, 「충남지역의 무구」, 국립문화재연구소 민속원, 2005, p.109.
383) 임승범, 「충청지역의 종이무구」, 『한국무속학』 제13집, 2006, p.52.
384) 이찬주 「앉은굿」『춤으로 본 지역문화』 역락 2010 pp316-317

㈍·황제(皇帝) 같은 각종 한자, 나비와 꽃과 새들로 한지 위에 나타난다. 칼질이 끝난 후 펼쳐진 모양은 황홀할 정도이며, 충청남도에서는 대전의 송선자 보살과 태안의 장세일 법사가 설경의 무형문화재로 지정되어 있다.

설경 그림의 종류는 기본형이 서른 가지쯤 되지만 산신할아버지 및 동자동녀, 아미타령, 글문대감, 꽃반사설경, 산신도, 잉어, 학문양, 천상천하백마장군, 여러 수문 팔부신장설경, 학, 산신대 보살, 잉어, 나비 등 100가지가 넘으며 온갖 변형이 가능하여 거의 수를 헤아릴 수 없을 만큼 시대의 변화에 발맞추어 더욱더 화려하게 변화하고 있다.

② 팔진도

큰 경에 쓰는 용수철망을 가운데 두고 동서남북과 그 사이 방향까지의 팔방으로 팔사를 늘어뜨린다. 팔사란 종이로 만든 쇠사슬 모양의 줄인데, 신장들이 귀신을 잡기 위하여 팔방으로 진을 치고 있는 것을 의미한다.

천장에 달아 놓는 팔진도는 조조가 『손자병법』을 연구해 만든 진법에서 따온 것으로, 휴(休)·생(生)·상(傷)·두(杜)·경(景)·사(死)·경(驚)·개(開)의 8개 진문이 존재하는데, 이 중 생(生)·경(景)·개(開)로 가면 살고, 두(杜)·사(死)로 들어가면 죽는다고 한다. 이후 적벽대전에서 제갈량이 사용한 팔괘진의 뿌리는 더욱더 숫자가 늘어나지만, 이는 조조가 만든 팔진도에 제갈량이 팔괘를 더해 만든 진법으로 팔진도 8개 진문에 진(震: 우레)·손(巽: 바람)·이(離: 불)·곤(坤: 땅)·태(兌: 연못)·건(乾: 하늘)·감(坎: 물)·간(艮: 산)의 팔괘가 더 있다.

현재 앉은굿에서도 팔진도의 숫자가 초기의 8개에서 12개로 증가하였는데, 법사들의 말에 의하면 시대 흐름에 따라 귀신들도 영악해져 팔진도의 8개만으로는 귀신을 잡는 데 무리가 있다는 것이다. 매일 똑같은 감옥에 귀신을 가둔다면 나중에는 쉽게 빠져나올 수 있기 때문에,

귀신이 출구를 찾는다 해도 다시 미로에 빠뜨려 영영 빠져나오지 못하도록 12개의 진으로 새로이 고친 것이라고 한다. 팔진도에 '변화'를 추가하여 완벽한 진법으로 발전한 것이다.

그뿐만 아니라 과거에는 모두가 하얀 창호지였던 팔진도는 오색찬란한 색깔로 변화하였고, 저승길을 밝히는 십대왕도 십이대왕으로, 팔문금쇄진도 6폭에서 8폭으로 화려하게 바뀌어 갔다. 심지어 팔보살도 8개에서 12개로 변화하였고, 오방기도 칠방기로 그 숫자가 증가하는 곳도 생겨났다. 또한 과거 옛집의 방의 크기가 현재 바뀌어 버린 것처럼 방의 한 면을 막던 설경인 6폭의 팔문금쇄진 크기로는 현시대의 커져버린 굿당의 방을 전부 막을 수 없기에, 방의 크기에 따라 귀신을 대항하는 설경도 변화하여 여덟 문 여덟 진을 친 숫자의 필요성을 갖게 되었다고 한다.

오색 팔진도12개 ⓒ이찬주

방의 한가득 벽면을 채운 설경들을 본 귀신들은 "대체 이걸 사람이 오렸다냐 구신이 오렸다냐……. 내가 상대할 수 있는 놈이 아니구나." 하고 물러난다고 한다. 안타까운 것은 앉은굿의 법사들이 만든 커다랗고 아름다운 설경은 굿이 끝난 후 태워 버린다는 점이다. 오랜 세월을 지낸 법사들은 트럭으로 셀 수도 없을 만큼 많은 설경을 태워 버렸다고 말하는 이도 있다. 설경을 본 사람은 이것을 만든 법사들을 이 시대의 진정한 장인이라 하지 않을 수 없을 것이다. 앉은굿의 설경은 분명 그 자체로 독립된 장르의 예술이 될 만큼 신비하고 아름다우며, 보존하고 싶을 정도로 독특하다. 이러한 설경은 굿당에서 법사가 펼치는 장중한 독경과 어우러져 완결된 복합 행위예술로 나타나고 있다.

현재 많은 지역의 문화재 전수회관에서 설경을 배우는 프로그램도 운영되고 있으며, 앉은굿은 서울을 비롯한 대전·전주 등 지역별 중요무형문화재전수회관을 돌며 수없이 공연되고 있다.[385]

③ **위목**(位目)

위목은 신령의 이름을 적어 놓은 것으로 크게 신장위목(神將位目), 가신위목(家神位目), 십대왕위목(十代王位目), 성수위목(星宿位目)으로 나뉘며 독경의 성격에 따라 그 차이를 지닌다. 안택굿은 가신위목을, 병굿(미친굿)은 처마에는 성수위목을 방 안에는 신장위목을 써 놓는다. 신장(神將)은 인간을 괴롭히는 잡귀를 제압하는 신으로서 법사는 이를 통해 문제를 해결한다.

신장위목은 12신장의 이름을 써 놓은 것으로, 대체로 구천응원뇌성보화천존신장(九天元應雷聲寶華天尊神將), 대성북두칠원성군(大聖北斗七元星君), 소거백마대장군(素車白馬大將軍), 대왕대신, 용왕, 오방신장 등으로 구성된다. 가신위목에 쓰는 신령은 조왕, 성주, 조상, 삼신, 지신, 용왕, 별성, 수배이다. 조왕위목만 부엌에 놓고 나머지 위목은 모두 성주상 앞에 걸어 놓는다.

---

385) 2009년 8월 7일부터 3회에 걸쳐 매주 금요일 오후 7시 30분 서울중요무형문화재전수회관(강남구 삼성동) 민속극장 풍류에서 태안의 앉은굿 설위설경(設位設經, 충청남도무형문화재 제24호), 굿판을 벌였다. 2009년 5월, 충청남도무형문화재 제24호인 설위설경이 26일부터 29일까지 태안군문화예술회관 소강당에서 작품 발표회 및 전시회를 하고 2010년 대전에서는 앉은굿의 토요상설무대까지 마련되었다.

성수위목은 별자리를 나타내며 붉은 글씨로 종이에 쓴 후 집 처마에 두른다. 신명의 이름인데, 각종 굿에 신명이 다를 수가 있기 때문에 신명의 위목에 대해서도 많이 알아야 하며 신에도 서열이 있기 때문에 위목의 위치도 잘 다루어야 한다. 대전에서는 옥추 48장 청위목, 팔진도 위목, 사해용왕위목, 내전상기위목을 볼 수 있다. 이러한 위목은 주로 붉은 글씨로 주로 많이 쓰이며 위목은 공부를 많이 해야 쓸 수 있으므로 근래에는 힘들고 어려운 위목은 등한시하고 돈이 되는 일만 하는 경향이 생겨 많이 사라지는 추세라고 한다.

(6) 무구[386]

① 신장대와 동작대

신장은 인간 세상에 떠도는 귀신을 잡아들이는 장수(將帥)신령이다. 이러한 신장을 대로 만들어 막대기를 붙여 신장의 힘을 발휘한다. 신장은 백마신장, 칼신장 또는 검무신장, 그리고 동자신장으로 볼 수 있다. 먼저 백마신장은 대전에서 주로 사용하고 있는 신장으로 백마신장을 통해 귀신을 잡는다. 두 번째 칼신장 또는 검무신장이라고도 부르는 이 신장은 과거에는 흔한 부엌칼로 만들어서 칼신장으로 불리었으나 이후 검무로 멋지게 만들어서 부엌칼을 사용하지 않고 지금은 주로 검무신장을 사용한다. 마지막 동자신장은 분홍·꽃분홍·노랑·빨강·초록 순으로 만들어 가운데 막대기를 붙이고 동작대라고 부르며, 이 신장에는 동자신(神)이 들어 있다. 오색을 넣어서 만든 동작대를 통해 어린 죽은 신인 동자신이 내렸다 여긴다.

이러한 신장 중에서 가장 강력한 힘을 발휘하는 신장은 백마신장이다. 이 백마신장은 법사들마다 신장에 대한 해석이 다르기도 하지만, 충북 청주의 신명호 법사는 중국 춘추전국 시대의 장수인 오자서의 죽은 넋이라고 한다. 이러한 백마신장은 주로 충북 청주와 충남 대전에서

---
386) 이찬주 「앉은굿」 『춤으로 본 지역문화』, 역락 2010 pp318-320

사용되며 잡귀를 구축하고 있다. 특이한 것은 늘 백마신장대에 소거대 백마신장이 내리는 것은 아니고 어느 신장이 내릴지는 모른다는 점인데, 이 때문에 모두가 강력한 백마신장이 내려 귀신잡기에 사용하길 바란다고 한다.

② 성주대

가신 중에 최고의 신은 성주신으로 '대주는 성주를 믿고 성주는 대주를 받들어 준다.'는 말처럼 이들의 관계는 긴밀하다. 대주가 집안의 가장격인 신령이며, 성주안택굿과 병굿에서 성주의 역할은 절대적이다. 성주를 받을 때 가장 중요한 것은 신을 접신하기 위해 나무를 꺾어 올 때, 살아 있는 나무 사이에 꼭 죽은 나무가 있어야 하며 그 죽은 나무로 성주를 바친다는 점이다. 1장에는 성주소지[387]를, 2장에는 대주소지를, 마지막으로 지주의 소지를 올리고 성주경을 한다. 성주를 받을 때 쓰이는 나무로는 감나무·대추나무·소나무를 사용하며, 성주대[388]에 쓰이는 나무는 대나무·참나무·소나무로 만들고 쌀과 실을 옷고름처럼 묶어서 그것으로 성주를 받아 모신다. 이때 앉아서 성주를 모시며 상에 두 손으로 올린다.

③ 남자·여자 조상과 해당화, 넋대, 십이대왕

남자 조상과 여자 조상은 길닦이굿을 할 때 만신이 넋대를 잡고 조상을 실어서 갖은 넋두리와 공수를 할 때 사용한다. 해당화는 색깔에 따라 의미를 달리하는데 노란색은 조상, 흰색은 천존 또는 불사이며 빨강색은 삼신, 자주색은 신명 중 낮은 신을 나타내는 꽃장식을 말한다. 이는 귀신이 화려한 꽃을 좋아한다는 믿음에서 유래됐다.

십이대왕은 저승에서 죽은 자들의 죄업을 재판하는 열두 명의 대왕으

---

387) 소지는 옛말의 종이로, 창호지를 일컫는다.
388) 성주대는 가운데에 있는 막대기를 말한다.

로, 죄에 따라 다스리는 대왕이 다르며 지역에 따라 십대왕만으로 설정한 곳도 있다. 신장대를 통해 신이 선택되고 신령들을 저승길로 인도하며 길을 밝힌다. 이때 초 12개, 해당화 12개, 사자 12개, 고깔 12개 길베를 깔고 12사발에 쌀을 담아 놓고 천도한다. 키에는 밀가루를 담는데, 이는 영혼이 어떤 발자국을 남겼는가를 보기 위해서이다. 또한 옛날에는 종지그릇에 참기름을 넣고 세발심지를 놓아 12개의 불을 켜기

신장대 방성구 법사

노자돈-방성구 법사

성주대 송재창 법사

길닦이

동작대

도 하였다고 한다.

천도를 위한 길닦이굿에서 돈을 천에 놓는 것은 노잣돈으로 쓰라고 주는 것으로, 가짜 돈을 사용한다고 한다.[389] 앉은굿에서 사용되는 많은 무구들은 대단히 장식적이며 화려하다.

④ 인물신장과 허수아비

인물신장은 일주일 이상의 독경이 필요한 굿에 사용하는 소품으로, 법사의 입을 통해 구송되는 신을 좋은 의미의 사람 모습과 비슷하게 세워 만든다. 제상 뒤에 위치하며 위엄 있게 신당을 지켜보는 역할을 한다. 미친굿에서 사용하고 허수아비는 남·여 미친굿에 사용하는 병굿과 대수대명 시에도 사용한다.

인물신장　　　　　　　　　공연장의 허수아비

---

389) 이찬주 「앉은굿」, 『춤으로 본 지역문화』 역락 2010 pp321-323

⑤ 오방기

오방기는 '오방신장기'라고도 불리며 다섯 가지 색깔의 깃발로 만들어져 있다. 앉은굿에서 오방기는 신수를 봐 주는 것으로, 검은색은 답답한 운수 또는 죽을 운수를, 푸른색은 우환 또는 젊은 사람의 죽음을, 노란색은 조상을 상징하며 흰색은 감응, 빨간색은 재수가 좋거나 운수대통을 예고한다. 그 외 굿당에서 우리는 탱화[390]나 부적 등도 볼 수 있으나, 이는 앉은굿을 지내는 것과는 다소 거리가 있으며 다만 굿당을 운영하는 사람의 취향에 따른 것이다.[391]

5) 앉은굿 법사의 지역적 특성

(1) 충청북도의 법사

충청도 지역은 한반도 중앙에 위치하고 있으며 북동쪽의 태백산맥과 소백산맥, 북서쪽에 차령산맥으로 차단되어 인접하고 있는 다른 도와 자연적 경계를 형성하고 있다. 충청도는 청풍명월의 명산이라 불리는 많은 산을 가지고 있다. 공주, 대전을 근처로 한 계룡산, 청주와 보은의 속리산, 괴산의 칠보산, 단양을 둘러싼 소백산, 논산의 대둔산, 충주의 가야산, 제천의 용두산 등이 있다. 충청도 주변의 산들은 그리 높지도 낮지도 않아 많은 무속인들에 의해 수도를 하고 정성을 드리기에는 좋은 지형을 이룬다. 이는 하나의 독립된 지역으로 독자적인 문화를 형성시키는 자연적 조건을 지녔고,[392] 충청도 지역의 완만한 대지만큼 이들의 무속문화인 앉은굿은 지역 전체에 넓게 퍼져 있다.

앉은굿에서 의례를 이끌어 가며 주축이 되는 사람은 법사로서 충청도

---

390) 불화(佛畵). 천이나 종이에 그림을 그려 부처, 보살, 성현들을 그려서 벽에 거는 그림.
391) 천도를 위한 길닦이굿에서 돈을 천에 놓는 것은 노자 돈으로 쓰라고 주는 것으로 가짜 돈을 사용한다고 한다.
392) 한국문화유산답사회 『충북』 돌베개 1998

의 기질을 그대로 드러내며 남무(男巫)의 시대를 완성해 가고 있었다. 이들 법사들은 강신무라 불리는 무당들처럼 신내림을 받아서 되는 경우가 대부분이며, 신내림을 받지 않고 법사가 되는 경우는 거의 드물다. 사실 무속인들의 삶은 많은 사람들이 그리 반기지 않는다. 집안에 무속인이 있다는 것만으로도 한 가족이 되기를 꺼린다. 신내림이란 대를 물려서 나타나기도 하고 또는 대를 걸러 나타나기 때문에 집안에 무속인이 있다는 것은 언제든지 신의 선택을 받을 수 있고 이를 받으면 누구라도 무속인의 삶을 살아야 된다는 생각에서이다.

어떠한 연유에서건 무속인의 삶을 살아가게 된 충청도 법사들은 앉은굿을 이끌어 가기 위해 다른 타 지방의 무속인들과 달리 경(經)을 배우고 외워야 한다. 특히 충청도의 지역민들은 굿에서 경에 대한 신뢰가 무척 많은 부분을 차지하고 있어 충청도 지방의 특성상 신내림을 받았다 하더라도 스승 법사에게 배우는 과정인 학습이 필요하다. 법사에게 경을 배우는 학습 과정은 필수적이며 모든 굿을 외우는 데는 적어도 5년 정도의 시간을 소요해야 하는 고충이 있다. 그럼에도 불구하고 충청도 법사들은 이러한 경을 통해 남성 고유의 특징인 강하고 유연하며 활기 찬 앉은굿을 만들어 내고 있다. 사실 충청도는 앉은굿을 통해 어느 도에서도 볼 수 없을 정도로 많은 법사들의 맥이 이어져 왔다.

충북지방은 청주, 제천, 단양, 충주, 음성, 진천, 증평, 괴산, 보은, 옥천, 영동과 충남지방의 대전, 계룡, 연기, 천안, 공주, 당진, 서산, 태안, 홍성, 청양, 보령, 부여, 서천, 논산, 금산으로 나뉜다. 사실 충청도는 북도와 남도라는 명칭과는 달리 실제로는 동서로 나누어져 있다. 이는 조선 시대의 행정구역을 좌우로 나누었던 것에서 연유되어 지금까지 그대로 이어지고 있는 것이다. 보련산과 가섭산을 경계로, 충청북도는 동쪽에 충주·제천·단양이, 서쪽에 진천·음성·청주·청원·옥천·영동이 있으며, 이 충청북도 전 지역에서도 앉은굿이 법사들의 주도하에 이루어지고 있다. 특히 충북에는 과거 이름만 대도 알 수 있는 유명한 고인이 된 6인의 법사들이 있었는데, 그중 한 분이 충주의 故 장용희 법사이고, 강원도의 영월 원주와 맞닿은 단양에 故 홍승기 법사가 있었으나 현재 충북 지역에서 앉은굿이 가장 저조한 현상을 보이는 곳으로 앉은굿의 명맥을 잇는 법사는 아쉽게 찾아볼 수 없는 실정이다.

그 외 서쪽인 진천에는 故 이보갑, 故 차남철, 故 차영규 법사가 있는데, 그중 차남철 법사가 6인의 유명한 법사들 중 한 분이었으며, 음성에는 故 윤만산, 옥천에는 故 여의준과 故 전점석 법사 두 명이 있었다. 옥천의 경우 두 명의 법사가 활동하였음에도 불구하고 현재는 이들을 이을 명인이 없어서 아쉬운데, 그 가운데 병중에 있는 최호석과 조용현 법사가 활동 중이다.

충청북도 남쪽의 가장자리이며 경상북도와 경계를 이루고 있는 영동에는 故 손병태 법사가, 보은에는 6인 중 한 분인 故 임상철 법사가 있었다. 충청북도의 잊혀 간 6인의 명인 법사에 대해서는 충청북도 무속인들의 모임인 신경회 회장을 수년간 지낸 청주의 신명호 법사만이 기억하고 있었다.

청주는 충청북도 앉은굿의 핵심을 이루는 지역으로 충북 전체의 중심이 되어 왔다. 고인이 된 법사들은 故 정진영을 비롯하여 박순하, 최영삼, 유승백, 정수영, 신건숙, 박인옥, 정진현, 유승동, 노학우, 김병천, 노수웅, 이창순, 지덕희 법사가 있었다. 다만 故 김항식 법사의 경우, 옛날에는 '김래경'이란 이름으로도 활동했었기에 간혹 문헌에서 이 법사를 다른 인물로 오인하여 적는 경우도 있다.

충북 청원은 청주와 거리가 가장 밀접하여 많은 법사들의 왕래도 잦았고 청원 지역에서 청주로 옮겨 오는 경우도 많았다. 청원의 법사로는 故 윤치서, 故 김종헌, 故 노장복, 故 박준태 법사가 있다. 청원의 故 김영태 법사는 폐암에 걸려 죽게 되었을 때 앉은굿으로 인해 다시 살아나 오랜 기간 법사로 활동하였다. 그는 앉은굿의 효험을 널리 알린 인물이라고 할 수 있다. 현재는 박준채 법사와 전통적인 앉은굿을 고집하는 김광남 법사가 활동 중이다.

현재 청주에서 활동하는 앉은굿의 법사들은 장기충(81세), 김성수(70세), 심재복(70세), 박정식(73세), 김재용(67세), 성대근(61세), 신용철(62세) 법사 등과 서울로 이동한 김혜준(89세)과 현재 활동을 중단한 신홍호(68세) 법사가 있다. 이들 중 양철준(65세), 박종철(65세) 법사는 앉은굿과 선굿을 병행하는 법사로 활동 중이다. 특히 김성수(70세)와 양철준(65세, 선굿) 법사는 청주에서 두각을 나타내는 법사들로 충청북도 앉은굿에서 관심을 기울여야 할 인물들이다.

김영진 교수에 의하면 앉은굿의 메카로 훌륭히 자리매김하던 충청북도였으나, 뛰어난 많은 법사들이 보존되지 못하였고 이후로 많은 지역에서 앉은굿이 활성화되지 못하고 있다. 앉은굿의 가장 큰 인물은 청주의 신명호(76세) 법사로, 북과 징을 치면서 무경(巫經)을 읽어 복을 빌고 재앙을 쫓아내는 충청북도 무속의 기능보유자이다. 그는 올해 2010년 4월 9일자로 '충청북도 앉은굿' 문화재로 등재되었다.

충청북도는 유명했던 6인의 법사들을 보유하고 있었음에도 불구하고 충청남도의 신석봉 법사가 1994년 6월 7일자로 '대전충남 앉은굿 무형문화재 제2호'에 지정된 것에 비해 충청북도의 문화재 지정은 15년이라는 시차를 두고 있어 꽤 늦다고 할 수 있다. 전라도 앉은굿[393]의 최갑선(61세) 법사가 전라북도무형문화재 제26호로 2001년 6월 15일자로 문화재에 등재되었는데, 충청북도가 앉은굿의 메카임을 자부하면서도 전라도 지역과도 거의 10년 세월의 차이를 두고 문화재 지정이 늦었다는 점에서 그동안 사라져 간 이름난 법사 6인의 행보에 아쉬움이 남는다.

또한 충청북도의 지역성은 특히 법문이 강한 여성들이 많았다는 점에서도 찾을 수 있다. 이들을 충북에서는 보살이 아닌 여법사로 불렸다는 것이 특성이라고 할 수 있다. 청주에서 활동하다 고인이 된 여법사는

---

393) 전라도 앉은굿 유명인 故 김형복 법사의 경문인 테이프가 유명하고 이후 아들 김흥수 법사가 대를 잇고 있다.

강정순, 이기순, 이필녀, 나재봉, 강순옥, 곽갑순과 김항식의 제자였던 유진찬 법사가 있었다. 현재는 여법사로 불릴 만큼 뛰어난 인물은 충북엔 남아 있지 않으며, 충남 태안의 김연희(64세) 보살이 법문이 뛰어난 것으로 정평이 나 있다.

(2) 충청남도의 법사

차령산맥에 속한 계룡산은 금강과 함께 자연경관이 수려한 곳으로 주봉인 천황봉에서 쌀개봉, 관음봉, 연천봉, 삼불봉으로 이어진 능선이 흡사 닭볏을 쓴 용의 모습이라는 데서 이름이 붙여졌는데 이러한 용은 하늘을 떠받치고 있는 듯한 모습이라고 한다. 계룡산을 오르기 위해 계룡저수지를 지나 우측 길로 가면 이 산자락에서만 볼 수 있는 독특한 광경을 만나 보게 되는데 이것이 바로 굿당들이다. 이들 굿당의 숫자들은 가히 헤아리기 힘들 정도이며 대략 80개 정도에 이른다. '계룡산의 기를 받지 않으면 덜 영험해질지도 모른다.'는 속설처럼 한국의 영험한 무속인은 모두 여기 모이는데, 무속인들은 이곳을 필수의 수련 장소로 여긴다. 그만큼 계룡산은 신령스런 산으로 여겨지며 예로부터 풍수지리적으로 뛰어난 대길지로 유명했다.

이러한 계룡산은 수려한 산세와 울창한 숲에 교통의 요지인 공주, 논산 그리고 대전광역시 일부에 가까이 있어 전국적으로 많은 이들이 즐겨 찾는 충청남도의 명산이며, 『정감록』에 "이 영험한 산에 신령한 기운이 온몸을 감싸는 것 같다."는 말도 전한다. 이러한 기운 때문인지 계룡산을 지닌 충청남도는 대전을 본거지로 앉은굿의 법사들을 많이 찾아볼 수 있었다.

충청남도의 지도를 살펴보면 가장 가운데 있는 청양과 북쪽 홍성, 예산, 그리고 서산이 있는데, 이 세 곳을 일컬어 '홍팔양, 청축원, 예축사'라는 말이 전해지고 있다. 이는 홍성 지역의 불경이 다른 어느 지역보다 뛰어나며 목탁을 두드리며 팔양경을 주로 암송한다는 데서 생긴 이름이다. 또한 청양은 경은 느리지만 느린 가운데에서도 부드러운 천존제축원이 강하여 청양의 축원을 청축원이라 불렸다.[394] 마지막으로 가야산이 병풍처럼 솟아 있는 예산은 축사경이 강해서 예축사라 불리는 이러한 별칭들이 지역별로 전해 내려오고 있다. 현재 이 세 지역 중 청양에는 임철호와 이필화 법사가 있고, 홍성에는 강노심 법사가 설경으로 유명하며, 예산에는 법문을 지니고 있는 법사로 광시면 가덕리에 거주하는 유중기 법사가 현재 활동 중에 있다.[395]

보령은 앉은굿에서 특히 조상해원경이 대표적인 경에 속하며, 김현길 법사가 앉은굿을 진행하고 있다. 김현길 법사는 국악FM방송에서 옥추경과 역대축원 그리고 병경을 들려줄 정도로 경문의 소리가 좋다. 공주에서는 송옥룡 법사가 앉은굿에 힘을 기울이고 있으며, 김경영 법사는 성주굿으로도 유명하다.

청양에서 남쪽으로는 백마강을 사이에 두고 부여와 살을 맞대고 있는데, 부여는 축원과 계면성해원경이 많이 불린다고 한다. 이곳의 부여군 부여읍에는 많은 법사들이 살고 있는데, 당시 김요천 법사(110세)는 충청도 전 지역의 앉은굿 법사들 중에 유일한 최고령의 법사였다.[396]

충청남도의 가장 남으로는 전라북도와 접하고 있으며 금산군의 서대산을 끼고 있는 금산이 있다. 금산은 김동규가 안택굿으로 활동하고 있으며 금산의 서쪽인 논산은 임복수와 양성화 법사의 안택굿이 유명하다. 충남 아산은 북으로는 경기도 해안을 끼고 인천광역시와 접하고, 서해와 연한 태안반도는 산이 낮은 구릉지이지만 숲이 울창하고 경치가 아름다워 예로부터 '검은산 안'이라 불렸다. 바다를 삶의 터전으로 삼는 어촌이 많아 무속신앙이 성행했고, 태안을 중심으로 80여 명의 무속인이 활동하고 있다. 태안 지역 안택굿의 절차는 충남 지역 앉은굿 절차 중 가장 일반적인 4석으로 진행되는 것이 특징이다.

---

394) 박혜정 「충남 앉은굿 음악」 우리춤연구소 국제학술심포지엄 2008 p18
395) 김태곤 「한국민속종합보고서 각도편」 문화재관리국
396) 박혜정 「충청 내포지역의 앉은굿 음악 연구」 『한국음악연구』 제42집 한국국악학회 2007 p138

태안에는 설경으로 문화재를 지정받은 장세일 법사가 있다. 그는 당시 충청남도 태안에서 그 당시 설경 분야에 제일 유능하고 체계적인 학식을 갖추었다는 한응회(韓應會, 1900~1974년 74세로 작고)를 만나 법사의 길로 들어섰다. 장세일 법사는 설경의 미를 음미하고 후세에 남기기 위해 열심히 종이를 접고 오리며 '충청도 설위설경 발표회' 등을 통해 그의 작품과 설경 도구 등을 전시하고 일반인의 이해를 돕는 데 주력하고 있다.

대전문화재 전시장-앉은굿 ⓒ이찬주

충청북도의 잊힌 법사와 남은 법사들[397]

(★은 주목할 인물)

충북		故 법사	법사	보살	비고
청주	남법사	정진영, 최영삼, 김항식 (옛이름 김래경), 황해동→제자 김동주, 강창규, 지덕희 (강창규→제자), 유승백, 정수영, 신건숙, 박인옥, 정진현, 유승동, 노학우, 김병천, 노수웅	신명호★(76-청주무형문화재), 신홍호(68-현재활동중단), 성대근(50), 심재복(70), 박정식(73), 신용철(62), 박종철(65+선굿), 양철준★(65+선굿), 김성수★(70), 김재용(67), 장기충(81), 김혜준(89-서울로 이동), 하창명, 윤기재, 조일용, 이정한, 김재용, 김홍관, 김동수, 최원규, 박용주, 조상득, 김팔수, 변주섭, 김성수, 연기호, 박종철, 이종호, 김헌봉	박신자, 박길례, 최순덕, 이무자, 노병국, 고명순, 서옥순	故 김항식 (옛이름 김래경), 신홍호 (68-현재활동중단), 김성수★ 양철준
	여법사	故 유진찬 (여-김항식제자), 이필녀, 나재봉, 강순옥, 곽갑순, 강정순, 이기순(여 법사), 이창순, 박순하	신명호★(76-청주무형문화재), 신홍호(68-현재활동중단), 성대근(50), 심재복(70), 박정식(73), 신용철(62), 박종철(65+선굿), 양철준★(65+선굿), 김성수★(70), 김재용(67), 장기충(81), 김혜준(89-서울로 이동), 하창명, 윤기재, 조일용, 이정한, 김재용, 김홍관, 김동수, 최원규, 박용주, 조상득, 김팔수, 변주섭, 김성수, 연기호, 박종철, 이종호, 김헌봉	박신자, 박길례, 최순덕, 이무자, 노병국, 고명순, 서옥순	故 김항식 (옛이름 김래경), 신홍호 (68-현재활동중단), 김성수★ 양철준
제천		김정자	우종성(67), 염의춘 1931년, 박용국, 김만수, 이대우(57+선굿)	안상연(47, 제자 이대우), 한화순, 이삼영, 김옥녀, 김윤기 보살, 김필례 보살	이대우 (57+선굿)
충주		장용희★	장효삼(82),이구성(82-활동중단), 정종원, 김칠용(67), 박시용, 김창수, 정기원, 유태섭, 허만달	진숙원,조온예, 이영자,서복원	이구성 (82-활동중단)
음성		윤만산★	김근명(78)		
괴산		김한성★	장복원(86-청안), 이경준, 김진일(78) 유영환(73), 이덕수(79), 한관석 부부(73)	한용해(78), 노금자 (67부부)	한관석 법사 와 노금자(67) 보살 부부
진천		이보갑, 차남철, 차영규	최상기, 이광세, 허발, 한인식, 김영준, 유재호, 정원수, 송현수	최상기, 이광세, 허발, 한인식, 김영준, 유재호, 정원수, 송현수	지연근, 연필영, 임정해, 김옥부, 강양원, 임영숙

397) 이찬주 「앉은굿」 『춤으로 본 지역문화』 역락 2010 pp333-337

증평		임병호(71), 곽영환(64)		
청원	김영태(폐암), 윤치서(김종헌→스승), 김종헌(신명호→스승), 노장복, 박준태, 박준채	강광남(78-전통), 신충호	진숙원,조온예, 이영자,서복원	전통적인 앉은굿을 고집하는 김광남(78)★
단양	홍승기		권경자(보살), 김청옥	
옥천	여의준★, 전점석★, 이천석	최호석(90), 조용현, 김홍규, 이영식, 박재호, 주재석, 고재수, 이천석, 이정주, 서여욱	전숙자 보살, 김정례 보살, 박수자, 송정순, 김태순, 전순자, 차덕분, 이승자,최복순, 황애원	현재 병중 최호석
보은	임상철★	김홍관(69)	성길순(81)	전통적인 앉은굿을 고집하는 김홍관(69)★
영동	손병태	서영욱(51+선굿)		서영욱(51 +선굿)

충청남도의 잊힌 법사와 남은 법사들

(★은 주목할 인물)

충남		故 법사	법사	보살	비고
대전		천왕수, 강두환, 구충근★, 고기선★, 홍연철(설경, 미친굿으뜸)★, 김수복(고장★), 황길대★, 연나익★, 황하청★, 강두완★, 김금식, 고기영 박수일, 송인성, 김창배, 송학순, 김기남, 최경애, 이순호, 연상구, 이은재, 송창영, 이은철, 송석두, 배성달, 최경애, 신종석, 김종권, 차완희, 성일순, 오정숙, 남복순, 김정근, 남궁금옥, 김애자, 김재길, 유해성, 임경중, 박창원, 송석두, 최경해, 고영수, 추교찬, 이태교, 권선고, 이희길, 김일순, 박옥림, 김정근, 김현순, 강순자, 김애순, 유근선, 박앵용, 손부순, 정송분, 최귀남, 최희순, 양미순, 이순덕, 남순자, 김애자, 배정숙, 최성옥, 오순자, 김화순, 배경숙, 박중술(김이생), 김능일(을축생), 강명성, 이상열, 황기영, 김달성, 이태관, 김재선, 송희빈, 박용군, 정명석, 정성모, 남홍현, 전규식	신석봉(안택굿, 미친굿 문화재★), 방성구, 김상현(66) 김현순(안택굿) 김영순, 임영덕, 박천덕, 윤재식(73), 국중식, 황기영, 김차봉, 임혁재, 이해용, 김호준	송선자★, 이영순(94), 김일순(83), 두인애, 임정랑, 박천덕, 박행권, 김동흥, 이은식, 김선환, 정정전, 전칠순, 권매순, 이분희, 정영자(이영순-병중), 박영순, 박정숙, 김영자, 장연희, 배재선, 두금자, 김영자	홍신철(설경, 미친굿으뜸), 김수복(고장 황하청★ (설경), 강두완 (김수복의 제자)
		이화샘, 김명국, 임재철, 임성남, 황인서, 조기태, 임경준, 임양수 고복인, 유해성, 김무룡	여운택(여 법사) 여운택(여 법사)		
	故 여 법 사	한장수★, 이순자, 전칠순, 정효례, 구충근, 김혜자, 여서정	여운택(여 법사) 여운택(여 법사)		
아산		지천년(보살)	박종기, 오남영, 송태영, 손현영, 정용환, 박승재, 정기섭	이재분, 박경순, 박홍운, 조성덕, 전재영, 박문규, 한상숙, 이정순, 박선양, 한조자	

서산	이용득, 김선학, 서중진, 고재근	양희천, 이준호, 김동욱, 김형산, 우달웅, 김종국	이인순, 이유자, 박갑순, 최상숙, 홍순조, 권송남	
보령	김장열	김현길★, 이재복, 김현길, 홍순봉, 김동일, 안종환, 김육손, 김동석	김만숙	
논산	김순남, 고이용, 서병권, 서한선, 최점예(보살)	임복수, 양성화, 김응익, 성기환, 임복수, 박병춘, 전수복, 도기일		
청양	유긍현	임철호, 이필화, 박순양		
금산	양희률, 정기섭	김동규, 이완용, 하태룡, 박기환	김동규(안택굿	
홍성	김홍종, 이용옥, 박인돈, 전택수, 이응표, 김기천, 신순영, 정진완	강노심, 이경수, 유승학, 이예진, 신재석, 김선석, 윤상용		
예산	유중기		김만숙	강노심(설경)★
공주	김남길, 남기문, 손종갑	송옥룡(91), 김경영(71), 정영상, 임헌경, 최원식	심연화	김경영(71, 성주굿)
연기	연기군 김진환, 최율령(55), 박용군(59), 홍두표 법사, 최정열, 최형근, 이숙자, 허정림	홍덕표, 허금강, 한상선, 김학돌	이성순, 유금순, 손현경 보살	홍두표, 이성순(부부), 최정열, 손현경(부부)
부여	김현봉★, 김원두, 김상백, 박장례(보살), 김형태, 김요천, 김형태, 이각순	유정열(92), 박종식, 김원득, 박도운 박보살,(99), 송병준(92), 황정식(91), 김재근(98), 김길중(83), 현종남(96), 이종현(89), 강희춘(85), 강완두(88), 강청호, 이도용, 김동근, 임광순	장보살, 김창성(여), 박병례, 이화순, 조규희, 이일구, 강숭월, 정복례, 김학선, 박재천, 박승희, 임정빈, 이병태, 전석기	김원득, 소생박종식, 건강상활동중단 -김종태(78)
천안	현향예 보살	김경환(83), 이규태(59) 유상돈(81), 김상준, 이병태, 박동찬	도태금, 오기순, 김정순	
당진		맹인섭 법사		
태안	한응회★(1974년 74세로 작고) 박수천, 명제문, 조부원, 박윤규, 손만수	장세일★ 김종일, 정해남, 한상인, 이내황 성창조, 정해남, 김동구	김연희(64)★, 박한순, 이순이	장세일★ (문화재 - 설경) 김연희(64)★ (법문뛰어남)

충청도 앉은굿은 남무의 시대를 완성했다고 봐도 과언이 아니다. 앉은굿은 단순히 남성 무(巫)의 위치를 찾아 준 것뿐만 아니라, 강렬하고

유연한 굿의 상을 만들어 내고 있었다.[398] 이러한 앉은굿의 연구를 통해 얻은 결과는 고인이 돼서 묻혀 있었던 충청도 명인 법사들의 이름을 찾아내게 된 것으로 이는 다행스런 일이다. 또한 앉은굿의 변화를 통해 화려해진 설경과 도구, 경문, 보조적 역할의 보살을 살펴볼 수 있었고 이제는 생활환경의 변화와 사회적 인식 그리고 국가적 관리 차원에서 새로운 앉은굿을 만 나볼 수 있는 자리가 마련되고 있다.

그동안 충청도 앉은굿은 마을 전체의 볼거리요, 그 굿으로 인해 많은 충청도 마을 주민들이 양식도 나누고 서로의 어려운 일들도 알아 가게 되는 과정의 하나로 독특한 민속신앙이었다. 예로부터 농경생활을 영위한 삶에서 모든 집안들의 주된 일은 농사였고 이는 중요한 수단이었으며, 충청도의 앉은굿 중 하나인 안택굿도 가정에서 가을 농사가 잘되었다고 성주를 받는 것을 시작으로[399] 행하는 굿이었다.

그러나 시대가 변화하며 일이 다양화되고 주거환경의 변화도 가져오게 되어 도시 전체가 거대한 아파트 숲을 이루게 되었다. 이러한 변화에 따라 생활이 밀착된 아파트의 주거 환경 속에서는 앉은굿이 점차 불가능함을 느끼게 되었다. 또한 굿을 행하는 일이 몽매한 일이라는 관념과 지극히 개인적인 일의 노출을 꺼리는 사람들의 성향 변화와도 맞물려 앉은굿은 현시대 사람들의 요구에 맞게 변화하며 가정을 떠난 곳에서 행할 수밖에 없게 되었고, 그러한 가운데 굿당이 형성되었다.

사실 굿이란 다른 문화와는 달리 특히 사람들이 청하는 것으로 시작되고 존재한다. 이러한 현시대인들의 욕구에 발맞추어 충청도의 앉은굿도 인적이 드문 근교에 펜션 모양의 2층짜리 근사한 집으로 옮겨 갔고, 바쁜 현대인들에게 핸드폰으로 소통하고 이메일로 굿 일정을 통지하게 되었다. 이제는 마을의 공동체가 아니라 개인적으로 원하는 사람들끼리 모여 새로운 공동체를 형성하여 굿을 할 수 있는 시대로의 변화

---

398) 이찬주 「앉은굿」 『춤으로 본 지역문화』 역락 2000 p330
399) 충청도의 안택굿은 새집터를 누르는 것, 가을농사 잘 되었다고 성주받는 것, 재수있기를 바라는 재수굿으로 행한다.

를 맞이하고 있었다.

앉은굿은 남성적인 경을 읽는 소리의 매력을 근거로 접신과의 행위를 제시하는 충청도 기질과 혼이 담긴 문화이다. 이제는 남무(男巫)가 중심이 되어 행하는 충청도 앉은굿의 경을 읽는 '남성들의 강한 힘'을 공연장에서도 들을 수 있다. 충청남도 대전시 대덕구 송춘동 동춘당 문화재전수회관이 바로 그곳이다. 동춘동 문화재전수회관은 문화재 보존을 위해 만들어진 공연장이다. 앉은굿의 법사들이 굿당만이 아니라 객석도 바라보며 공연할 수 있는 공간이다. 또한 그곳에는 문화재 전시관도 만들어 언제든지 진열장을 통해 앉은굿을 만나 볼 수 있었다.

이러한 굿판의 변화는 굿판의 시간적 축약과 함께 경문까지 줄어드는 변화도 가져오게 되었다. 그러나 공연을 통해 굿에 대한 시각을 달리하게 되고 이를 보존하고 공연으로 받아들이는 청중들의 인식은 전통문화의 중요성을 깨닫고, 조상의 숨결이 끈끈하게 배어 있는 무속인과의 새로운 연결 고리를 형성할 수 있게 되었다. 이는 대중과의 소통을 위한 하나의 변화로 받아들일 수 있다.[400]

이러한 충청도 앉은굿은 그동안 무(巫)의 세계에서 여성을 보조적 위치에 남기고 남무들의 찬란한 기교와 매력을 찾아 독특한 무격(巫覡)의 세계를 만들어 내던 그 모든 움직임의 강렬한 에너지를 현대에서도 충분히 강렬하게 움직임의 에너지로서 창조해 내고 있다.

---

400) 이찬주 「앉은굿」 『춤으로 본 지역문화』 역락 2010 pp331-332

3. 안성남사당패놀이

1) 문화의 중심지, 경기도

　예로부터 경기도는 팔도 문물의 집산지이자 사람들이 모이는 도성으로 가기 위한 관문이었다. 이러한 지역적 특색으로 경기도는 모든 문화의 중심지가 된다. 그 때문에 문화를 보면 우리 삶이 바로 보인다. 경기도의 춤 역시 그러하다.

　경기도는 역사적으로 고려조 이래 1천여 년 동안 도읍지가 있었던 곳으로 우리나라 문화의 중심지 역할을 했다. 조선 시대부터 이미 경기 지역을 중요시하였음은 물론, 조선 중기 영의정을 지낸 경기도의 대표 인물 오리 이원익(李元翼, 1547~1634)이 "경기 지역은 나라의 근본이 되는 곳이므로 특별히 보호하고 돌봐 주어야 한다."고 언급한 데서도 그 의미를 짐작할 수 있다.

　예로부터 서울·개성·수원 사람들은 셈이 분명해서 '깍쟁이'라 불렸지만, 매사가 분명하고 위기를 극복하는 재치와 지혜가 넘쳐나 이곳 사람들은 이들 도시를 일찍부터 상업적으로 발달시켰을 것이다. 정조 6년(1782)의 기록에 의하면, 서울의 몇몇 특권 상인이 상권을 독점하여 경기도 상인들이 서울로 들어오는 상품을 중간에서 사 모아 서울 상인들이 곤란을 겪은 일이 있었다고 한다. 이는 경기 지방의 길목을 장악한 경기도 상인들이 경제력에서 서울의 특권적 상인들에게 결코 뒤지지 않음을 의미한다.

　경기도는 중앙에 서울이 위치하고 한강이 가로지르는 지리적 조건 때문에 한강에 다리를 세워 원활한 교류가 이루어지기 전까지 하나의 문화권으로 묶이기보다는 한강 이북과 이남으로 분리되는 경향이었다. 그 때문에 서울·경기 지역을 대표하는 송파산대놀이도 과거 경기 남부 무화권에 속했으며, 경기 북부 지역의 양주별산대놀이와 함께 산대도감극 계통의 도시형 탈춤으로 유일하게 전한다.

양주별산대놀이는 토지신(土地神)과 오곡신(五穀神)을 모시고 제사를 드리는 곳인 '사직(社稷)'에서 별산대놀이가 행해졌다는 것에서 농경의례로서의 의미를 지니며 4월 팔(八)일, 5월 단오(端午) 8월 추석(秋夕)등을 중심으로 지역축제를 크게 열었다. 이에 비해 송파산대놀이는 연중행사와 장날을 중심으로도 씨름판과 소리판, 풍물판 등에서 상업축제를 벌였다.

경기도를 대표하는 놀이문화가 '도시'와 깊은 관계를 맺어온 이유는 향촌 광대난 유랑 광대 중에서 재주가 뛰어난 사람이 조선 후기에 궁중 광대로 선발되어 일시적으로 궁에서 활동했기 때문이다. 이에 이들의 생활 근거나 방식도 궁중 밖의 향촌에 있는 놀이판의 중심에 놓여 있었다. 그러나 조선 인조 때의 공의(公儀) 폐지 이후에 이들은 고향으로 돌아가 주로 고을 원님의 생신연이나 회갑연과 같은 사가의 향연이나 당굿, 단오놀음과 같은 마을 축제에서 공연하게 된다.

인조 13년에 쓴 『승정원일기(承政院日記)』는 조선 후기 도성 안에 재인이 존재하지 않았으며 이는 경기도의 춤과 음악이 궁중음악을 제외하고는 서울 도성 안에까지 영향을 미쳤음을 알려 준다.

(인조 13년 1월 을묘) 박명부가 의금부의 말로 아뢰기를, "금치에게 광대 서너 명을 불러다 주어 연희를 구경하게 하는 것도 무방하다고 전교하셨습니다. 서울 안에는 재인(才人)이 전혀 없으니, 아뢰는 한편 급히 경기감사에게 이문(移文)하겠습니다. 감히 아룁니다."라고 하니, 알았다고 전교하였다. -『承政院日記』仁祖 13年 1月 乙卯』

도성 안에서 활동한 최고의 춤꾼들은 고향에 돌아와 춤을 더욱 화려하고 세련되게 하는 기틀을 마련했다.

2) 농악, 흥겨운 가락에 실은 땀의 결실

경기도 평야들은 일찍부터 농악 발달에 주요한 역할을 해 왔다. 농악은 노동력 동원의 필요를 위해 필수적인 것이었고, 이러한 농악은 농경적인 두레 농악과 연예적인 걸립 농악으로 나눌 수 있다.

경기 북부 지역의 양주농악, 김포농악 그리고 서울과 가까운 용인농악과 안양농악 등은 주로 두레농악의 형태를 띠고 있다. 이들 농악은 농사에서 볼 수 있는 모내기, 논매기, 추수하기 등의 광경을 그대로 표현하는데, 이때 농악에서 춤추며 두드리는 소고는 가래도 되고, 서래도 되고, 낫도 되는 농기구가 된다. 또한 춤동작은 벼도 베고, 소도 몰며, 타작하는 동작 그리고 보리밭 밟기부터 시작하여 추수한 곡식을 광에 넣는 것까지 농경에서 파생된 춤사위가 생동감 있게 펼쳐진다.

이러한 두레농악의 춤은 농사 동작을 춤으로 형상화한 것으로, 모방과 재현을 통한 춤사위를 통해 경기 지역의 경쾌하면서도 깨끗하게 추어지는 춤의 특성을 고스란히 담고 있다. 반면에, 걸립농악은 농사의 모습에서 경험하고 포착되는 움직임의 함축성을 담아 볏단 나르기, 도리깨질, 절구질 등 몇 가지만을 골라 표현하며, 무동춤과 무동타기, 소고춤인 '버꾸재비' 등 연예적인 과정이 눈여겨볼 만하다.

특히 경기도 남부의 평택농악은 대표적인 걸립농악으로 손꼽을 수 있으며, 지리적 배경으로 살펴볼 때 바다에 접한 평야로서 농요(農謠)는 물론 어요(漁謠)까지 포함되어 있다. 평택농악의 '자반뒤집기'에서 "아 여보게 이렇게 좋은 잔칫집에 와서 술 한상 거하게 받았는데 안주가 부실해 아 그래 내가 어제 장터에서 가져온 고등어 한 마리를 내어 구워 볼진대…."라며 춤추며 부르는 노랫가락이 있다. 이때 추어지는 춤은 향토색이 짙고, 가락이 무척 다양하여 흥겹고, 절로 어깨춤이 춰질 정도로 신명난다. 하지만 걸립농악 중에서도 이천농악의 경우, 농사의 동작은 보이지도 않고 무동춤과 무동타기가 주를 이루기도 한다.

이들 평택농악과 이천농악의 무동춤과 무동타기의 기예적 형식은 안성 남사당풍물놀이패의 영향을 받았다. 안성남사당풍물놀이패는 7인의 무동타기를 처음 선보일 만큼 그 기예가 뛰어났다.

무동놀이 ⓒ류정석

3) 새로 쓴 풍물의 역사, 바우덕이

안성남사당풍물놀이패의 본거지인 안성은 삼국 시대부터 교통의 요지였으며 조선조 후기부터는 전국 3대 시장의 하나로 불릴 만큼 상공업이 일찍이 발달했다. 특히 안성의 섬세함과 정교함의 기술은 '안성맞춤'이라는 말을 만들어 내기도 했다. 이러한 성향은 안성을 경제뿐 아니라 문화·예술적 측면에서도 민중연희의 문화권으로도 발전하게 했다. 1920년대에 간행된 최영년의 『해동죽지(海東竹枝)』 시집의 한 구절을 살펴보면, 안성이 사당패의 근거지 역할을 했음을 알 수 있다.

> 옛 풍속에 소위 거사(擧士)라는 사람들이 노래 부르는 때를 나누어서 출발하여 각처에 흩어져서 도회 시장에서 노래하고 춤추어 그것으로 생활을 한다. 그 근거를 안성(安城) 청룡사(靑龍寺)에 두어 스스로 한 마을을 이루었다. 이름을 사당놀이라 하였다.

또 16세기 중엽 소설인 임꺽정이 전국도당을 규합하기 위해 경기도 안성에서 지내던 중 서운명의 청룡사에서 남사당패 놀이를 보고 이들 중 한 명을 데리고 가는 것에서도 남사당패의 기록을 살펴볼 수 있다.

안성남사당패에는 청룡사를 거점으로 활동하며 23세의 젊은 나이에 요절했던 유일한 여자 꼭두쇠 바우덕이(김암덕)가 있다. 전국에 그녀의 이름을 널리 떨쳤던 바우덕이는 1848년 안성의 가난한 소작농의 딸로 태어나 5세 때부터 안성남사당패에서 악기연주와 살판 등 각종 기예를 선보였다. 바우덕이는 고종 2년(1865) 경복궁 중건에 동원되어 공역자와 백성에게 신명을 준 공로로 흥선대원군으로부터 당상관 정3품의 옥관자를 받았다.

수많은 유랑예인 집단들은 안성남사당패의 집결지로 몰려들었고, 이곳이 전국 모든 놀이패의 우두머리 단체로 활동하게 된 것은 자연스러운 일이다. 이후 안성남사당패에서 활동하던 송순갑은 대전의 웃다리 농악으로 문화재 지정을 받았고, 최은창은 평택농악의 문화재로 지정될 정도로 안성남사당패인 그들의 기예는 실로 대단했다.

4) 남사당패의 구조[401]

우두머리	보좌	연희자(뜬쇠)	기능자들
꼭두쇠 — (책임자)	곰뱅이쇠 — (1~2명)	상공운님(상쇠)	— 가열 — 삐리
		징수님(징)	
		고장수님(장고)	
		북수님(북)	
		회적수님(날나리.땡각)	
		벅구님(벅구)	
		상무동님(무동)	
		회덕님(선소리꾼)	
		버나쇠(대접돌리기)	
		얼른쇠(요슬)	
		살판쇠(땅재주)	
		어름산이(줄타기)	
		덧뵈기쇠(탈놀이)	
		덜미쇠(꼭두각시놀음)	
		저승패(기능을 잃은 노인) — 나귀쇠(등짐꾼)	

---

401) 심우성 『남사당패 연구』 동문선 1989 pp33~35

5) 남사당패의 역할[402]

50명 내외	역할
꼭두쇠	일상생활뿐 아니라 새로 식구를 맞고 쫓아내는 등 모든 결정권의 소유자, 대개 상쇠나 덜미쇠가 꼭두쇠로 추대되는 경우가 많음.
곰뱅이쇠	사전승낙 등을 받는 일 등 전반적인 살림을 맡은 사람
상공운님(상쇠)	풍물잽이의 총수로 괭과리 중 상쇠를 맡은 사람
징수님(징)	징수 중의 우두머리
고장수님(장고)	장고잽이 중의 우두머리
북수님(북)	북수 중의 우두머리
회적수님(날나리.땡각)	날나리와 땡각잽이 중의 우두머리
벅구님(벅구)	벅구잽이 중의 우두머리
상무동님(무동)	동이 중의 우두머리
회덕님(선소리꾼)	선소리꾼 중의 앞소리꾼
버나쇠(대접돌리기)	대접돌리기 등의 묘기를 하는 버나잽이 중의 우두머리
얼른쇠(요슬)	요술쟁이 중의 우두머리
살판쇠(땅재주)	땅재주꾼의 우두머리
어름산이(줄타기)	줄꾼 중의 우두머리
덧뵈기쇠(탈놀이)	탈놀음인 덧뵈기에 나오는 탈꾼 중의 우두머리 (대개 취발이역을 맡은 사람이었다고 함)
덜미쇠(꼭두각시놀음)	꼭두각시놀음 조종자 중 대잡이
가열	특별한 소질을 가진 사람
삐리	뜬쇠들의 판별에 의하여 적당하다고 인정되는 연희에 배당되어 잔심부름부터 시작하여 한 가지씩의 기예를 익혀 가열이 될 수 있는 것으로 이들은 가열이 되기 전까지는 여장을 했다는 것이 특징이다.

---

402) 심우성 『남사당패 연구』 동문선 1989 pp33-35

6) 남사당패의 은어[403]

분류	항목	내용	항목	내용	항목	내용
신체	머리	글빡, 구리대	손	육갑	이빨	서삼틀
	눈	저울	발	디딤	배	서삼통
	코	흉대	남자의 성기	작숭이	젖	육통
	입	서삼집	여자의 성기	뽁, 엿	항문	구멍똥
가족 관계	할아버지	감냉이	작은마누라	작은 해주	남편	방서
	할머니	구망(허리벅)	어린아이	자동	마누라	해주
	아버지	붓자	홀애비	애비홀	총각	남자동
	어머니	머녀	영감	감영	처녀	여자동
	형	웃마디	과부	부과	동생	아랫마디
음식	음식	서금	국수	수국	닭	춘이
	밥	서삼, 글	불고기백반	사지서삼	달걀	춘이알
	떡	기럭	술	탈이.이탈	보리	퉁이
	고기	사지	담배	배담	개	서귀
	소고기	울자사지	쌀	미새	벼	까리
	돼지고기	냉갈이 사지				
주거	집	두럭	이불	덮정	방	지단
의복	옷	버삼	두루마기	웃버삼		
악기	징	왱이	북	타귀	장고	고장
	꽹과리	구리갱				

---

403) 심우성 『남사당패 연구』 동문선 1989 pp303-305

기 타	무당	지미	점	꾸리뭇	춤	발림
	큰무당	큰지미	점쟁이	꾸리뭇쟁이	소리꾼	패기꾼
	작은무당	더러니	수양아버지	영수버자	악사	면사
	단골무당	골단	수양어머니	영수머냐	도둑	적도
	남자무당	쑤백이	수양아들, 딸	속새	눈치꾼	치눈쟁이
	굿	어정	대감	감대	환자	드러병
	선굿	큰어정	푸닥거리	닥구리	중	몽구리
	앉은굿	앉은구명	살풀이	풀이살	도깨비	개비도
	신당	당신	판수(장님)	사봉	광대	대광, 산이
	보살	살보	미운놈, 나쁜놈	거실한 놈	양반	철지
	비국악인	비개비(개비)	바보	여디	부자	자부
	놀음꾼	옴돌쟁이, 옴돌꾼	손님	임소	기생	생짜, 째생
	돈	이돌, 돌	접대부	탈이파는자동	안경	저울집
	돈내다	이돌내다	필요없는 사람	구정살	온다	실린다
	죽여라	귀사시켜라	형사.경찰	바리	사주	주사
	매	타구리	일본사람	왜짜	말	서삼질
	잠자다	굽힌다	주인	연주		
	이리온다	이리 실린다	벙어리	어리벙	먹어라	채라
	변소	구성간	병신	신병	요강	강요
	아편	꼬챙이 소낭	고기장수	사지장수	나들이 가다	출한다
	전라도	라도절	무야, 머슴	섬사	웃는다	뻐갠다
	부적	적부	대대로 내려오는 양반	애철지	운다	앵도따이
	넋	진오귀	예쁘다	뻐입하다	인삿말	살인
	군웅굿	능구굿	가짜, 거짓말	석부	작두	두작
	창부	붓창	가짜돈	석부이돌	무가	어정
	나쁘다	거실리다	사랑하다, 좋아하다	지순다	죽음	귀사, 사귀
	나쁜놈	거실린 놈	꾸지람하다	남소하다	재수굿	수재굿
	도둑질	적도질	도망하다	망도질하다	월경	도경
	화낸다	절낸다	성교하다, 먹는다	챈다	방구	구방

수효	제푼(개)	조은(개)	먹은(개)	우슨(개)	결연	
	장원(개)	업슨(개)	죽은(개)	맛땅	얼른	

안성남사당풍물놀이는 고사굿을 시작으로 살판(땅재주놀이)·덜미(꼭두각시인형놀음)·어름(줄타기)·덧뵈기(탈놀음)·버나놀이(접시 돌리기)·풍물놀이(깨깨춤, 쾌자춤, 쩍쩍이춤-무동춤, 무동타기, 상모놀이) 6마당을 선보이고 관객과 함께 뒤풀이를 행한다. '잘하면 살판이요, 못하면 죽을 판'이라는 말에서 붙여진 살판의 '땅재주놀이', 목덜미를 쥐고 노는 인형놀이 뜻에서 유래된 '덜미', 얼음 위를 조심스럽게 걷는 줄타기 '어름', 탈놀음 '덧뵈기' 등 이 모든 연희에서 관객과 재담을 주고받으며 세태를 풍자한다.

특히 이들 놀이마당에서 세태를 풍자하는 일은 신명나는 일이었는데, 이를 통해 사회계층의 부조리한 삶을 희화하고 풍자를 통해 잘못된 관념과 의식을 일깨우는 사회적 성격을 드러내고 있다. 춤과 함께하는 "얼쑤"라는 고갯짓과 어깻짓은 관객들의 호응을 이끌어 내며 연대감을 확보하고, 민중의 공동체 의식의 전개를 통해 화합을 기원하는 역할을 한다.

경기 지역은 정치·경제·문화의 중심지로서 왕과 양반계층의 상류사회는 물론 중인, 서민까지의 문화가 함께 전승되는 궁중춤과 민간춤의 공유문화권 지역이었다. 그뿐만 아니라 이 지역은 몇 백 년 동안 우리나라의 중심지로서, 사람과 물자가 모여들고 다시 각지로 퍼져 나가며 새로운 문화를 만들어 내는 역할을 했다. 지금도 경기도는 문화가 파생되는 거점으로 세련된 춤사위에 더불어 민예의 매력과 미를 갖추고 우리 춤의 발전에 커다란 영향을 미치고 있다.

안성남사당풍물놀이 6마당 중 살판 ⓒ류정석

어름 ⓒ류정석

버나놀이 ⓒ류정석

ⓐ상모놀이 ⓒ류정석

4. 풍월도

1) 자신만의 춤으로 부화시킨 한국무용가 송화영[404]

한국 전통춤계에는 자신의 재능을 한껏 발휘하고 떠난 사람이 있는가 하면, 재능을 미처 다 꽃 피우지 못한 채 떠난 인물이 있을 것이다. 송화영(1948~2006), 그는 어쩌면 후자에 속하는 인물일지도 모른다. 그의 춤을 본 사람들은 그를 "춤 잘 추는 중견 남성 명무로 일찍 작고하여 안타깝다."[405] 라고 기억한다. 필자는 그의 〈풍월도〉를 보고 그의 호흡법과 손끝까지 흐르는 춤동작이 인상적이었다. 그의 춤을 더 많이 알고자 생애를 조사하기 시작하여 그가 머물렀던 국립국악원(무용단)과 제자들을 찾아가 그의 삶의 궤적을 수집해 나갔다. 그렇게 해서 알게 된 것이 그가 교방무, 궁중무, 남도민요를 비롯하여 말년에는 경기민요를 사용한 '한양교방춤'의 기틀을 만드는 데 노력을 기울였다는 것이었다.

송화영(宋和映)은 1948년 음력 7월 17일[406] 전라북도 부안군 줄포면 대동리에서 아버지 송홍락과 어머니 신만임의 2남 1녀 중 맏이로 태어났다. 본명은 갑혜(甲惠)이고 어릴 적에 '덕'이라는 이름으로도 불렸다. '화영(和映)'은 예명으로 그가 무용가로 활동하면서 사용하기 시작했다고 하나, 집안에서도 옥희 또는 화영이라고 불렸다고 한다.[407]

---

404) 이찬주 「비운의 천재적 한국무용가-송화영」 『한국 춤의 계보』 다미르 2023 p22
405) 송화영 자료는 인적사항이나 공연 목록 등을 참고했음을 밝힘. 단, 연령은 만 나이 계산법을 따랐음.
406) 이찬주 2021.2.24. 국립국악원방문 기록조사 1950년생이나 제자들 증언 송화영1948년 음력 7월17일
407) 이병옥·김영란 『자유로운 영혼의 춤꾼 송화영』 지식나무 2021 p11

세 살 되던 해(1951) 송화영은 한량인 아버지로 인해 가세가 기울자 집을 나온 어머니 손에 이끌려 정읍 큰이모네 갔다가 마산 태생의 진주예기조합 퇴기 윤봉란에게 맡겨져 수양 손자로 자랐다. 윤봉란은 전북 전주 한벽당 근처에서 살면서 기녀들에게 춤을 가르치고 파견하는 일을 맡았던 것으로 보인다. 송화영은 기녀들의 심부름도 하고 여성스러운 면이 있어 기녀 누나들의 수건춤을 곧잘 흉내 내어 귀여움을 받았다.[408]

1955년 아버지가 우연히 어머니를 찾아낸 뒤 송화영의 소식을 듣고 윤봉란을 찾아간다. 정이 많이 들었던 윤봉란은 처음에는 송화영을 내주지 않았지만, 그의 초등학교 취학을 위해 9세의 나이에 그를 고향으로 보내 주었다. 부모는 목수 등 돈을 벌기 위해 여러 곳을 돌아다니며 생활했고, 그는 고향에서 그나마 형편이 넉넉했던 큰아버지 가족과 함께 살았다. 그의 친구는 그가 성품도 좋고 체격도 좋았다면서 활을 같이 만들어 돌아다니며 놀았다고 그를 떠올렸다. "한 살 많아서 형으로 생각하고 함께 놀았어요. 저의 부친이 서당을 열었는데 그때 한자를 같이 배웠어요. 한동안 큰집에서 지내다 열한두 살 때쯤 가 버렸죠."[409]

다시 윤봉란 할머니 곁으로 간 송화영은 승무, 살풀이춤, 접시춤 등 여러 가지 춤을 배웠다. 송화영에게 재능이 엿보이자 윤봉란은 정읍예기조합의 김소란에게 가끔씩 데리고 가 춤을 배우게 했다고 한다. 초등교육을 마치기도 전에 그는 성큼 춤세계로 빠져든 셈이었다.

13세 전후 송화영은 윤봉란이 서울 종로 운현궁 근처에 식당(요릿집)을 개업하게 되자 그녀를 따라 서울로 올라간다. 그 무렵 윤봉란 할머니와 명동예술극장, 부민관(현 세종문화회관 별관)의 공연을 자주 보러 다니며 춤예술 세계에 빠져들었을 것이다. 15세인 1962년, 윤봉란이 세상을 떠나자 윤봉란의 고향 마산으로 옮겨 간 송화영은 마산권번을 드나들며

---

408) 송화영의 어린 시절 및 춤 스승 사사와 관련하여 김정녀 《입춤·한량무·검무》(무형문화재조사보고서 19), 국립문화재연구소 1996 pp84-86
409) 조상식 면담 2020년 7월31일 앞의 책 pp23-24 참조

권번 일을 돕는 틈틈이 어깨너머로 춤을 익혔다. 권번 누나들이 살뜰히 챙겨 주기도 했지만, 그는 권번을 떠나 혼자 생활했고, 18세에 부산에서 김진홍, 이매방을 사사하면서 비로소 춤을 배우기 시작한다.

1968년 이후 약 10년간 이매방으로부터 호남 계열의 승무와 살풀이춤을, 1970년대 중반에 김수악·김계화에게서 교방 계열의 검무·교방굿거리춤을 배웠다. 부산에서 황무봉을 사사한 송화영은 서울로 올라가 견문을 넓히고 큰 무대에서 공연도 하라는 말을 들은 후 송범, 김진걸, 김천흥에게서 각각 창작무용, 산조춤, 궁중정재를 배우게 되었다. 한편 그는 국립발레단에 입단하여(1974~75년, 1978~79년) 짧게나마 발레도 익힌다. 이후 30대에 들어선 1979년, 국립발레단을 퇴단하고 서울에서 송화영예술단을 창단하여 여러 스승으로부터 전수받은 춤 가운데 교방춤을 바탕으로 그 자신의 춤을 만들어 갔다. 대표적인 춤으로 입춤(굿거리춤)을 꼽을 수 있다.

그리고 1979년 제1회 송화영 발표회를 갖는다. 권번에서 배운 춤을 중심으로 박지홍의 〈달구벌입춤〉, 〈검무〉, 〈살풀이춤〉을 비롯하여 이매방의 〈승무〉, 〈살풀이춤〉을 추었다. 신무용 계열로 김진걸의 산조춤 〈내 마음의 흐름〉, 궁중춤으로 김천흥의 〈학무〉, 〈향발의 여운〉도 무대에 올리며 예술 활동의 시작을 알렸다.

그랬던 송화영은 1982년 다시 진주로 내려가 김수악을 찾아간다. 김수악은 춤에서 그가 특히 큰 영향을 받은 인물이다. 진주민족예술원을 함께 운영하며 살풀이춤, 교방굿거리춤, 논개살풀이춤을 공고히 했으며 월·화·수는 서울, 목·금·토는 진주로 강행하며 교방춤의 매력을 가르쳤다. 1983년에는 서울 공간사랑에서 열린 '이매방춤인생 50주년' 공연의 조안무를 맡을 정도로 스승으로부터 실력을 인정받았다. 그즈음 해마다 여러 가지 전통춤 경연대회에 참가했으나 그가 바라는 성과는 얻지 못했다.

1986년 38세의 나이로 국립국악원 무용단에 입단한 송화영은 가장 먼저 출근하고 가장 늦게 퇴근하는 매우 열성적인 단원이었다. 당시 그를 지켜본 국립국악원 무용단 상임안무자(1989~91년) 문일지는 송화영의 춤이 김수악과 이매방 등 "모든 선생들로 이어받은 전통 몸짓을 가꾸어 단련하여 다시금 제 것으로 만들어 풀면서 굿거리춤 과정을 교과서처럼 그 본(本)을 만들어 추는 송군의 춤언어가 새삼스레 돋보인다."고 했다.

국립국악원 정기무용발표회 1986 ⓒ국립국악원(National Gugak Center) 제공

1989년 3월 일본 오카야마 페스티벌에 참가한 송화영은 첫 번째 '화문석 춤판' 무대를 만들었고, 1991년 6월 국립국악원 소극장에서 '송화영 창작교방무 한마당'을 무대에 올렸다.[410] 옛 춤의 원형을 유지하면서도 자신의 스타일에 맞는 춤을 만들어 왔다며 그동안 발표한 춤을 모아 국립국악원 소극장에서 제13회 정기공연 '화문석 춤판'을 열었다. 이 춤판에서 송화영은 82년부터 만들어 온 교방무 13곡 중 8곡을 2시간여 동안 펼쳐 보였다. 이제까지 배운 스승들의 춤을 총망라한 것에

---

410) 제13회라는 것은 1979년 개최한 제1회 송화영 무용발표회를 기점으로 열세 번째 공연이라는 뜻임. 송화영은 단체명을 바꾸더라도 정기공연 회차는 제1회에 이어서 헤아린 듯함. 프로그램 참조.

자신이 창작한 새로운 교방무를 올린 것이다. 이 무대에서 〈교방승무〉, 〈입춤〉, 〈교방검무〉, 〈교방살풀이춤〉, 〈여인만정〉, 〈교방굿거리춤〉, 〈풍속도〉, 〈울림〉 등을 발표했다.

그리고 같은 해 9월에는 국립국악원 무용단을 6년 만에 퇴직하며 고별무대인 '송화영 송별춤(Good-Bye Dancing Ceremony)' 공연을 국립국악당 소극장에서 올렸다. 이어 그는 서울 사당동 무용연구소 명칭을 '화문석춤방'에서 '푸른버들 민예원'으로 바꾸었고, 일본 도쿄에서도 무용단을 조직하여 '푸른버들(靑柳)의 멋'이라는 제목으로 공연을 올리기 시작했다.

국립국악원 전통무용발표회 1987.6.12 ⓒ국립국악원(National Gugak Center) 제공

한편, 교방춤을 잇는 제자 고재현의 개인 공연이 1992년에 있었다.

거의 10년에 걸쳐 여러 전통춤 경연대회에 참가했던 송화영은 한동안 성과를 얻지 못하다가 1997년 국립국악원 주최 경연대회에 참가하여 동상을 받으면서 성과를 얻기 시작했다. 1998년 제6회 전국전통예술경연대회에서 국무총리상을, 1999년 제7회 전국전통예술경연대회

무용대상(문화관광부장관상)을 수상하였다. 같은 해 국립국악원 주최 제19회 국악경연대회 무용 부문에서 〈승무〉로 마침내 대통령상을 받고야 만다. 여러 스승을 사사하고 거의 밑바닥의 삶을 살면서도 춤에 대한 열정 하나로 버텨 온 끝에 받은 것이니만큼 그 가치를 따질 수 없었을 것이다.

2000년 대통령상수상기념공연 '푸른버들의 예약'을 전북예술회관 무대에 올린다. 그때 〈승무(僧舞)〉(3인무)에 출연했던 서수정은 스승 송화영에 대해 이렇게 말했다. "제가 1997년쯤인가 대구 시립국악단에 무용단원으로 있을 때 객원으로 오셨는데 춤을 보고 많은 충격이었어요. 무작정 선생님한테 배우고 싶다고 말씀드렸어요. 선생님의 춤은 몸의 뼈마디나 모든 게 정말 자연스러워요. 몸이 흐르는 대로 흘러갈 수 있었던 것 같아요. (중략) 손목이 굉장히 자연스러웠죠. (중략) 이매방 선생님 춤은 그냥 손가락 모양을 내서 같이 꺾어 들어가잖아요, 송화영 선생님 춤은 안 그랬어. 춤이 바람을 가르면서, 공기를 가르면서 항상 흘러갔던 거 같아요. (중략) 송화영 선생님 춤은 깨끗했어요."[411]

2000년에는 전통무용경연대회에 제자를 고방굿거리춤으로 출전시켜 군무로 단체상(국회의장상)을 받았고, 이듬해에는 여러 제자들이 개인상을 받게 되면서 송화영은 지도자상(문화관광부장관상)을 수상하였다.

50대 중반에 이른 송화영은 2006년 생을 마치기까지 의욕적으로 공연을 올린다. 2002년 제23주년 정기공연 '치마저고리 구경(九景)', 2003년 '완판승무', 그리고 2005년 '한양춤과 북놀이'를 무대에 올렸다. '치마저고리 구경(九景)'에서 '구경'은 각 춤을 경(景)에 비유한 것으로 '아홉 가지 춤'이라는 의미다. 4경 〈박(拍) 속에 지피우는 나삼(羅衫) 최현류 산조춤〉, 6경 〈노들에, 양산도 김덕명류 한량춤〉, 7경 〈수건에 연지 찍고 '이매방류 살풀이춤'〉 등에 이어 마지막 9경 〈교방굿거리춤과 북놀

---

[411] 이찬주 서수정 면담 2020년 11월 15일

음〉으로 구성되었다. 2003년에 발표한 송화영풍 〈완판승무〉는 이매방을 사사한 승무를 발전시킨 것이다. 처음에는 〈남도승무〉라고 했다가 장단을 완성시켜 송화영풍으로 염불24장단, 도드리12장단, 타령48장단, 자진타령13장단, 굿거리52장단, 북놀음6과장, 굿거리13장단으로 구성했다.

2003년 제24주년 청류 푸른버들 송화영풍 교방예악 전승원 정기공연 '푸른버들에 멋'은 연간 4회에 걸쳐 공연하였다. 3월 20일 전주 소리문화전당 연지홀에서 특별출연으로 최선(전라북도 무형문화재 제15호) 보유자의 호남살풀이춤을 선보였고, 4월 8일 서울 국립국악원 예악당, 10월 9일 남원 국립민속국악원 대극장 무대를 이어 11월 12일 일본 교토 기요미즈데라(清水寺)에서는 '송화영춤과 북놀음'을 펼쳤다.

김애정 ⓒ정범태

김계화 ⓒ정범태

특히 그는 2005년 정기공연 '한국춤 100선 중 16곡 무대'를 올리면서 프로그램에 이제까지 배운 스승들을 언급하며 자신의 계보를 밝혔다. 신무용은 2대에 송범·김진걸, 정재는 2대에 김천흥, 고전무용(민속

무)은 2대에 김계화·이매방, 기방예악(권번춤)은 1대에 윤봉란(鳳蘭)·최완자

김수악 ⓒ정범태

(崔完), 2대에 김애정·김수악이며, 네 가지 춤 모두 3대에 본인임을 적었다.

그리고 2006년 푸른버들민족예악원 제28주년 '한양춤과 북놀음' 정기무대를 6월 13~15일 사흘 동안 올렸다(13일 국립극장 해오름극장, 14~15일, 국립국악원 예악당). 특이하게도 공연일마다 다른 작품을 무대에 올렸다. 6월 13일에는 1부에는 〈완판승무〉(송화영), 〈태평무〉(양성옥), 〈시나위입춤〉(조수옥, 송화영)을, 2부에는 〈한양에 한량춤〉(송화영), 〈장고춤〉(양성옥), 〈소고춤〉(군무) 등 다수 작품이 무대에 올랐다. 14일에는 '화초별감춤극(花草別監舞劇)'이라는 제목 아래 총 4장으로 나누어 장별로 춤을 보여 주었다. 1장 선(選)에서는 〈나비춤〉, 〈장삼놀음〉, 〈법고놀이〉를 추었고 '춤극'《동녀보살》을 공연하였다. 15일에는 3시 반과 7시 반 두 차례 공연을 했는데 먼저 '5품(五品) 수련작품전(砂雁風)'이라는 제목으로 〈검무〉, 〈쌍승무〉, 〈京城입춤(漢陽妓 시나위무)〉 등을, 또 '신라천년(新羅千年) 화랑(花郎)의 맥(脈)'이라는 제

목으로 〈별감검무〉, 〈설북춤〉 등 다수 춤을 각각 무대에 올렸다. 구성·안무·연출을 비롯해 공연 제작의 전 과정에서 그의 손을 거치지 않은 것이 없었다. 그리고 그해 9월 14일 송화영이 세상을 떠나며 이 공연은 그의 춤 인생 마지막 공연이 되었다.[412]

공연 타이틀에도 사용했듯이 그는 새로운 '한양춤' 연구에 착수한 것으로 여겨진다. 〈남한산성〉, 〈새타령〉, 〈허튼입춤〉, 〈허튼 수건춤〉, 〈풍월도〉의 춤이다. 이는 한양교방굿거리춤을 민요 〈창부타령〉에 맞춰 추는 춤인데 그는 많은 사람들이 춤을 추며 즐길 수 있게 하고 싶다는 꿈을 가졌던 것 같다.[413] 경기민요로 사철가, 태평가, 매화타령, 는실타령, 남한산성, 양산도, 노들강변, 천안민요를 사용하였다. 특히 말년에 한양교방굿거리춤과 송화영류 승무 두 가지 춤에 공을 들이며 몰두하였던 것으로 보인다. 그리하여 새타령에 맞춘 입춤, 성주풀이에 맞춘 입춤이 창작되었다. 성주풀이에 맞춘 입춤에는 태극선과 풍로부채가 무구로 사용되었다. 또한 남한산성과 새타령을 연결해 맞춘 입춤이 창작되었는데 부채(작은 수건) 또는 수건을 사용한다.

송화영, 그의 춤 인생의 변화를 대표작으로 나누어 보면 1기 〈화문석 교방춤〉(1980년대 후반), 2기 〈완판승무〉(2002년 전후), 그리고 3기 〈풍월도〉(2006년까지)가 아닌가 싶다. 대체로 스승으로부터 배운 춤을 기본으로 그의 개성을 더하는 방식인데 1기에는 김수악의 교방춤을 기본으로 하면서 '화문석' 위에서 추는 춤이라는 그만의 교방춤을 정립했고, 2기에는 이매방류 승무를 바탕으로 하되 손목을 꺾지 않고 자연스럽게 흐르게 하거나 척추를 세우는 방식으로 자신의 개성을 담아냈다. 3기를 대표하는 〈풍월도〉는 교방춤 기법과 궁중무용, 근대창작춤이 어우러진 현시대의 전통의 창작물이며 '한양교방굿거리춤'이라고도 부른다.

412) 송화영은 춤 제목 가운데 '한량춤', '소고춤', '춤극'과 같이 춤을 '춤'으로 표기하는 경우가 눈에 띄는데, 그 이유는 문헌상 아직 밝혀진 바 없으나 옛것을 되새기며 새롭게 창작을 한다는 의미에서 기인한 듯하다.
413) 이찬주 〈전이연(舊名 희자) 3차 면담〉 2020년 10월 5일

국립국악원 민속무용발표회 1987 ⓒ국립국악원(National Gugak Center) 제공

전이연(舊名 희자)은 스승의 춤 〈풍월도〉를 회상했다. "송화영 선생님이 돌아가시기 1년 전에 만드신 건데 한양교방굿거리춤에는 여무와 남무가 있어요. 남무를 '풍월도'라고 불러요. 여무를 먼저 창작했어요. '한국춤 제전'에서 여무를 군무로 발표 했고 돌아가시기 전인 2005년도에 한양교방굿거리춤 남무를 강습용으로 가르쳤어요. 우리 제자들하고 그 당시에 곰방대 들고 하는 작품을 만들었고 저희들은 그 남무 공연을 한 번 했습니다. 국립국악원 무대에 올렸고 첫날 제자들이 추고 다음 날 당신이 직접 풍월도를 췄죠."[414]

필자는 송화영의 〈풍월도〉를 보면 김홍도의 〈포의풍류도〉가 떠오른다. 〈풍월도〉는 한국춤에서 보지 못한 스타일로 독보적인 특색을 지닌다. 그러면서도 그의 화문석입춤처럼 화문석 안에서 춤춘다.[415] 그를 가까이에서 보았던 문희철은 다음과 같이 말했다. "송화영, 그를 괴짜 또는 광기 어린 천재로 자기만의 독특한 예술세계가 강하게 있었다고 기억한다."[416]

송화영은 자신의 주변에는 오직 "싸리잎에 은구슬들뿐이라며, 내 춤 내가 원 없이 추고 인정도 자취도 흔적도 남겨 놓지 않고 사라질 것이고, 인간사 만남보다 이별 후 서로가 서로를 그리워하는 신의가 가슴 깊이 새겨 있어야 좋은 인생 좋은 춤이 나온다."[417]고 했다. 그 말처럼 그는 자신과 관련된 자료들을 모두 불태워 버렸다. 그 자신은 한 줌 재가 되어 삼척항 바다에 뿌려졌다. 그는 예전부터 이상하게 비와 운이 맞다고 하는데 그날도 비가 퍼붓고 태풍이 몰아쳐서 바닷물이 세차게 출렁거렸다고 한다.

이슬이 사라지듯 그는 세상을 떠났지만, 그의 영향력은 제자들에 의해 현재까지 이어지고 있으며 그들에 의해 조금씩 '송화영류'가 토착화

414) 이찬주 〈전이연(舊名 희자) 2차 면담〉 2020년 8월 11일
415) 이찬주 「비운의 천재적 한국무용가-송화영」 『한국 춤의 계보』 다미르 2023 p22
416) 이찬주 문희철 2023년 6월 1일
417) 고재현 공연 팸플릿(1992. 6. 4.)

되고 있다. 다양한 춤세계를 섭렵한 그는 여러 스승으로부터 배운 춤을 자양분 삼아 자신의 개성이 담긴 새로운 춤의 작품을 제시하였다. 이러한 그의 작업은 고집스런 자신의 정체성을 담아낸 것이라고 할 수 있겠다.[418]

송화영 ⓒ임춘섭

---
418) 이찬주「비운의 천재적 한국무용가–송화영」『한국 춤의 계보』다미르 2023 p23

2) 한양교방춤과 풍월도[419]

2020 전통춤 류파전이 12월 2일(수)부터 4일(금)까지 사흘에 걸쳐 대학로 성균소극장에서 열렸다. 송화영류 전이연(舊名 희자), 한영숙류 이철진, 김숙자류 김수현의 춤이 각각 무대에 올랐다. 대면 공연은 객석 거리 두기를 유지하여 진행되었고, 비대면으로 유튜브 채널을 실시간 관람할 수 있었다. 필자는 12월 2일 공연 '송화영류 전이연(舊名 희자)의 춤'을 극장에서 보았다.

송화영(1948~2006, 전북 부안 태생)이라는 이름이 생소하게 들릴지 모르지만 그는 1980년대~2000년 초까지 활동했던 춤 잘 추는 춤꾼으로 알려졌다. 오랫동안 춤 영상 기록을 해 온 지화충 선생은 그만큼 춤 잘 추는 춤꾼을 보기 쉽지 않을 거라 말했다. 특히 김수악의 춤에 큰 영향을 받은 그는 1979년 서울에서 송화영예술단을 창단하며 여러 스승에게 전수받은 춤 가운데 교방춤을 바탕으로 자신의 춤을 만들어 갔다. 입춤(굿거리춤)을 대표적인 춤으로 꼽을 수 있다. 필자는 그의 자료를 수집하면서 송화영류의 춤판이 열리는 곳을 찾아갔고, 이번의 〈풍월도〉가 세 번째 만남이다.

'송화영류 전이연(舊名 희자)의 춤'에서는 〈한양교방승무〉, 〈허튼입춤〉, 〈풍월도〉, 〈한양교방살풀이〉가 무대에 올랐다. 〈허튼입춤〉을 제외하고 모두 전이연(舊名 희자)의 독무였고 판소리는 소리꾼 이성현에 의해 공연되었다. 필자는 〈풍월도〉에 주목했다. 이 춤은 궁중무인 춘앵무처럼 화문석 위에서 추어진다. 그래서 송화영의 입춤을 '화문석입춤'이라고도 부른다.

〈풍월도〉는 송화영이 작고하기 1년 전인 2005년에 만든 작품으로 여무와 남무가 있으며, 남무를 풍월도라고 부른다. 그전에 한양교방굿거리춤 여무가 먼저 만들어져 군무로 제1회 한국춤제전(국립국악원 예악당

---
[419] 이찬주 『몸』 2021년 1월호

2005.8월9~10일)에서 공연했다. 〈풍월도〉는 그가 강습용으로 제자들 앞에서 처음 추었고 '푸른버들민예원 27주년 정기무대'(국립국악원, 2005.6.7.)에서 첫 번째 제자들이, 두 번째 날에는 송화영 자신이 직접 〈풍월도〉를 췄다. 유일하게 남무와 여무를 모두 사사한 이가 이날 춤을 선보인 전이연(舊名 희자)이다.

춤꾼 전이연(舊名 희자)는 화문석 뒤편에서 뒤돌아 왼쪽으로 몸을 기울여 앉아 있다. 일어나서 한 바퀴 돌고 발을 똑똑 내렸다 올린다. 경기민요 〈창부타령〉의 노랫가락이 춤에 흥겨움을 더한다. 송화영류의 〈풍월도〉는 춤이 자연스럽게 움직인다. 어색하거나 뒤틀림 없이 물 흐르듯이 흘러간다. 자연스럽게 연결되며 한쪽 발을 바닥에서 떼어도 동작이 깨끗하다. 군더더기가 없다. 한량무이면서도 여느 한량무와는 몸짓에 드러나는 결이 다르다.

그리고 송화영류의 독특한 춤사위 중 하나인 '사방돌기'를 한다. 호흡을 들어 올리면서 한 발을 드는 '사방돌기'는 몸의 중심을 잡고 동서남북 사면으로 돌며 평형감을 유지하는데, 호흡을 끌어당길 때 곧게 선 상체가 돋보인다.

춤꾼은 다시 화문석 위에 누워서 고개를 끄덕거리기도 하고 곰방대를 두드리거나, 이후 곰방대와 부채를 양쪽으로 세운 채 일어서는 춤 동작이 재미를 더한다. 양팔을 돌리면서 앞으로 갔다 뒤로 가는 동작으로 역동성을 띠면서 즐거움도 안겨 준다. 움직임 하나하나에 따라 팔의 선이 살아 있게 움직인다. 춤의 선이 크고 양팔을 움직이면서 도약할 때 곡선미가 뚜렷하다.

송화영의 춤은 호흡과 척추, 손끝 등이 상승에 기인한다. 그것은 송범에게서 2년간 수학하고 국립발레단에서 활동한 그의 특이한 이력에서 비롯되었다고 하겠다. 송범의 춤처럼 손끝이 살아 있고 춤 시작의 들숨과 옷을 잡는 손의 모양도 손목까지 자연스럽게 선을 그린다.

유작으로 남겨진 〈풍월도〉는 교방춤 기법과 궁중무용, 근대창작춤이

어우러진 현시대의 전통의 창작물이며 '한양교방굿거리춤'이라고도 부른다. 송화영이 한양(서울)교방춤을 정립하기를 시도하면서 다양한 변화를 주며 만든 독특한 춤사위의 춤은 전이연의 한양교방춤전승원에서 면면히 이어 가고 있다.[420]

3) 풍월도 주요 춤사위

① 굿거리장단 (4박 → 1장단, 2박 → 반장단)

② 1박자 디딤 (동작선 → 평선), 사체사위, 여밈사위(맺음새), 풀어 주는 사위

춤사위		
내용1_ 팔,손동작, (동작선)	◦ 곰방대와 부채 들고 양팔평선사위 (준비자세)	◦ 곰방대와 부채 들고 양팔평선사위 (준비자세)
내용2 다리,발동 작, (디딤)	◦ 오른발 왼쪽 버선발 앞에 딛기 (준비자세)	◦ 한장단에 한 발씩 딛는다.

---

420) 이찬주 『몸』 2021년 1월호

춤사위		
내용1_ 팔,손동작, (동작선)	◦ 왼팔, 오른팔 사채사위	◦ 왼팔 허리 여밈 ◦ 오른팔 사채사위
내용2 다리,발동 작, (디딤)	◦ 왼발 안가장사위 ◦ 발을 들고 돌려 딛기	◦ 반장단 1박씩 딛고 오른발을 들어 준 다.

춤사위	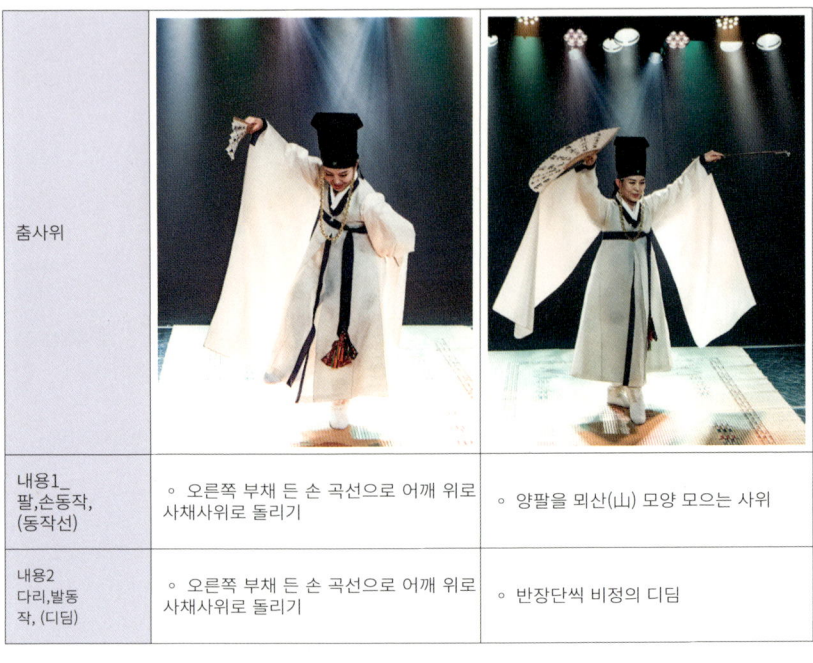	
내용1_ 팔,손동작, (동작선)	◦ 오른쪽 부채 든 손 곡선으로 어깨 위로 사채사위로 돌리기	◦ 양팔을 뫼산(山) 모양 모으는 사위
내용2 다리,발동 작, (디딤)	◦ 오른쪽 부채 든 손 곡선으로 어깨 위로 사채사위로 돌리기	◦ 반장단씩 비정의 디딤

춤사위		
내용1_ 팔,손동작, (동작선)	◦ 뒤태 평선 사위	◦ 왼쪽 앞사선에서 오른손 부채, 왼손 곰방대 같이 앞으로 부채 펴주기
내용2 다리,발동작, (디딤)	◦ 반장단을 1박씩 뒤로 딛고 3박에 오른발을 딛고 왼발을 들어 준다.	◦ 한발 들고 외다리로 학채 디딤
춤사위		
내용1_ 팔,손동작, (동작선)	◦ 곰방대 사선으로 놓고 평선 사위로	◦ 오른팔 부채 든 손 허리여밈사위 ◦ 왼팔 곰방대를 든손 짓음새사위
내용2 다리,발동작, (디딤)	◦ 1박자씩(1장단) 회무	◦ 반장단을 1박씩 뒤로 딛고 3박에 오른발을 딛고 왼발을 들어 준다.

춤사위	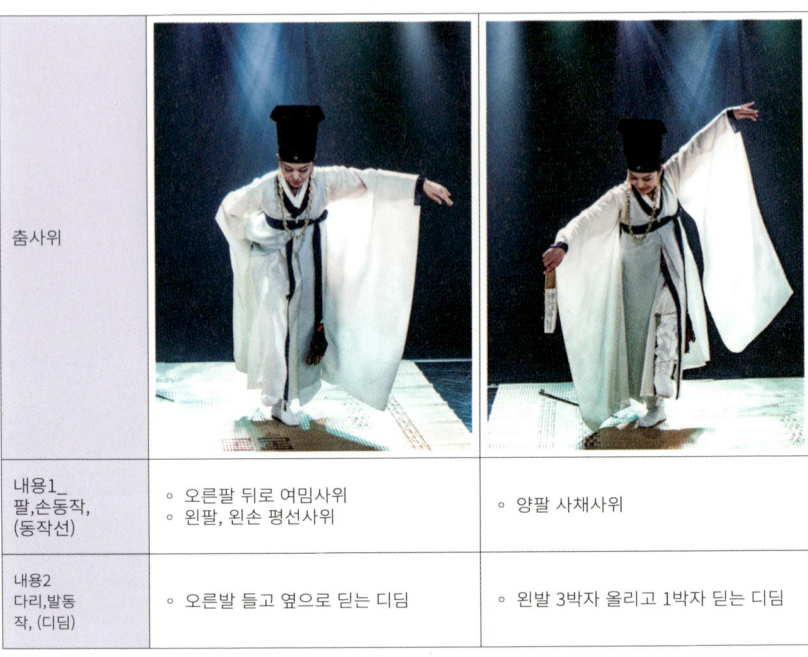	
내용1_ 팔,손동작, (동작선)	◦ 오른팔 뒤로 여밈사위 ◦ 왼팔, 왼손 평선사위	◦ 양팔 사채사위
내용2 다리,발동 작, (디딤)	◦ 오른발 들고 옆으로 딛는 디딤	◦ 왼발 3박자 올리고 1박자 딛는 디딤

춤사위		
내용1_ 팔,손동작, (동작선)	◦ 양팔 사채사위 ◦ 곰방대와 사선으로 부채 놓기	◦ 도포 양손으로 잡고 앞으로 뿌리면서 뛰어 팔에 걸치는 사위
내용2 다리,발동 작, (디딤)	◦ 1 박자 앞으로 1박자 뒤로 (반장단) ◦ 1 박자씩 앞으로 2번(반장단)	◦ 위로 두 발 뛰었다 디뎌 주는 디딤

춤사위		
	(left image)	(right image)
내용1_ 팔,손동작, (동작선)	◦ 양팔을 허리로 도포 치면서 뒤로 여밈사위	◦ 뒤로 여밈사위를 풀어주는 사위
내용2 다리,발동 작, (디딤)	◦ 1박자씩 한 발씩 뒷전, 중전, 앞전으로 굴러 주는 디딤	◦ 1박자씩 제자리에서 굴러 딛는 디딤(한 장단)

춤사위		
	(left image)	(right image)
내용1_ 팔,손동작, (동작선)	◦ 앞 뒤 허리 여밈사위를 풀어 주면서 뒤로 뿌리는 사위	◦ 다시, 앞으로 여밈사위 ◦ 옆 사선 뿌리는 사위
내용2 다리,발동 작, (디딤)	◦ 1박자씩 앞으로 딛는다. (한장단)	◦ 1박자씩(한장단) 제자리 딛는 디딤

춤사위	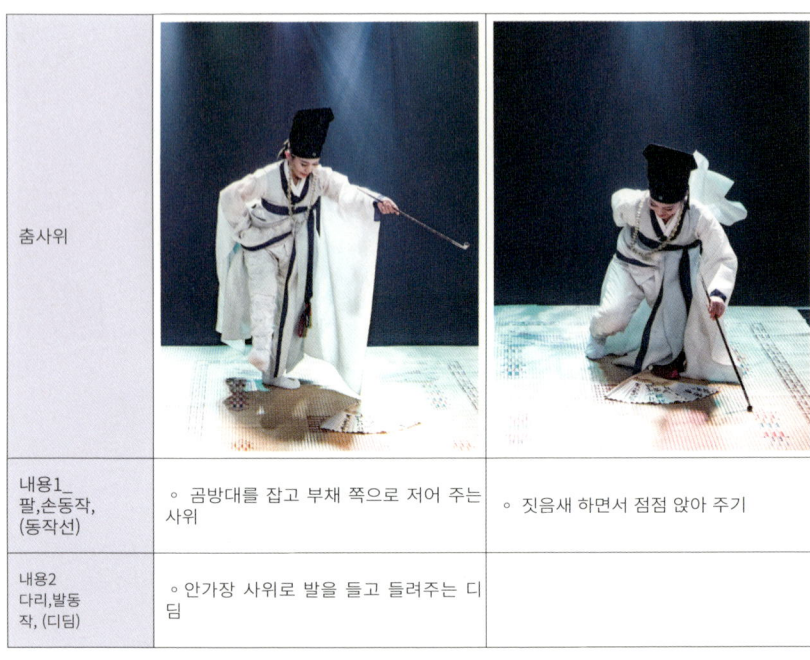	
내용1_ 팔,손동작, (동작선)	○ 곰방대를 잡고 부채 쪽으로 저어 주는 사위	○ 짓음새 하면서 점점 앉아 주기
내용2 다리,발동작, (디딤)	○ 안가장 사위로 발을 들고 들려주는 디딤	

춤사위	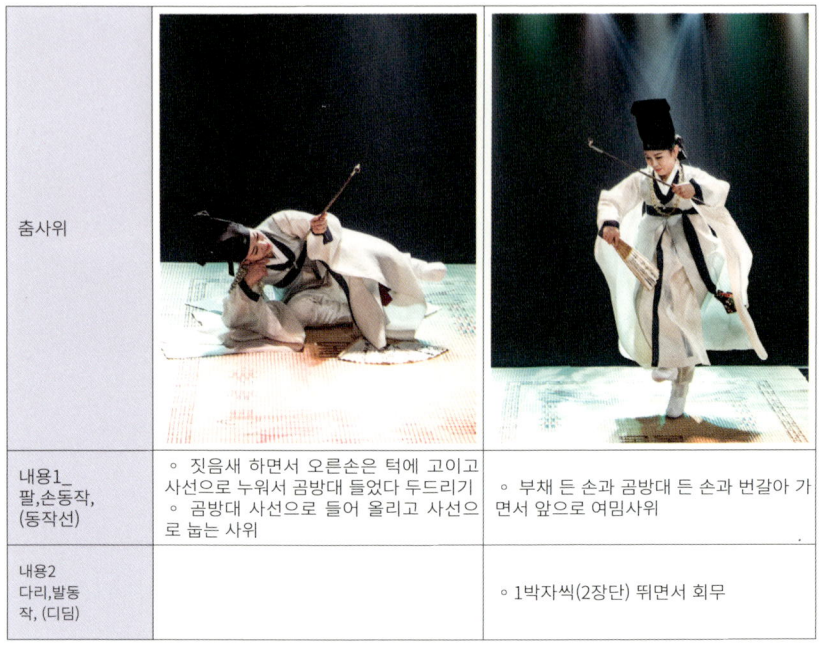	
내용1_ 팔,손동작, (동작선)	○ 짓음새 하면서 오른손은 턱에 고이고 사선으로 누워서 곰방대 들었다 두드리기 ○ 곰방대 사선으로 들어 올리고 사선으로 눕는 사위	○ 부채 든 손과 곰방대 든 손과 번갈아 가면서 앞으로 여밈사위
내용2 다리,발동작, (디딤)		○ 1박자씩(2장단) 뛰면서 회무

춤사위		
내용1_ 팔,손동작, (동작선)	○ 회무하여 오른쪽 사선 쪽으로 곰방대를 허리 앞 부채는 머리 위에서 펴기	○ 부채와 곰방대는 오른쪽 왼쪽 사선으로 번갈아 사채사위
내용2 다리,발동작, (디딤)	○ 1박자 씩(반장단) 머물려 주는 디딤	○ 1박자씩(반장단) 머물려 주는 디딤

춤사위		
내용1_ 팔,손동작, (동작선)	○ 곰방대, 부채를 지그재그로 눌려 주는 사위	○ 곰방대로 부채를 걸치고
내용2 다리,발동작, (디딤)		○ 한쪽 발을 들고 제자리서 머물러 주는 디딤

춤사위	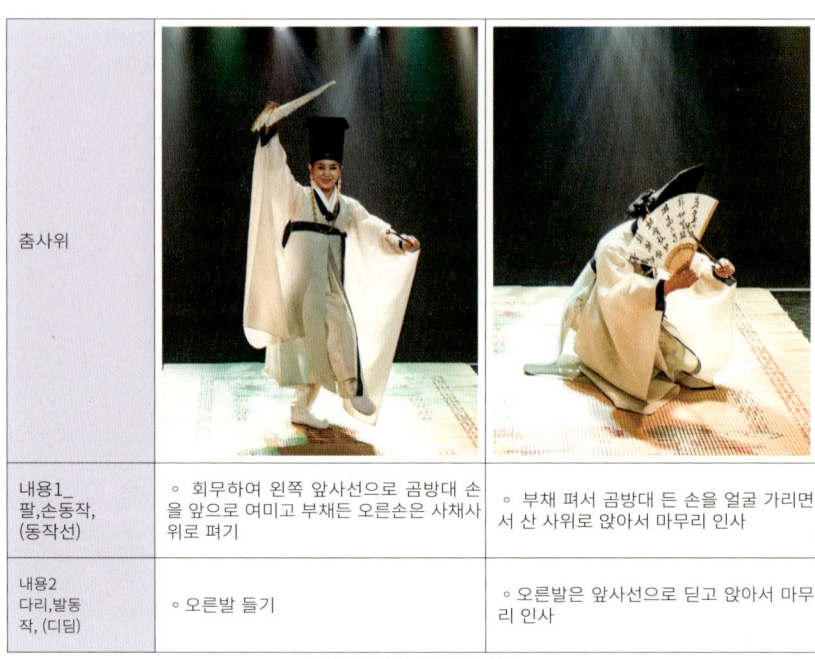	
내용1_ 팔,손동작, (동작선)	◦ 회무하여 왼쪽 앞사선으로 곰방대 손을 앞으로 여미고 부채든 오른손은 사채사위로 펴기	◦ 부채 펴서 곰방대 든 손을 얼굴 가리면서 산 사위로 앉아서 마무리 인사
내용2 다리,발동작, (디딤)	◦ 오른발 들기	◦ 오른발은 앞사선으로 딛고 앉아서 마무리 인사

풍월도 전이연 ⓒ임춘섭

제 4 장

한국창작춤

1. 한국춤의 유형[421]

　한국은 1972년 제정된 문화예술진흥법을 통해 1973년 문예증흥장기계획이 세워지고 같은 해 '한국문화예술진흥원'이 설립되었다. 이후 제5공화국이 출범하면서 경제사회 개발 계획으로 재편하여 경제·사회·문화 등 국가의 중요 요소를 이루고 있는 각 분야를 개혁하는 근대문화혁명으로 발전시켜 나아갈 것을 표명하였다. 제5공화국 정부는 '국풍(國風)81'이라는 문화축제를 연출하여 지역축제와 지역공연장 건립 확대 등의 예술적 행사를 지원하였다.

　사람들은 한국 축제의 대부분이 1980년대 정부의 대표적인 관(官) 축제인 '국풍81'에서 시작되었다고 언급하기도 한다.[422] 이와 같은 시기와 맞물려 정병호는 1976년 전통무용연구회를 발족하였고 문화재위원으로 지내면서 이매방의 살풀이춤, 강선영의 태평무, 하보경의 밀양백중놀이, 공옥진의 병신춤 등 지역에 묻혀 있던 예인들의 현장을 답사하여 발굴하였다. 그는 70년대부터 30여 년간 한국의 민속예능을 조사·연구하여 중요무형문화재 지정에 산파 역할을 맡았으며 이를 통해 묻힌 춤의 재조명을 이끌어 냈다.

　이러한 시대적 배경 속에 축제를 통한 국민의 화합과 애향심, 자긍심의 고취를 위한 문화 발전의 기여는 고유한 문화를 발굴하여 창조적으로 계승·발전·보급시키는 역할을 하였고, 지역문화의 발굴과 함께 새로운 춤 문화가 이식되는 과정에서 정병호의 연구를 중심으로 '민속춤'에서 '전통춤'이란 영역[423]으로 새로이 진행되었다.

---
421) 이찬주(2016) 『우리춤의 현장과 주변』 현대미학사 pp459-466
422) 박원순(2009) 『마을에서 희망을 만나다』 검둥소 p9
423) 정병호의 『한국의 민속춤(삼성출판 1991)』, 『한국의 전통춤(집문당 2002)』에서 발간된 책을 통해 그의 연구가 민속춤에서 전통춤으로 옮겨 간 사실을 확인할 수 있다.

이후로부터 그동안 한국에서의 춤은 때때로 시대적 흐름이 연구하는 주체가 어떠한 가치를 부여하는가에 따라 다른 개념을 지닌 용어로 바뀌어 사용되기도 한다. 이것은 시대에 따라 새로 생긴 신종어일 수도 있고 좀 더 확대된 의미를 지닌 용어로서 광의적 개념의 용어로 사용되기도 하며, 때론 다른 용어로 대체되어 사용되기도 한다. 한국춤의 개념은 춤예술의 시간적 차원과 역사성의 차원에서 다루어진다.

이를 근거로 한국춤은 유형을 무엇으로 인식하느냐의 편차에 의해 다르게 분류될 수 있다. 일반적으로 유형(類型)의 개념은 미학이나 예술학에서 매우 중요한 의의를 지니며 예술의 유형은 창작활동을 지배하는 정신적 원리가 서로 다름에 따라 구분되는 예술 및 예술가의 근본유형이다. 유형은 서로 다른 역사적 조건 가운데 특정한 주제나 개념들이 대상이나 사건들의 어떠한 형태로 표현되는가의 과정을 조망하는 것으로 예술의 종류에 따라 나뉜다. 유형은 예술을 이해하는 중요한 조건이 되기도 하며 이를 통해 예술 제작, 감상, 비평적 해석을 가질 수 있으나 예술적 가치를 나타내기 위한 도구나 수단은 아니다.

유형의 개념은 내부에서의 공통성과 특이성이라는 양면으로부터 규정되며 '구상적인 형'으로 파악될 때, 이것을 일반적으로 유형이라고 한다. 또한 유형의 개념은 어떤 류(類)의 전체에 고유한 형성 원리에 근거하는 질적 통일을 인정하고 그 본질적 특징을 구체적 방향으로 드러내는 것이다.[424]

정병호는 "우리 춤은 총체적 성격을 띠고 있기 때문에 춤의 분류가 매우 어려운 것은 사실이다."[425]라고 하였듯이 춤의 유형 분류는 보통 춤의 표현 기법 이외에도 예술학적·사회과학적·정치적 이념 등에 의해 다양하게 분류될 수 있다. 이에 춤의 유형 분류에서 춤의 기법을 통한 <u>춤의 유형적 연구</u> 접근으로 학자들의 분류를 살펴보았다.[426]

424) 다께우찌 도시오, 안영길 외 역 『미학예술학사전』 미진사 1989 p283
425) 정병호 『한국의 전통춤』 집문당 1999 p259
426) 민족춤에는 여러 개념이 존재하며 한국의 춤에 이념적 개념을 적용시킨 채희완과 김채현의 민족춤은 본 연구의 춤의 기법의 유형에 따른 민족춤의 개념과는 다른 접근에 해당된다.

먼저 성경린은 『한국전통무용』에서 궁중춤, 민속춤, 의식춤으로 나누었다. 궁중춤으로는 가인전목단·무고·수연장·춘앵전 등으로 보았고, 민속춤으로는 승무·살풀이춤·한량무·남무·강강술래·승전무·농악·진주검무 등을 들며, 의식춤에는 일무·작법춤을 포함시킨다.[427]

장사훈은 『한국무용개론』에서 정재무, 일무, 불교의식, 가면춤, 무당춤, 민속춤으로 구분하였으나 궁중춤으로 당악정재무·향악정재무를 들고, 나머지를 일무, 불교의식춤, 가면춤, 무당춤, 민속춤으로 구분하였다.[428]

이병옥은 『한국무용사Ⅰ』을 통해 종교의식춤, 궁중춤, 민간춤, 교방춤으로 분류하였다. 종교의식춤에는 일무·불교의식춤·무속춤을 두었고, 궁중춤에서는 당악정재무·향악정재무를, 민간춤에서는 탈춤·농악춤·허튼춤·소리춤으로 구분하였고, 교방춤은 검무·승무·살풀이춤 등으로 나누었다.

김천흥은 『우리춤이야기』에서 궁중춤, 향토춤, 민속춤, 의식춤, 신작춤으로 나누었다. 고전춤을 궁중춤으로 보아도 무관하다고 하였으며, 의식춤에는 불교의 나비춤·바라춤·법고춤·타주춤과 일무·무당춤을 포함시켰고, 민속춤에 당제·부락제·산신제, 민속적 놀이속의 춤과 가면춤을 포함시켰다.[429]

마지막으로 학계에서 가장 많이 사용되고 있는 정병호의 분류를 알아보겠다. 그는 『한국의 전통춤』을 통해 종교의식춤에 무속춤과 불교춤, 유교춤, 장례춤으로 분류하였고 이 분류 속에서 무속춤에는 신무·축원무, 불교춤에는 바라춤·법고춤 등, 유교춤에는 문무·무무, 장례식 춤에는 다시래기춤·방상시춤·회다지춤으로 나누었다. 민속춤에는 농악춤·탈춤·소리춤·허튼춤·모방춤이 포함되며, 교방춤에는 살풀이춤·승무·태평무·검무·승전무·한량무가 속하고, 궁중춤에는 당악정재무·향악정재

---
427) 성경린 『한국의 무용』 세종대왕기념사업회 1974 p24
428) 장사훈 『한국전통무용연구』 일지사 1977 p35
429) 김천흥, 하루미 외 역 『우리춤이야기』 민속원 2005 p25 pp94-95

무로 나누고 있다. 특히 그는 교방춤을 현재의 공연춤과 같은 용어로서 그 기능을 가진 분류로 보았다.

이찬주는 한국춤의 유형을 인류학적이나 사회학적 범주가 아닌 춤의 수단과 적용에서 향유자, 목적, 공간 그리고 움직임의 표현기법으로 고전춤, 신고전춤, 민속춤, 민족춤으로 나누었다.[430]

한국춤의 유형[431]

고전춤		⇨ 고전춤		민속춤		⇨ 민족춤	
의식춤 (불교, 유교, 전쟁제의)	궁중춤	궁중춤 재구성무	고전적 가치의 춤	교방춤	민속춤	민속춤 재구성무	민족춤
영산재의 작법무-바라춤, 법고춤, 나비 춤,타주춤 종묘일무, 문묘일무 (文廟佾舞) 승전무 (북춤-이순신 을 기리는 춤) 등	당악정재무, 향악정재무- 무고,동동, 포구락헌선도, 오양선,연화대, 몽금척하황은, 처용무, 가인전목단, 무고, 수연장 춘앵전,보상무, 무산향, 헌천화,봉래의 등	심숙경- 봉래의, 무산향 등	한성준- 태평무 김매자- 춤본1, 김현자- 연화연 국수호- 장한가 정재만- 훈령무 조흥동- 한량무 윤미라- 향발무 등	교방-살 풀이춤 교방- 항장무 교방- 한량무	산대놀이 농악춤, 탈춤, 소리춤, 허튼춤, 모방춤 강강술래, 민속-사자 무 등	권명화- 소고춤 김숙자- 내림새 한명옥- 살풀이 춤 송범- 강강술래 조흥동- 회상 윤미라- 진쇠춤 백현순- 달구벌 덧배기춤 등	살풀이춤 승무 한량무 검무 등.. 살풀이춤 승무 한량무 검무 등..
				민속적 의식춤- (무당춤, 승전춤) 등			
불교춤 ⇨ 나비춤, 법고춤, 궁중춤 ⇨ 처용무, 헌선도, 아박, 향발무 ⇨ 학무(鶴舞), 포구락, 회소무 ⇨ 궁중의 무고(舞鼓) ⇨ 고전의 승전무				⇦ 교방항장무 ⇨ 민속사자무 ⇨ 민속의 승전춤			

---

430) 이찬주(2013)『한국고전춤의 개념에 관한 연구』우리춤과 과학기술 P43-45
431) 문헌에 남아 있는 춤들은 주로 무(舞)로서 남아 있으며 그 예로는 검무와 처용무 등 있고, 끝머리에 춤이라는 단어를 넣은 칼춤, 사자춤, 북춤 등과 거의 의미로 사용되며 이들의 기준은 주로 문헌과 구전에 의함이며 논자 역시 무(舞)와 춤을 의미적 구별 없이 사용하였다.

고전춤은 궁중춤과 의식춤으로 나누었다. 먼저 궁중춤에는 신라5종의 처용무·검무·무애무·사선무·선유락과 고려의 5종인 헌선도·수연장·오양선·포구락(抛毬樂)·연화대에 추가된 9종, 그리고 고종 30년 편간된 『정재무도홀기(呈才舞圖笏記)』의 정재로 기록된 춤들로 궁중에서 추어진 춤이다. 하지만 고전춤은 크게는 신라의 춤을 포함한 궁중춤이지만, 엄밀히 고려 시대와 조선 시대의 궁중춤이다. 예를 들어 처용무 같은 춤을 고려할 때, 보다 엄밀한 고전의 형식을 갖춘 것은 고려를 거쳐 조선 시대에 접어들었을 때이기 때문이다.

또 하나의 고전춤의 유형에 포함되는 의식춤은 불교춤과 유교춤 그리고 국가적 전쟁을 위한 제의적 춤인 중요무형문화재 21호로 지정된 승전무(勝戰舞)의 북춤이 포함된다. 승전무의 북춤은 정재의 '무고(舞鼓)'의 형식을 그대로 간직하고 있다. 불교춤에는 불교에서 제의식 때 연행되는 작법무로서 나비춤(착복춤)·타주춤·바라춤·법고춤이 해당하며, 유교춤에는 일무(佾舞)로서 문묘일무(文廟佾舞)와 종묘일무(宗廟佾舞)가 해당된다. 문묘일무는 공자를 비롯한 맹자·순자(荀子) 같은 중국의 성현과 우리나라의 설총·최치원 등의 성현을 위한 의식을 말하고, 종묘일무는 종묘에 모신 제왕과 공신들의 영령을 위로하기 위해 왕이나 왕세자가 직접 헌관(獻官)이 되어 치르는 의식을 뜻한다.

신고전춤(Neo-Classism dance)의 범주 안에는 두 가지 춤이 있다. 하나는 궁중춤의 재구성무이며, 다른 하나는 고전적 가치의 춤이다. 궁중춤의 재구성무는 궁중춤의 요소와 형식 그리고 고전적 재구성을 지닌 춤으로, 심숙경의 무산향이나 봉래의처럼 궁중춤의 특색을 내재시킨 춤이다. 그 외 한성준의 태평무는 고전적 가치를 지닌 궁중춤의 요소를 가진 춤이다. 그것은 그가 근대 초 국가의 관아에서 일하며 고전적 가치를 지향하며 그것을 닮고자 노력한 춤으로, 신무용이면서 고전 속에서 균형미의 가치를 찾은 품격과 미의 춤이었다. 현재 고전적 가치의 춤은 창작적이며 현대적인 춤으로 고전적 품격과 미(美)를 갖춘 춤으로 고

전화를 지향하는 신고전춤이다. 고전적 가치의 춤은 고전이라는 기교(technic)를 포함한 춤이다. 고전적 기교는 앞서 언급한 바와 같이 고려와 조선 시대의 궁중춤과 불교와 유교춤에서 전해 내려오는 작법무과 일무의 춤이 지닌 기교를 말하는데, 이들 고전춤처럼 신고전춤은 고전적 기교를 서로 공집합처럼 내포하고 있다.

김태원은 고전춤을 우아성과 균형미, 그리고 고전적 기교와 부르주아의 후원층을 지닌 춤으로 규정하였고, 현시대에서 고전적 가치의 춤에 김매자의 〈춤본1〉, 김현자의 〈연화연〉, 국수호의 〈장한가〉와 정재만의 〈훈령무〉, 조흥동의 〈한량무〉와 윤미라의 〈향발무〉를 들어 설명하고 있다.[432]

그렇다면 고전춤과 대별되는 민속춤은 어떠한가? 민속춤은 민간생활과 결부된 신앙과 습관, 풍속, 전설, 기술 등 전승문화를 통해 생성된 춤으로 민(民)의 문화로 만들어졌다. 민속의 개념은 반싱거(Bansinger)에 의하면, 촌락과 중하층의 인간집단으로 피지배계급이며 노동계급으로 이뤄진 생활양식과 일상생활의 문화로 보았다. 민속춤은 궁중이나 관아가 아닌 민간에서 행해지는 춤이며 참여성과 오락성을 지닌 춤으로 고전춤과 대별된다. 민속춤의 움직임은 상위질서로부터 해방되어 자유롭게 펼칠 수 있는 의지 표현의 춤이다.

또한 민속춤의 원초적 양식들을 포함하는 춤으로 민족춤(Ethnic dance)이라는 개념은 1940년대에 미국의 춤학자인 라 메리(La Meri)에 의해 처음 소개되었다. 민족춤은 특정한 민족의 전형적인 춤 표현이나 대중적인 춤 표현에서 성장한 토착적인 춤예술로 정의된다.[433] 한 인종이나 민족의 정서와 생활양식을 이해할 수 있는 수단으로서, 하나의 민족이 그것을 춤으로 창조할 때 민족의 가장 직관적이고 감정적 표현이라 할 수 있다. 민족춤은 극장무대로의 수용이 가능하다는 특성을 가지고 있으며 무대 예술로서의 승화된 춤으로, 민속적 표현의 토양으로부터 고유

---
432) 이찬주 2013년 3월27일 김태원과의 대담(對談)
433) 월터테리, 김주자 외 역 『춤을 어떻게 볼 것인가』 현대미학사 1999 p151

한 방식으로 예술 꽃을 피우며 성장하였다.434) 따라서 민족춤이란 특정한 국가나 지역에서 하나의 문화적으로서 연행되는 춤이라 말할 수 있으며, 한국의 민족춤으로는 살풀이춤, 승무, 한량무, 검무 등이 있다.

어떤 시대의 어떤 역사도 확연한 구분을 짓는 시기와 분류는 없는 것처럼, 인간의 춤문화도 과거의 계층이 엄연히 존재하는 생활 문화 속에서 언제나 서로 간의 유입은 있어 왔다. 제르멘느 프레뒤모(Germaine prudhommeau)에 의하면,435) 서양춤 발레도 그 춤의 기법이 서양궁중의 사교춤은 물론 농민춤의 기법도 유입되어 궁중발레로 전환되었다고 말하는 것처럼 춤 간 유입 현상은 과거부터 현재까지도 꾸준히 지속되고 있다. 춤의 개념연구에서는 춤의 유형을 분류하는 데 혼선을 피하기 위해 고전춤과 민속춤, 교방춤 간의 유입된 춤을 표를 통해 제시하기도 했다.436)

정리하자면, 춤은 수단과 적용에서 향유자·목적·공간을 기반으로 한국의 고전춤과 한국의 민속춤으로 크게 나뉘나, 이것이 수직적 계층에 근거한 계층 간의 이분법적 논리, 즉 상류층과 중하류층에 전적으로 기반을 둔 것은 아니다. 한국춤의 유형은 춤의 기법에서 조화·균형·질서·정형화를 둔 움직임의 고전춤과 신고전춤을 포함시켰으며, 감정과 자유스러움, 불균형을 둔 움직임의 춤의 기법에 한국의 민속춤·교방춤·민족춤을 포함시켰다. 결국 한국 고전춤은 자유스러움과 정서를 불러일으키는 민속춤, 교방춤과 대별되어 규칙의 미와 주체하는 향유자의 만족을 주는 미로 형식을 지닌 춤에 속한다.437)

---

434) 허영일 『민족무용학』 시공사 1999 p60
435) 제르멘느프뤼도모, 양선희 역 『무용의 역사1』 삼신각 1990 p268
436) 이찬주(2016) 『우리춤의 현장과 주변』 현대미학사 p466
437) 이찬주(2013) 『한국고전춤의 개념에 관한 연구』 우리춤과 p46

2. 한국창작춤의 태동

 예술사에서 30년에서 40년이 되면 그것은 역사가 된다. 춤계에서 '한국창작춤'이 한 예술 장르로서 40년 정도 지속되었다는 점에서 가히 역사를 만든 것이라는 말은 결코 과장이 아니다. '한국창작춤'이 4세대에 이른 지금에도 여전히 진화하고 있는 이때, 용어 태동의 역사를 한 번쯤 되짚어 보아야 할 시점이다.

 1962년 저드슨 춤단체는 뉴욕 다운타운에 있는 저드슨 메모리얼 교회에서 20대 젊은 안무가들이 실험춤 작업을 발표한 데에서 비롯되었다. 이본 레이너, 데보라 헤이, 데이비드 고든, 루신다 차일즈, 스티브 팩스턴, 트리샤 브라운 등이 주요 멤버였다.[438]

 부토(舞踏)는 1950년대 말 히지카타 다쓰미(1928~1986)를 시작으로, 그 출발은 미국의 포스트모던 댄스보다 조금 더 빨랐다.[439] 부토는 얼굴에 하얀 칠을 하고 끓어오르는 정념의 억제를 색다르게 전환하려는 변신의 의지를 포함한다. 포스트모더니즘이 탈근대적이라면, 부토는 전근대로의 환원으로 동양적 심신 일원론을 기반으로 한 것이었다.[440] 제2차 세계대전 패전 후 일본이 정신 회복을 외치며 등장한 춤인 만큼 지극히 일본적이다.

 또 다른 포스트모던 춤문화의 한 축인 피나 바우쉬의 탄츠테아터(Tanztheater)는 유럽 춤계에 큰 영향력을 미쳤다. 피나 바우쉬는 1973~74 시즌에 현대무용단 '부퍼탈 탄츠테아터'를 맡게 된 후 만든 작품들에 대사와 춤, 문명비판적 요소와 특유의 유머러스함을 담아낸

---

438) 이찬주(2019)『뉴욕현대미술관에서 춤을 만나다』충청투데이 2019.3.26.
439) 이찬주(2007)『춤예술과 미학』금광 p222
440) 가미자와 카즈오, 국수호 역(2000)『20세기 무용사』현대미학사 p200

다. 피나 바우쉬가 다루는 주제들은 '경험극'에서 일상의 움직임을 비고정화된 상태로 반복성을 각인시키고 관객에게 말을 건네며 상호 관계를 발생시킨다.441)

점차 한국춤계에도 '포스트모던의 춤문화' 특징이 관찰되기 시작했다. 관습적 테크닉이 아닌 신체성의 강조와 즉흥적 움직임, 재강조되는 극성(劇性)과 감정의 깊이, 패러디와 유희성, 퍼포먼스성이 등장한 것이다.

'한국창작춤'은 1990년도까지 공식적인 명칭이 없었다. 어떤 사람은 '창작무용', 어떤 사람은 '새로운 한국무용' 또는 '한국의 현대무용', '이 땅에 새로운 춤'(채희완) 등 저마다 다른 이름으로 불렀다. 그러던 것이 1990년대 들어서면서부터 대체적으로 '한국 창작무용' 또는 '한국 창작춤'이라고 불렀고 창작춤 앞에 '한국'을 붙이기도 하고 때론 붙이지 않기도 했다.

김태원은 비평가로 활동하면서 '한국창작춤'이란 용어를 비평적관점에서 처음 정의내리며, 그리고 많이 사용했다. 그 명칭이 인식되어 귀에 꽂히게 된 것은 90년대 중반 이후부터다. 김태원 비평가는 김매자 선생과의 일화를 언급했는데, "김태원 선생님이 쓰시던 '한국창작춤'이라는 말이 이제 우리 무용가들의 머리에 꽂혔습니다."442)라고 했듯이 이 용어는 춤계에 자리 잡아 갔다.

'한국창작춤' 용어는 1990년에서부터 지금까지 이어져 오고 있다. 필자는 1992년 김태원의 저서 『춤문화론』(1991), 『문화와 춤의 전망』(1991)을 통해 당시의 그가 정립한 새로운 개념의 용어를 배웠다.443) 그것이 진정 우리 춤문화에 어떻게 정착할 수 있을지에 대한 약간의 의구심을 가진 적이 있다. 사실, 용어란 계속되는 쓰임 속에서 남게 되기 때문이다. 그러나 그가 사용한 '한국창작춤'이란 용어는 처음에는 생소했

---

441) 이찬주(2017) 「피나바우쉬 스위트맘보」 『공연과 리뷰』 p159
442) 이찬주 외 7인(2020) 『김태원과의 대화』 춤비평역사연구회 2020.7.15.
443) 김태원은 1992년 한양대학교 대학원에서 자신의 강의를 통해 새로운 용어의 한국창작춤 용어개념을 가르쳤다.

지만 널리 사용되고 있다. 즉, 언어란 지속적으로 말하고 사용하여 후세에 남게 된다는 것은 여러 의미가 있다.[444]

 '한국창작춤'을 살펴보는 것은 다양한 각도에서 바라보는 계기를 마련하여 한 장르로서 굳건히 선 '한국창작춤'의 역사적 기록의 살펴보는 작업으로 그 필요성을 지닌다. 현대춤은 처음 현대무용을 지칭하던 말이 '동시대에서 장르의 다름을 넘어 현대성을 지칭'한다는 뜻으로 좀 더 넓은 의미로 쓰이기 시작한 것이다. 그래서 현대춤은 좁은 의미로 현대무용을 지칭하지만, 동시에 넓은 의미로 현대적 가치를 추구하는 창작 행위를 모두 포함하게 된다. 그렇다면 그 개념 안에 기존의 현대무용과 새롭게 융기하는 '한국창작춤'이 다 포함되는 것이라고 하겠다.

한국창작춤 1~4세대[445] (현대 → 후기현대)

1세대	김매자, 문일지, 정재만, 배정혜, 김현자, 임학선, 채상묵, 김숙자, 국수호, 조흥동
2세대	임현선, 최은희, 이노연, 윤덕경, 한상근, 김삼진, 오은희, 황희연, 백현순, 김영희, 이종호, 강미리, 김효분, 이애현, 정은혜, 홍경희, 윤성주, 장유경, 김은이, 윤미라, 김운미, 손인영, 정혜진, 김은희, 최지연, 강미선, 김수현
3세대	박시종, 이미영, 김기화, 신은주, 윤수미, 김지영, 태혜신, 은혜진 하연화, 정신혜, 김용철, 김종덕, 김윤수, 지제욱, 장현수, 김유미, 김진미, 노현식, 한효림, 홍은주, 이미희, 이희자, 김혜림, 황재섭, 김신아, 김정아, 송영선, 김충한, 윤혜정, 송영선
4세대	정향숙, 유혜진, 안지형, 정보경, 서연수, 김진현, 정향숙, 서경희, 박수진, 김수정, 이영림, 이금용, 장미란, 김윤경, 이정윤, 이윤희, 김현태, 김설리, 박연술, 정길만, 김소영, 강요찬
동인제적 집단	창무회, 디딤무용단, 임학선 위무용단, 김운미 쿰무용단, 전미숙 무용단, 무트댄스, 김형희 트러스트무용단, 김혜정 블루댄스시어터, 최원선 무용단, 부산(배김새, 강미리 할무용단, 신은주 무용단), 대구(장유경무용단과 현대무용가 유연아), 인천(인천시립무용단의 박성식과 김윤서), 청주(청주시립무용단의 강민호, 전건호, 박정한 등)

---

444) 이찬주(2022)『춤, 사람 그 생동하는 기록』위시앤 p41
445) 해당 표는 김태원, 장승헌, 정은혜, 최성옥, 태혜신, 김예림 등 조언을 참조. 이 도표에서 한국창작춤에 그어진 점선(화살표)은 일부가 후기현대로 가고 있음을 의미한다. 또한 1세대는 그들도 상당 부분은 알게 모르게 포스트모던 미학의 영향을 가지고 있다고 할 수 있으며, 2세대부터는 포스트모더니즘과 직접적인 관계를 맺는다.

한국창작춤은 독자적 장르화의 춤의 세력화를 이루며 한국춤예술의 방향을 크게 현대화시켰다. 이 중 절충적 흐름의 경우, 그들의 춤 작업이나 레퍼토리에 현대무용수를 과감히 참여시켜 서구 현대무용적 미학을 그들의 춤에 접목시켰다. 이른바 작품의 주제 전달을 위해 동시대의 현대무용에서 많이 쓰이던 즉흥적 테크닉을 한국춤에도 끌어들이며 보다 자유로운 창작춤의 흐름을 지배하였다.[446]

컴퓨터 상용화와 그에 따른 생활환경 속에서 이미지성의 확산 및 다매체성이 증폭하였다. 그리고 장르의 경계가 모호해지는 성향이 폭넓게 전개되고 있기 때문에 어떤 테두리나 형식에 갇힐 필요가 없다는 생각이 특히 젊은 세대층에 깊게 자리 잡기 시작했다. 한국창작춤은 서구 극장춤 미학의 단순한 수용을 넘어 한국적인 극장적 볼거리를 제시했다.[447] 이로써 한국창작춤은 한국 전통춤의 언어를 새롭게 변화시키는 운동으로 번졌으며, 전통춤(민속춤)을 현대적 춤과 구별 짓지 않으면서 그것을 융합시켜 가는 작업을 시도했다.

누군가 춤이 역사 속에서 정리되지 않으면 오늘의 춤이 존재할 수 없다고 했듯이 여러 각도에서 '한국창작춤'은 그 예술적 위용이 충분히 기록되어야 할 것이라 여겨진다.[448]

---

446) 이찬주(2023) 『춤, 사람 그 생동하는 기록』 위시앤 p44
447) 김태원 『후기현대춤의 미학과 동향』 현대미학사 1992 p109
448) 이찬주(2021) 『한국창작춤 용어의 태동과 경향』 「우리춤과 과학기술 54집」

3. 한국창작춤 40주년 좌담

    2019년 4월 16일 『공연과 리뷰』와 두리춤터 주최로 창작춤 40년을 기념하는 대화 모임을 서울 동숭동(다비앙코)에서 가졌다.
    안무가와 춤비평가를 아울러 다수가 참석했는데 먼저 안무가로는 창작춤 1세대인 국수호(디딤무용단 예술감독)를 비롯하여 2세대 임학선(두리춤터 대표, 성균관대 석좌교수), 손인영(국립무용단 예술감독), 3세대의 김기화(안무가, 비평가), 신은주(신은주무용단 예술감독), 김지영(창무회), 윤수미(윤수미무용단 대표, 동덕여대 교수), 4세대의 정향숙(임학선 댄스위), 서연수(한양대교수) 등이 참석했고 김태원(『공연과 리뷰』 편집인), 장석용(한국예술평론가협회 회장), 이찬주(이찬주춤자료관 대표), 최윤영(충남대학교) 등 춤비평가 4인에 이어 정한결(동덕여대)과 최원선(The 춤연구원 디렉터), 김명현(경기대 연구원), 박자은(성균관대 연구원)이 참석하였다. 김용철(전 부산시립무용단 예술감독)의 사회로 진행된 이날 토론회는 별도의 발제자 없이 자유로운 발언과 토론으로 약 두 시간 동안 이어졌다.
    김용철은 오늘, 서울행 KTX 안에서 스마트폰을 들여다보는 승객들 사이에서 책을 보니까 자신이 이상한 사람처럼 여겨졌다고 운을 떼면서 스마트폰 사용의 장단점을 언급했다. 스마트폰으로 정보를 실시간으로 공유하는 것은 장점이나 가장 친한 친구의 전화번호도 폰의 연락처를 보지 않고는 모른다는 것이다. 하지만 변화의 속도가 빠른 시대에 몸으로 기억하는 직업에 종사하고 있는 것이 좋은 일인 것 같다면서 오늘의 작은 모임이 한국의 춤을 돌아보며 발전을 꾀하는 자리라 여겨진다고 말했다. 그는 '창작춤 40년에 역사와 방향 그리고 미래'에 대해 자유롭게 이야기하고 자신이 속한 춤 단체에 대해서도 편안하게 대화를 나눠 보자고 덧붙였다.

이날 토론회 주최 측인 『공연과 리뷰』 편집인 겸 춤비평가 김태원은 개인적으로 모임의 두 가지 목적을 언급했다. 하나는 몸이 불편하여 움직임에 용이하지 않은 상태에서 여러분을 함께 만나 시간을 아끼며 차 한 잔 마시며 춤계 소식을 주고받으면서 즐거운 시간을 갖는 것이라고 말했다. 뉴욕에는 평론가와 무용가가 만나는 공간이 뉴욕 브로드웨이 57번가 부근에 있는데 '러시안 티룸'이며 그곳은 유명한 스타들이 평론가들과 격의 없이 만나 커피를 마시는 장소라고 한다. 우리에게는 그런 곳이 없음을 아쉬워하며 자주 만나자고 했다.

또한 그는 처음 창작춤에 관한 글을 쓴 것(『춤』지 발표)이 컬럼비아 대학원 다닐 때인 1985년이며 그해 4월 김매자 선생의 뉴욕 리버사이드 교회 공연에 대한 것이었다고 말했다. 창작춤이라는 장르도 없었던 그때로부터 지금까지 창작춤 공연을 본 것이 30년이 넘고 서울과 각 지역의 무용가들, 안무가들 등 많은 사람들의 창작춤과 관련한 평을 생각보다 많이 써 왔다고 밝혔으며, 중요한 창작춤 관련한 공연 사진 자료들도 더러 가지고 있다고 했다.

이에 그는 창작춤의 대가들도 오셨으니 이분들이 어떤 생각을 가지고 있는지 함께 나누자면서 우리가 창작춤 40년을 그냥 지나가면 안 된다고 역설했다. 또한 두 번째 목적을 언급하면서는 "춤의 예술적인 역사를 아무도 기억하지 않고 아무것도 아닌 듯 그렇게 지나가고 있다. 우리가 갖는 이 모임은 역사를 기억하고 되새김하고 또 어떤 역사를 한번 만들어 보자는 모임"이라며 취지를 밝혔다.

이에 국수호 예술감독은 안무가를 포함한 무용인의 교류의 세태에 대해서 말했다. 김태원 선생이 모임을 갖는다기에 기꺼이 왔다는 그는 최근 몇 년 사이에는 무용인들 사이에서 공연 정보도 없고 혹 공연장이나 사석에서 만나더라도 통성명을 하거나 연락처도 모른 채 각자의 작업에만 집중하는 것에 대해 서로 반성해야 하는 것이 아닌가 말했다. "나이 칠십이 되어서까지 작품을 하지만, 여러분들이 와서 보지 않으면 창작춤이 무슨 의미가 있겠는가. 나는 꼭 봐야 하는 것은 제주도라도 가서 본다. 우리 후배 춤작가들이 저렇게 하고 있는데 나는 어떻게 해야 하는가, 또 다른 작가 입장에서도 살펴본다. 이제는 돈독하게 서로를 알면서 갈 필요가 있겠다. 서로의 잘못을 반성도 하고 이 작품의 부족한 것은 무엇인지 깨달으며 발전이 되는 것이지, 만일 선생이 잘했다니까 그걸로 끝나서 안도감에 창작을 한다면 그건 참 불행한 일이다."

다른 한편 그는 춤작가에게는 인문학적 '멘토'로서 작곡가도 소설가도 있어야 한다며 그 자신의 예를 들어 말했다. 즉 작업이 풀리지 않을 때 이어령 선생이나 친구인 도올 김용옥과 이야기를 나눈다거나 음악 작업과 관련해서는 박범훈, 김홍준, 김상조, 조석현 등 다양한 스타일의 작곡가와 대화를 나눈다는 것이다. 의상에 대해서도 마찬가지다. 그러나 요즘엔 그렇게 물어보는 사람이 없는 것 같다고 한다. 미처 생각을 못하는 건지 타인의 의견을 거부하는 건지 스스로 자신감이 있는 건지 모르겠지만, 현명한 자를 곁에 두고 살아갈 필요가 있다고 그는 말했다.

임학선 교수는 춤 역사 기록에 관해서 "춤이 역사 속에서 정리되지 않으면 오늘의 춤이 존재할 수 있을까?" 의문을 품으면서 "우리 전통의 기억에 대한 되새김"이라는 김태원 춤비평가의 말에 공감했다. 임 교수는 창작춤 40년에 이른 지금, 창작춤이 10년 단위로 그 패턴이 바뀌어 온 것 같은데 40년이 흐르는 동안 무용인 간의 대화가 거의 단절되어 온 것이 오늘의 상황을 낳은 것이 아닌가 하며 국수호 예술감독의 지적에 공감했다.

한편 임 교수는 창작춤 기록으로 자신의 최근 저서(『임학선 안무노트』, 『임학선 안무론』 등 성균관대 출판부 출간 저서 4권) 출간을 언급하며 나름 창작의 중간 과정을 결산하는 일이었으며 창작 작업을 돌아보는 하나의 모델이 되지 않을까 생각한다고 말했다. 창작춤 1세대에 속하는 임 교수는 소극장(두리춤터) 운영에 관하여 운영하는 것 자체가 부담스럽고 어려운데, 공연을 하기도 어렵고 공연을 하는 사람도 한정되어 있는 점을 이유로 들었다. 개인적으로 '2012 두리춤터의 테마가 있는 한국춤 시리즈'를 통해 전국의 춤을 다 보려 하고 있다며, 춤을 만드는 것만큼 다른 사람들의 춤을 보는 것이 필요하고 자신의 작업에 대해서 공개된 자리에서 말해 주는 것이 창작춤 40년을 돌아보고 정리하는 한 방법이 아니겠느냐고 말했다. 그러면서 "무용계에 정말 새로운 역사를 써 가는 시점이지 않을까?"라고 덧붙였다.

같은 2세대에 속하는 손인영(국립무용단)은 시대가 빠르게 변화하고 시간도 순식간에 지나간 것 같은데도 무용계 '어른' 선생님들의 여전한 존재에 대해서 놀라워했다. 그녀는 현재 '늙은 중견'으로서 요새 고민이 좀 많다고 했다. "국공립 단체(제주도립무용단·인천시립무용단)에 있다가 나와 보니 뭔가를 혼자 한다는 것이 어렵고 두렵다. 젊었을 때 많이 했으니까 젊은 좋은 친구들을 위해 이제 조금 해야 하나. 게다가 젊은 친구들이 국공립 단체 많이 들어오는데 우리(중견)가 가야 할 곳은 어딘가, 무용가로서 자기 삶을 바쳐서 이루어야 하는 예술 세계이고 나이가 들어서 특히 그 세계를 어떻게 가지고 가야 하나, 이런 것들을 혼자서 생각한다. 여전히 예술혼을 불태우는 선생님들, 또 여기 와서 젊은 분들의 생각도 많이 알아 가고 싶다."

그 아래 세대인 김기화 춤비평가는 한국창작춤이라는 개념도 없이 춤을 추어 온 것이 4세대까지 왔다면 이제는 창작춤의 패러다임을 규정할 수 있지 않겠느냐고 말했다. 그리고 앞으로 이 패러다임이, 한국창작춤 장르가 신무용에서 창작춤으로 간 것처럼 또 다른 변화를 꾀하지 않을까 생각한다고 덧붙였다. 또한 그녀는 춤 현장에서 맞닥뜨리는 고민에 대해서 토로했다. 주로 무용은 학교 중심이거나 무용단 중심, 또 독립무용가 이 세 가지로 활동을 나누어 볼 수 있지만 독립 무용가라는 사람들이 학교와 연결되어 있다고 하면서도 순수하게 독립 예술을 하는 것이 고통스럽지 않았던 적이 없다는 것이다.

그녀는 "경제적인 면부터 예술적인 고뇌까지 자기를 뛰어넘는, 자기만의 세계에서 벗어나는 단계가 의문스러웠어요. 대가들한테 도움을 받을 수 있는 입장도 안 되고 대가들한테 도움을 받을 수 있는 사람은 그나마 주목받거나 주목받을 수 있는 환경에 있는 사람들이었어요. 주목받지 못하는 상황에서 직접 찾아다니면서 공연도 보고 전시회도 가 보는 등 답이 없는 답을 찾으려 했던 것 같아요."라고 말했다. 또한 앞으로 다양화되어 가는 시대적 변화에 뒤떨어지지 않으려면 어떤 노력을 해야 하는지 심각하게 생각해 봐야 할 것 같다고 덧붙였다.

춤 현장에서 활동하는 안무가들의 말에 이어 이번에는 비평과 자료 측면에 관한 이야기를 들어 보았다. 필자는 30대에 국립극장 소극장에서 〈엇갈린 인연의 슬픈 왈츠(안무)〉(2003) 작품을 공연하면서 너무 힘들었는데, 오늘 참석한 분들이 겪는 창작의 고통을 충분히 이해할 수 있었다. 현재는 춤비평가로서 또 자료관 대표로서 공연 기록에 중점을 두고 있는데, 아무리 분주히 다녀 보고 싶은 공연을 다 볼 수 없고 잠자는 시간을 쪼개어 글을 쓰는 지경이다.

그즈음 김태원 선생님이 조언을 해 주셨는데, 모든 작품을 평론가가 다 볼 수는 없으니 춤작가를 선정해 연구하는 것이 좋겠다는 것이다. 필자도 공감하는 부분인데, 원고를 쓰다 보면 어느 부분이 다른 부분과 연결되기도 하고 그전에 보았던 작품에서 그 실마리나 해답을 찾을 때가 있다. 지속적으로 공연을 보는 것이 중요하며, 그렇게 해서 한국창작춤 4세대까지의 공연 기록에 조금이나마 기여할 수 있으리라 여긴다.

사람을 좋아해서 춤을 좋아한다는 장석용 회장은 춤을 본 지가 20년쯤 되었으며 아울러 인접 장르인 미술·전통·음악 등 전시나 연주회도 다양하게 보았다고 한다. 춤 공연이 많아 때로는 사전에 계획을 세워 보게 된다면서 최근에 라오스·방글라데시·연변·네팔에 가서 춤 공연을 보고 왔다고 한다. 다른 평론가들이 왜 안 왔는지 의문이었고, 그 정도는 잘 살펴봤으면 좋겠다고 그는 말했다.

모아진 기록들로 언제 책을 낼 수 있을지 아직 모르지만 꾸준히 정리하려고 한다는 그는 공연 사진의 중요성을 언급했다. "어떤 안무가에게 '정년퇴직할 때까지 사진 좀 주세요.' 하면 몇 년도 공연 사진은 없다 하시는 분들이 많다. 사진은 공연 자료이며 개인적인 스토리로 시대 상황을 연결시켜 준다. 본인도 좋지만 주변 분들도 그런 자료들로 공부가 많이 된다는 것을 알아야 한다."고 장석용 회장은 말했다.

윤수미 교수는 최근 해외에서 한 시간짜리 공연을 마치고 돌아왔다고 했는데, 공연자들이 비전공자이면서도 전공자 못지않게 표현력이 뛰어나고 에너지가 넘쳐서 정말 놀라웠다고 감탄했다. 한 시간짜리 공연이었는데 우리 같으면 부끄러워서 그런 표현을 못했을 텐데 굉장히 놀랐고 우리도 무용 영역을 넓혀야 하지 않나, 자극을 받아 왔다고 말했다.

그들이 그녀의 작품을 보고 한국적인 선(線)에 대해서도 칭찬을 많이 해 줬고 정서적인 것, 동양적인 것을 느끼며 굉장히 감명받았다고 전해 주었다. 하지만 국내 실상은 조금 어렵다고 그녀는 토로했다. "무용과가 요즘 많이 힘들다. 무용 말고 다른 것을 해 보라는 말도 들었다. 하지만 그럴 것이 아니라 앞으로 힘들기 때문에 춤에 대한 열정을 심어 주는 것이 더 중요하다."고 생각한다며 더 열심히 하리라고 그녀는 말했다.

부산을 거점으로 창작을 하고 있는 신은주 예술감독은 이다음 세대와도 공감대를 형성하며 선배들의 공통된 말씀인 "하나가 되어야 한다."는 말을 새기며 활동해야겠다고 말했다.

춤비평가 최윤영은 좋은 말씀 많이 듣고 생각할 거리를 얻어 간다며 이런 생각과 아쉬움이 이 자리에서 끝나는 게 아니라 실천으로 이어졌으면 좋겠다고 말했다. 그녀는 또한 이야기를 공유하는 분위기가 이루어지면 자연스럽게 후배들이 함께할 수 있으리라 보았다.

이에 대해 가장 어린 축에 드는 서연수는 오늘 이 자리를 통해 스스로 더 많은 공부를 하고 가는 것 같다고 입을 떼면서 "창작춤을 추면서 늘 고민하고 있는 부분 중 하나가 융복합 시대에 맞춰 작품 활동을 하되, 우리춤의 본질을 잃지 않고 그 뿌리를 어떻게 현시대에 맞춰 갈 수 있는지에 대한 부분인 것 같다."고 자신의 안무 방향에 대해 말했다. 지난 40년간의 그 길을 지키면서 현시대에 맞춰 가야 한다며 춤의 본질 그리고 진정성을 늘 고민하며 춤이 객이 아닌 주가 되어 진정성 있는 이야기를 할 수 있는 안무자가 될 수 있도록 노력하겠다고 그녀는 말했는데, 그것은 그녀만의 생각이기보다는 창작춤을 추는 이들 모두에게 해당되는 말이 아닐까 싶다.

현 창작춤계의 이야기가 나온 뒤에 춤비평가 김태원은 한국창작춤의 역사를 돌아보며 간략히 짚어 갔다. 그에 따르면 대한민국무용제가 시행된 1979년부터 창작춤의 첫 모습이 나타났고 1980년 들어 확실히 한국의 창작무용이 완전한 모습을 드러냈다. 갑자기 창작춤이 나온 것이 아니라 임학선에 의해 1978년 제1회 창무회 발표회에서 그 기미가 엿보였으며 1977~78년 배정혜·김현자가 창작춤을 만들었다. 또한 그는 80년대 창작무용이 다 만들어졌다기보다는 5년 정도의 준비 기간이 있었다고 보았다.

이어 그는 그다음에 알아야 할 것이 1990년도까지 창작춤에 대한 공식적인 명칭이 없었다는 점이라고 했다. 어떤 사람은 '창작무용', 어떤 사람은 '새로운 한국무용' 또는 '한국의 현대무용', '이 땅에 새로운 춤'(채희완) 등 저마다 다른 이름으로 불렀다. 그러던 것이 1990년대 들어가면서부터 '한국 창작무용' 또는 '한국창작춤'이라고 대체적으로 불렀고, 창작춤 앞에 '한국'을 때론 붙이기도 하고 붙이지 않기도 했다. 그 명칭이 인식되어 귀에 꽂히게 된 것은 90년대 중반 이후부터다. 김 비평가는 김매자 선생과의 일화를 언급했는데, 그분이 "(김) 선생님이 쓰시던 한국 창작춤이라는 말이 이제 우리 무용가들의 머리에 꽂혔습니다."라고 했단다.

또 예술사에서 30년에서 40년이 되면 그것은 역사가 된다고 하였다. "우리는 창작춤의 역사를 만들었다. 국수호·임학선 선생님이 여기 계시지만 우리가 역사를 만들었다. 고귀한 분들이 역사에 참여하셨고 그것을 기억해야 되는데, 그러지를 못한다. 이제는 50대가 창작춤을 이끌어 가야 한다. 윤수미, 김기화, 김용철, 김지연 다 50대다. 이들이 주인공이다. 교육을 잘하는 삶도 천재라고 하지만, 유명한 독일의 미학자 테오도어 아도르노는 장르를 창조하는 것이야말로 굉장한 천재라고 하였다. 우리는 알게 모르게 장르를 만드는 사람들이다. 내가 평론가로서 이런 자리를 앞으로 계속 만들 수 없고, 시상식에서 상을 주는 것은 이제 여러분들이 해야 할 시간이 되지 않았나 생각한다."

춤비평가 김태원은 사실 50대를 '푸시'하려고 나왔다고 농담처럼 말했지만 결연한 분위기를 띠기도 했다. 그의 말인즉 "총대를 들고 칼을 들고 일단 싸워야 하지 않겠나." 하는 것이었다. "윤수미 교수는 모든 역사를 보관하는 장터를 열고 김용철은 거품을 물고 제2의 한상근이 되는 등 춤을 추고 춤을 만드는 이들이 스스로 나서야 한다."고 촉구했다. "그렇지 않으면 젊음이 죽는다."고 그는 짐짓 엄포를 놓기까지 했다.

한 예술 장르가 40년 정도 지속되었다는 것이 가히 역사를 만든 것이라는 말은 결코 과장이 아니라고 여겨진다. 한국창작춤은 여전히 진화하고 있다고 본다. 그리고 창작춤 4세대에 이르렀다. 창작춤에 대한 개념의 정립 및 관련 자료를 수집하고 기록하는 것은 춤계에서 진즉에 논의되었어야 할 일이었다.[449]

---

449) 이찬주 『창작춤 40년의 역사와 방향』, 「공연과 리뷰」 104호 2019년 여름호

부록

한국춤의 저작권 문제

– 이매방류 〈삼고무〉와 최종실류〈소고춤〉을 중심으로[1]

 2018년 12월, 방탄소년단(BTS)의 제이홉이 '2018 멜론뮤직어워드'에서 〈삼고무〉를 활용한 퍼포먼스를 선보여 화제가 되었다. 그해 1월 우봉 이매방(1927~2015) 유족 측인 우봉이매방아트컴퍼니(대표 이혁렬)는 〈삼고무〉, 〈오고무〉, 〈대감놀이〉, 〈장검무〉에 대한 저작권 등록을 마쳤다(법 제53조). 이후 유족 측은 〈삼고무〉, 〈오고무〉를 활용한 공연을 올린 국립무용단(향연)과 국립국악원 전통문화학교로 내용증명을 보냈다.
 이러한 상황에서 제자 측인 우봉이매방춤보존회는 "전통 무형문화유산의 사유화를 반대한다."며 당시 청와대 국민청원으로, 유족 측은 "허위사실 유포와 명예훼손"이라는 민원으로 팽팽히 맞섰다. 문화체육관광부와 문화재청은 조정안 역할에 고심했고 결국 이 사건은 법정까지 가게 되었다. 법원(서울중앙지법)은 2022년 4월 29일자 화해권고 결정문에서 "〈삼고무〉, 〈오고무〉, 〈장검무〉, 〈대감놀이〉의 총 4개 안무는 고(故) 이매방의 창작물"로 유족이 이에 관한 저작권을 승계한 저작권자라고 결정했다. 이로써 저작권자의 승인 없이 공연이나 홍보, 교육 목적으로 이용할 수 없게 되었다.
 2018년 같은 시상식에서 방탄소년단의 또 다른 멤버 지민의 〈부채춤〉 퍼포먼스도 무대에 올랐다. 〈삼고무〉와 〈부채춤〉은 근대에 만든 '신무용' 계열의 춤이다.
 이매방은 스승 박영구로부터 외북을 배워 〈삼고무〉, 〈오고무〉, 〈칠고

---

[1] 이찬주 『춤, 사람 그 생동하는 기록』 위시앤 2022 pp23~26

무〉, 〈구고무〉, 〈십일고무〉를 창작하였고(1940년대 후반~1950년대 중반) 김백봉은 스승 최승희의 독무 〈부채춤〉을 계승·발전시켰다. 김백봉류 〈부채춤〉은 2014년 10월 이북5도 무형문화재 3호로 등록되었다. "신무용을 전통춤으로 볼 수 있느냐?"는 논란이 일었지만, 무용가들은 「문화재보호법」이 근대문화유산까지 포괄하는 만큼 신무용도 미래에 전통이 될 것으로 판단했다. 문화재로 채택되지 않은 〈삼고무〉와 〈오고무〉의 경우는 저작권 등록을 택했다.

한국의 춤계에서 저작권 등록은 최종실류 〈소고춤〉이 최초이며 2017년 6월 한국저작권위원회에서 등록 허가를 받았다(제C-2017-102541호). 최종실은 창작자의 동의 없이 원형이 변형되는 사례들이 있어 소고춤이 지닌 가치와 체계가 제대로 전승되길 바라는 마음이라고 밝혔다. 최종실류 〈소고춤〉은 가락이 짜임새 있고 경쾌하고 몰아치는 춤사위가 특징이다. 최종실은 1957년 부친 최재명(1905~1908)으로부터 소고춤을 전수받아 그 맥을 잇고 있다. 한동안 무대에 자주 올랐던 최종실류 〈소고춤〉이 거의 보이지 않고 서한우의 〈버꾸춤〉이 전통춤 현장에 더 많이 등장하는 까닭이 저작권 등록 때문이라고도 알려져 있다.

자신이 추었던 형태의 춤이 아닌 변형된 춤을 보는 창작자의 고심하는 마음도 충분히 이해될 만하다. 이매방 경우는 생전에 자신의 춤이 훼손되지 않기를 바란다고 표명했다. 그러한 유지를 따르는 의미에서 유족 측이 〈삼고무〉를 포함한 4개 종목의 저작권을 등록한 것이다. 그런데 그 저작권 등록으로 이매방에게 춤을 사사한 무수한 전통춤꾼들이 그 춤을 추기 위해 저작권료를 지불해야 하는 상황에 이르렀다. 그 춤을 추려고 선뜻 나설 사람은 많지 않을 것이다. 이른바 '이매방류'의 몇 가지 춤을 보기가 어려워진 것이다.

해외 작품을 국내에서 공연할 경우, 발레 작품은 공연할 때마다 저작권료를 지불하며 작품에 따라 특정한 요건을 갖추어야 한다. 신고전주의 발레 창시자 조지 발란신의 작품은, 저작권료 지불은 물론 조지 발란신 트러스트재단에서 파견한 트레이너로부터 지도를 받아야 한다.

한편 모리스 베자르의 〈삶을 위한 발레(Ballet for Life)〉 한 장면이 자신의 작품 〈이카루스의 추락〉을 표절했다며 벨기에 안무가 프레드릭 플라망(Frédéric Flamand)이 소송을 걸었다. 공연 20분쯤 흰 날개를 단 남성이 신발처럼 비디오 모니터를 신고 성큼 걸으며 무대를 건너는 장면이다. 1998년 벨기에 법정은 플라망의 손을 들어 줬지만, 2001년 〈삶을 위한 발레〉가 내한 공연을 했을 때 필자도 보았는데 해당 장면을 그대로 공연하였다. 플라망의 작품 또한 공연되고 있다.[2]

한국에서 현재 '무용저작물'은 '연극저작물'에 속한다. "연극이나 무용, 뮤지컬 등과 같이 동작으로 표현되는 저작물"을 말하며 "동작을 직접 몸짓으로 표현할 수도 있지만, 그 몸짓을 그림이나 무보로 기록하여 표현한 것도 연극저작물"이 된다. 그렇다면 (전통)창작춤이든 발레 또는 현대무용이든 창작자는 기록을 통해 자신의 창작임을 증거할 수 있어야 한다.

표절이나 모방 사례가 끊이지 않았던 한국의 춤계에서 저작권 등록을 통해 창작자의 춤이 온전히 지켜지게 된 것은 다행스러운 일이다. 하지만 저작권 등록으로 그 춤이 널리 무대에 오르는 것이 어려워졌다. 저작권 등록이 무엇을 위한 것인가 묻지 않을 수 없다.

---

2) On February 28, 1998, Maurice Bejart was condemned by the Belgian courts for his choreography of presbytery, which plagiarized an extract from Flamand's 1989 "The Fall of Icarus". The work has a winged dancer crossing the stage wearing video monitors as shoes.(wikipedia)

참고 문헌

『고려사』 권2 가계권 제2 태조2
『고려사』 권25, 用俗樂節度
『복사』 양주문화원 1988
『삼국사기 Ⅰ』 한국인문고전연구소 2012
『삼국사기』 「고구려본기」 동명성왕
『삼국사기』 권32 악지
『삼국지』 마한전
『삼국지』 위서동이전 고구려전
『신당서(新唐書)』 「예악지」
『양주읍지 下』 양주문화원 1988
『양주의 지명유래』 양주군 1993
『위서』열전 제88
『중요무형문화재해설: 무용, 무예, 음식 편』 문화공보부 문화재관리국 1990
『중종실록』 13년 1월
가메야마 아쿠오, 임희선역 『절대지식 세계문학』 이다미디어 2010
가미자와 카즈오, 국수호 역 『20세기 무용사』 현대미학사 2000
강미리 『한사상에 나타난 춤의 정신세계』 한국무용협회 1995
강미리 1995
강미리(1999) 「천부경 의 한사상으로 시도해 본 우리춤의 새로운 깊이와 넓이 : 창작춤 〈묘〉, 〈본〉, 〈근〉 그리고 〈류〉의 구성 원리」 한국무용연구 17권 한국무용연구학회
강진옥 「민속의 현장 풍요를 약속하는 화해의 마당-밀양백중놀이」 한국문화예술위원회
강혜란 중앙일보 2019.10.16.
고대민족문화연구소 1982
고려악절 4인 백제악절 『일본서기』 권17
고바야시 신지(小林信次) 『무용미학』 1982
국립문화재연구소 『중요무형문화재 제27호 승무』 신부사 1988
권순주 『정재만의 창작 작춤에 내재된 전통적 성향 연구』 숙명여자대학교 전통문화예술 대학원 2004
권영걸 1995
권영민 『한국현대문학대사전』 누리미디어 2002
권태목 증언 1982
금난새 『금난새의 클래식여행』 아트북스 2012
김기형 『한국민속학의 이해』 무경 1994
김동욱 『李朝妓女史序說』 아시아여성문제연구소 제5집 1966

김매자 『한국의 춤』 춤 1978 1월호
김매자·김영희 『한국무용사』 삼신각 1995
김문애 『3인의 살풀이춤 탐구』 도서출판 홍경 1996
김미숙 『慶南 鄕土舞踊 硏究 : 密陽 백중놀이중 양반춤과 범부춤을 中心으로』 1982
김미숙 『한국 놀이춤에서 나타나는 음양오행에 관한연구』 한국무용예술학회 2000
김석근 『고대 국가의 제천의식과 민회』 한국정치연구 제14집 제1호 2005
김성혜 『고구려와 신라 기악의 성격』 경주신문 2014
김연정 『한성준춤 다시보기』 무용역사기록학 제44호
김영희 『춤풍경』 보고사 2016
김용숙 『韓國女俗史』 민음사 1990
김은숙 『한영숙 승무와 이매방 승무 춤사위의 비교분석』 한국무용사학회 2007
김인겸 원저, 최강현 역주 『일동장유가』 보고사 2007
김재환 『조선연극사』 만음사 1974
김창경 『한국 민속연구』 형설출판사 1982
김천흥·홍윤식 『승무』 문화재관리국 제44호 1968
김천흥, 하루미 외 역 『우리춤이야기』 민속원 2005
김태곤 『한국민속종합보고서 각도편』 문화재관리국
김태원 『후기현대춤의 미학과 동향』 현대미학사 1992
김태원과의 대담(對談) 2013
김혜정·이명진 『한국무용사의 이해』 형설출판사 2003
네이버 향토백과사전
다께우찌 도시오, 안영길 외 역 『미학예술학사전』 미진사 1989
도담 「삼재」 문원북 2006
디지털서산문화대전 「심화영」
밀양백중놀이 보존회 1999
문희철 『이매방류 승무의 전승에 관한 연구』 우리춤과 과학기술 2015
박원순 『마을에서 희망을 만나다』 검둥소 2009
박은옥 미마지의 기악무(伎樂舞)에 대한 일고(一考) 2021
박진태 『한국 가면극 연구』 새문사 1985
박혜정 『충청 내포지역의 앉은굿 음악 연구』 『한국음악연구』 제42집 한국국악학회 2007
박혜정 『충남 앉은굿 음악』 우리춤연구소 국제학술심포지엄 2008
백경우 『이매방 李梅芳 춤의 양식적 특성으로 본 역학(易學)적 분석-〈승무〉·〈살풀이춤〉·〈입춤〉·〈검무〉를 중심으로-』 성균관대학교 대학원 박사학위논문 2011
법현 『영산재연구』 운주사 1997
봉천놀이마당 1994
브리태니커 사전
서대석 「경무고」 한국문화인류학회 창간호 1968
서연호 『산대 탈놀이』 열화당 1987
성경린 『한국의무용』 세종대왕기념사업회 2000
성경린 『한국전통무용』 일지사 1979
성기숙, 한성준류 전통춤의 형성과 전승계보 『무용한국』 1994
손대한 『한류문화 백제기악 콘텐츠연구』 2019

손태룡 『한국음악논전』 영남대학교출판부 2002
송방송 『악장등록연구』 영남대학교민족문화연구소 1980
송방송 『한국음악통사』 일조각 1984
신정일 『한얼정신전집』 정화사 1981
심상현 『영산재』 국립문화재연구소 2003
심우성 「김성대-양주별산대놀이가 걸어온 자취」 『한국의 민속극』 창작과 비평사 1976
심우성 「발탈 演戲攷」 中 1979
심우성 「공연과 리뷰」 현대미학사 2010 가을호
심우성 『남사당패 연구』 동문집 1989
안상경 「청주의 앉은굿과 경문」 『청주문화』 제23호 청주문화원 2008
안상경 「충북지역 앉은굿 무가연구」 『충북학』 제3호 2001
안악제3호분 보고서 1958
안제승 『한국무용사』 대한민국예술원 1985
양근석 「한국사상의 시원연구(2)」 부산정치학회보 Vol.8 No.1 1997
양인리우 『중국고대 음악사』 1999
양종승·최진아 「충남지역의 무구」 국립문화재연구소 민속원 2005
양주동 『고가연구(古歌硏究)』 박문 출판사 1954
양주별산대보존회 『양주별산대놀이』 고려문화사 2001
오문선 「부여지역의 앉은굿」 역사민속학 제6호 1997
오주석 『한국의 미 』 솔 2003
우리춤연구소 『춤으로 본 지역문화: 경기도·충청편』, 역락 2010
월터테리, 김주자 외 역 『춤을 어떻게 볼 것인가』 현대미학사 1999
위키백과 「태평무」
유병욱 「한영숙류·강선영류 태평무 장단 비교분석 연구」 중앙대학교 대학원 국내석사학위논문 2017
유정희 「한영숙류 태평무와 강선영류 태평무에 관한 비교연구」 원광대학교 2004
은혜진 「조선후기 탈춤의 문화사적 특성에 관한 연구」 이화여대 석사학위논문 1994
이광복 「승무와 함께 반세기 이매방」 『문예진흥 8』 한국문화예술진흥원 1984
이규원, 정범태 사진 『우리 전통 예인 백 사람』 현암사 2006
이능화 『조선도교사』 이종은 역주(1977) 『조선도교사』 보성문화사 1959
이능화 『조선불교통사하편』 민속원 1992
이담주 『신한국사』 탐구당 1986
이두현 「신라오기고(新羅五伎攷)」 『서울대학교 인문사회과학 논문집』 9, 1959
이두현 『한국의 탈춤』 일지사 1983
이두현 『한국의 가면극』 일지사 1984
이매방 구술 김영희 채록연구 『한국근현대사 구술채록연구시리즈 67 이매방』 2006
이미영 『한국춤 연구』 민속원 2007
이민수 『관혼상제』 을유문화사 1983
이병기 『가악사초』 (사선무) 제2편
이병옥 『한국 가면무용 변천사 연구』 경기대 석사학위 논문 1983
이병옥 『한국 무용사 연구1』 도서출판 노리 1996
이병옥 『한국무용사연구1』 노리 1996
이병옥 『한국무용통사』 민속원 2013 (장사훈 1977)

이병호 「고대의 악기」 2022.11.03. 조선일보
이을호 『한 사상의 묘맥』 사사연 1986
이종숙 「고구려 호선무와 강국 호선녀무의 이원성 고찰」 『한국무용사학』 6, 2007
이종숙 「동이지악 지모무에 관한 고찰」 한국공연문화학회 2013
이찬주 『춤-all that dance』 이브출판 2000
이찬주 『춤예술과 미학』 금광출판 2007
이찬주 「양주별산대놀이」 『춤으로 본 지역문화』 역락 2010
이찬주 「앉은굿」 『춤으로 본 지역문화』 역락 2010
이찬주 『춤교육과 포스트모더니즘』 한양대출판부 2012
이찬주 『우리춤의 현장과 주변』 현대미학사 2016
이찬주 외 7인 『충북의 역사인물』 2016
이찬주 『살풀이춤』 대전시청 2017
이찬주 『승무』 대전시청 2017
이찬주·황희정 『송범의 춤예술, 그 새로운 발견』 역락 2017
이찬주 『춤, 사람 생동하는 기록』 위시앤 2022
이찬주 『한국 춤의 계보』 다미르 2023
이찬주 한국민족문화대백과 「무용사전」 박금슬 편 한국학중앙연구원 2016 개정판
이찬주 한국민족문화대백과 「무용사전」 정소산 편 한국학중앙연구원 2016 개정판
이찬주 한국민족문화대백과 「무용사전」 조용자 편 한국학중앙연구원 2016 개정판
이찬주 한국민족문화대백과 「무용사전」 이병삼 편 한국학중앙연구원 2016 개정판
이찬주 한국민족문화대백과 「무용사전」 김동한 편 한국학중앙연구원 2016 개정판
이찬주 한국민족문화대백과 「무용사전」 박시몬 편 한국학중앙연구원 2016 개정판
이찬주 「근대신문속 무용광고」 『몸』 5월호 2016
이찬주 「피나바우쉬 스위트맘보」 『공연과 리뷰』 2017
이찬주 「뉴욕현대미술관에서 춤을 만나다」 충청투데이 2019
이찬주 『창작춤 40년의 역사와 방향』 『공연과 리뷰』 104호 2019
이찬주 「범부춤의 심층구조와 의미에 대한 화쟁기호학적 연구」 한양대 박사학위논문 2005
김운미·이찬주 「한국춤의 어원에 관한 연구」 『우리춤과 과학기술』 6집 2008
이찬주 「한국 고전춤의 개념연구」 『우리춤과 과학기술 21집』 2013
이찬주 「송범의 작품연구에 대한 재고」 무용역사기록학 제40호 2016
이찬주 「한국창작춤 용어의 태동과 경향」 『우리춤과 과학기술 54집』 2021
이찬주 「검무」 금강일보 2014. 7. 8
이찬주 「동동」 금강일보 2014. 2. 18
이찬주 「무애무」 금강일보 2014. 3. 18
이찬주 「처용무」 금강일보 2014. 12. 1
이찬주 면담 신석봉 (앉은굿문화재) 2010. 4. 21./ 2010. 5. 6/ 2010. 5. 21
이찬주 면담 신명호 (앉은굿문화재) 2010. 4. 1./ 2010. 4. 5.
이찬주 면담 신용철 2010. 4. 5
이찬주 면담 방성구 2010. 4. 21/ 2010. 5. 6
이찬주 면담 김호준 2010. 5. 6
이찬주 면담 이해용 2010. 5. 6
이찬주 면담 장세일 2010. 9. 27

이찬주 면담 송선자 보살 2010. 9. 27
이찬주 면담 이종환 (청주농악문화재) 2010. 5. 7.
이찬주 면담 송덕수 (웃다리농악문화재) 2010. 9.17.
이찬주 면담 한상근 2013. 2.1.~2.21
이찬주 면담 김란 (살풀이춤문화재) 2013. 6. 19 6. 24 / 2017. 4.11~ 6. 15(7차)
이찬주 면담 법우스님 (승무문화재) 2013. 4. 25. 7. 9 / 2017. 4.11 ~ 8. 3(6차)
이찬주 면담 하용부 (범부춤문화재) 2005 3. 22, 6.1
이찬주 면담 김순희 (양주별산대놀이문화재) 2010. 9.26
이찬주 면담 이해윤 2010. 9. 26
이찬주 면담 박인용 2010. 5. 28/ 2010. 9. 26/ 2010. 12. 3
이찬주 면담 전이연 2020. 7. 17 / 2021.10.2
이찬주 면담 서수정 2020. 11, 15
이찬주 전화인터뷰 문희철 2023. 6. 1
이찬주 외 7인『김태원과의 대화』춤비평역사연구회 2020
이치야마디시히코『순자(荀子)교양강의』석하고전연구회역 돌베개 2013
이필영「개인의 피부병에 의한 마을공동체의 치병의례」『민속학 연구』7 국립민속박물관 2000
이필영「대전 시사」대전직할시 편찬위원회 1993
이필영「충청지역 미친굿」『민족문화』제7집 한양대학교 민족학연구소
이혜구「산대극과 기악」국민음악연구회 1957
이혜구「악학궤범」국립국악원 2000
이혜구『한국음악연구』1957
이훈상「조선후기 향리집단과 탈춤의 연행」『역사속의 민중과 예술』1990
일본서기(日本書紀) 권23 추고천황 20년
임동권,「충청도 인의 기질과 문화」, 제2회 우리춤연구소 국제학술심포지엄, 2008
임승범「충남 내포 지역의 앉은굿 연구」한남대 석사학위논문 2005
임승범「충청지역의 종이무구」한국무속학 제13집 2006
임재해 김욱동 지음『탈춤의 미학』을 읽고 대한출판문화협회 1994
임학선「문묘일무의 예악사상」,제1회 석전학 국제학술대회 국제석전학회 2010
임학선「문묘일무의 예악사상」성균관대학교출판부 2011
임학선·김기화『문묘일무의 춤사위 진퇴에 담긴 교육철학적가치』우리춤연구소 제15집
장사훈『한국무용개론』대광문화사 1984
장사훈『한국전통무용연구』일지사 1977
전호태「고구려 고분 벽화-고구려 특별 대전」KBS한국방송공사 1994
정병호『한국무용의 미학』집문당
정병호「한국민속무용의 유형-집단무용을 중심으로」한국민속학 제8호 1974
정병호『한국의 민속춤』삼성출판사 1991
정병호『한국의 전통춤』집문당 2002
정병호, 최현「태평무와 발달」무형문화재지정보고서제149집 문화재관리국
정재만『살풀이춤』메리카 코리아나 2005
정현석 편저, 성무경 역주『교방가요:조선후기 지방 교방(敎坊)의 악·가·무(樂歌舞)』보고사 2002
제르멘느 프뤼도모『무용의 역사』양선희역 삼신각 1990
조동일『탈춤의 역사와 원리』홍성사 1983

조지훈『멋의 연구』일조각 1964
주은하『한·중·일 동물모방춤의 비교분석』단국대학교 2007
채희완「집단연희에 있어서 예술체험으로서의 신명」『호서문화논총2』청주사대호서문화연구소 1983
천이두『한의 구조연구』문학과지성사 1993
村山智順『조선의 향토오락』박전렬역 집문당 1992
최무장「집안고구려고분벽화중의 무용」『고고학보』한국고고학보 제19집 1980
최영순『전통춤의 형성과 발달 과정 연구 중앙대 2003
태안뉴스 2009
태평무 기능보유자 강선영『한국일보』1992
한국무용연구 30권 3호
한국문화유산답사회『충북』돌베개 1998
한국민족문화대백과사전「교방춤」
한영우 외, 한국사특강위원회『한국사특강』서울대학교 출판부 2006
허영일『민족무용학』시공사 1999
홍순학 저, 이석래 교주,『기행가사집』1976
홍종선·백순철『연행가』신구문화사 2005
홍윤식 불교와 민속 현대불교서적 1980
홍은주「한영숙·이매방 살풀이춤의 비교 분석」숙명여대 전통문화예술 대학원 석사학위 논문 2001
황충기『한국학 주석 사전』국학자료원 2001
[네이버 지식백과] 열선전 [列仙傳] 고전해설Zlp 지만지 2009
「묵은 조선의 새향기」『조선일보』1938
「묵은조선의 새향기 가무(歌舞)한성준편 조선일보 1939
「조선춤이야기」『조선일보』1939
『경향신문』1974
『동경잡기(東京雜記)』풍속조(風俗條) 한국민족대백과사전

金東旭『韓國歌謠의 硏究』乙酉文化社 1961
『五伎』金在喆, 朝鮮演劇史, 學藝社, 1939

H.B. Hulbert,「The Korean Mudang and pansu」, 8Methodist publishing house, Seoul, 1903

On February 28, 1998, Maurice Bejart was condemned by the Belgian courts for his choreography of presbytery, which plagiarized an extract from Flamand's 1989 "The Fall of Icarus". The work has a winged dancer crossing the stage wearing video monitors as shoes.(wikipedia)

한국무용의 예맥

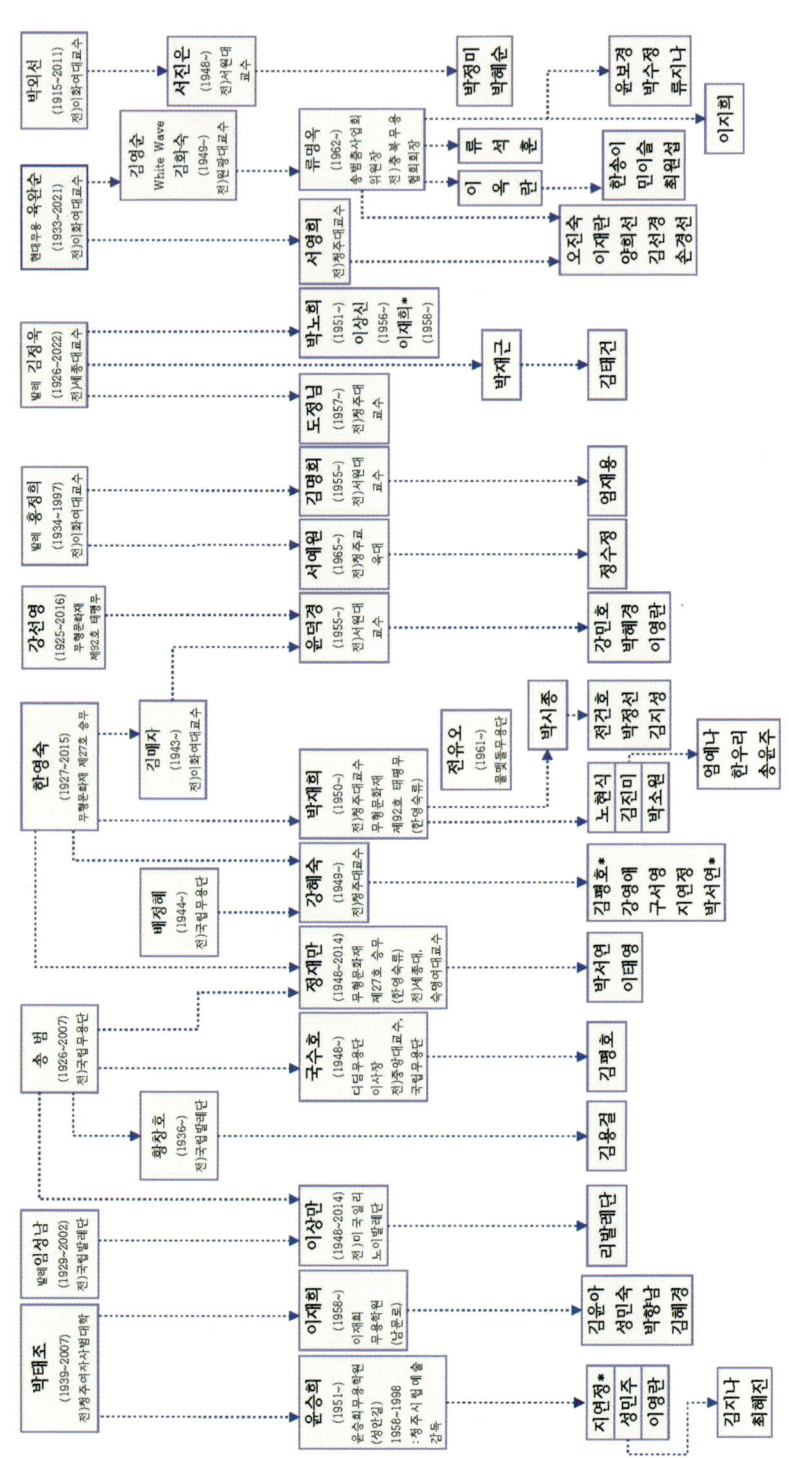

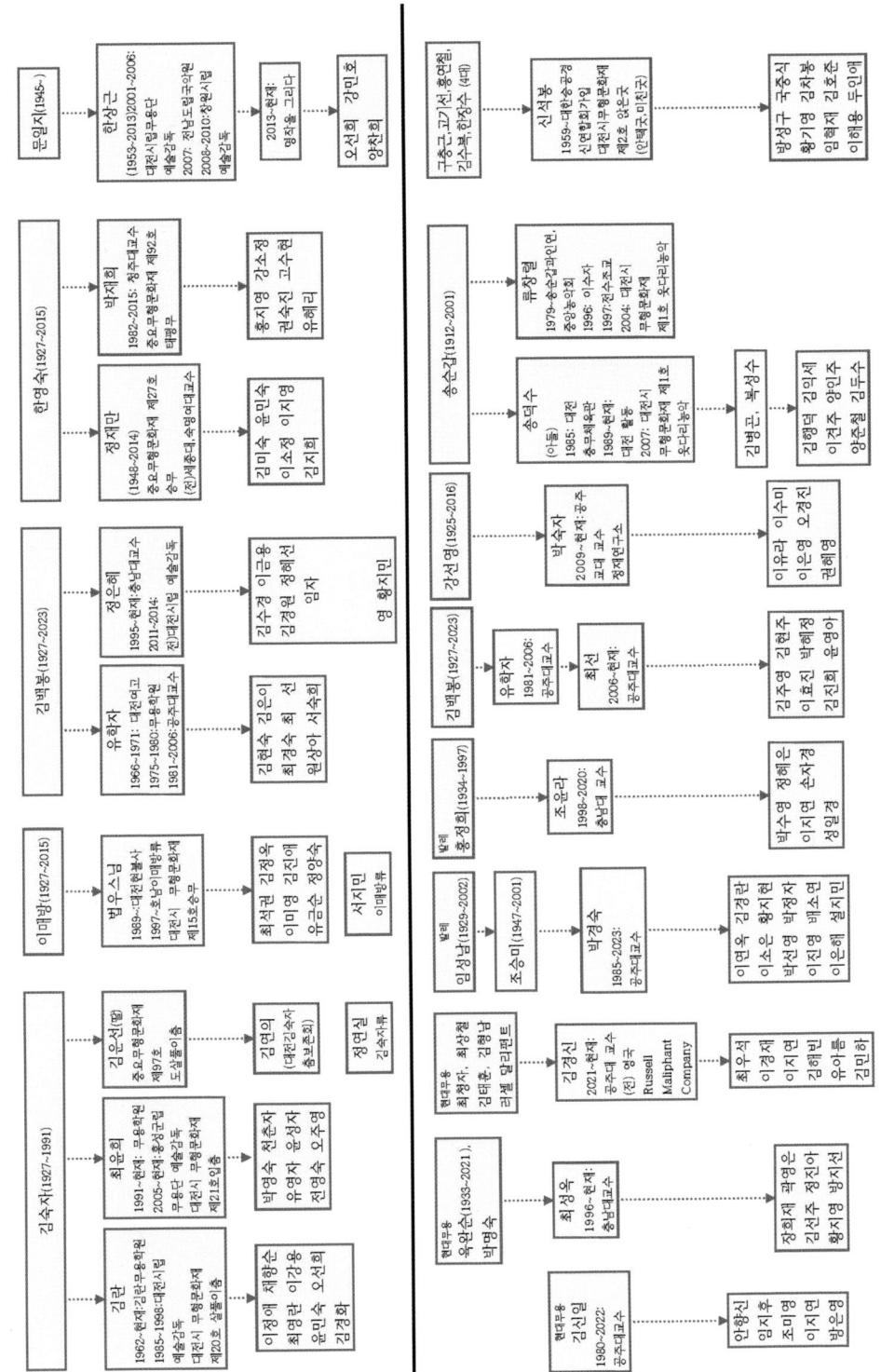

특집

한국무용의 예맥

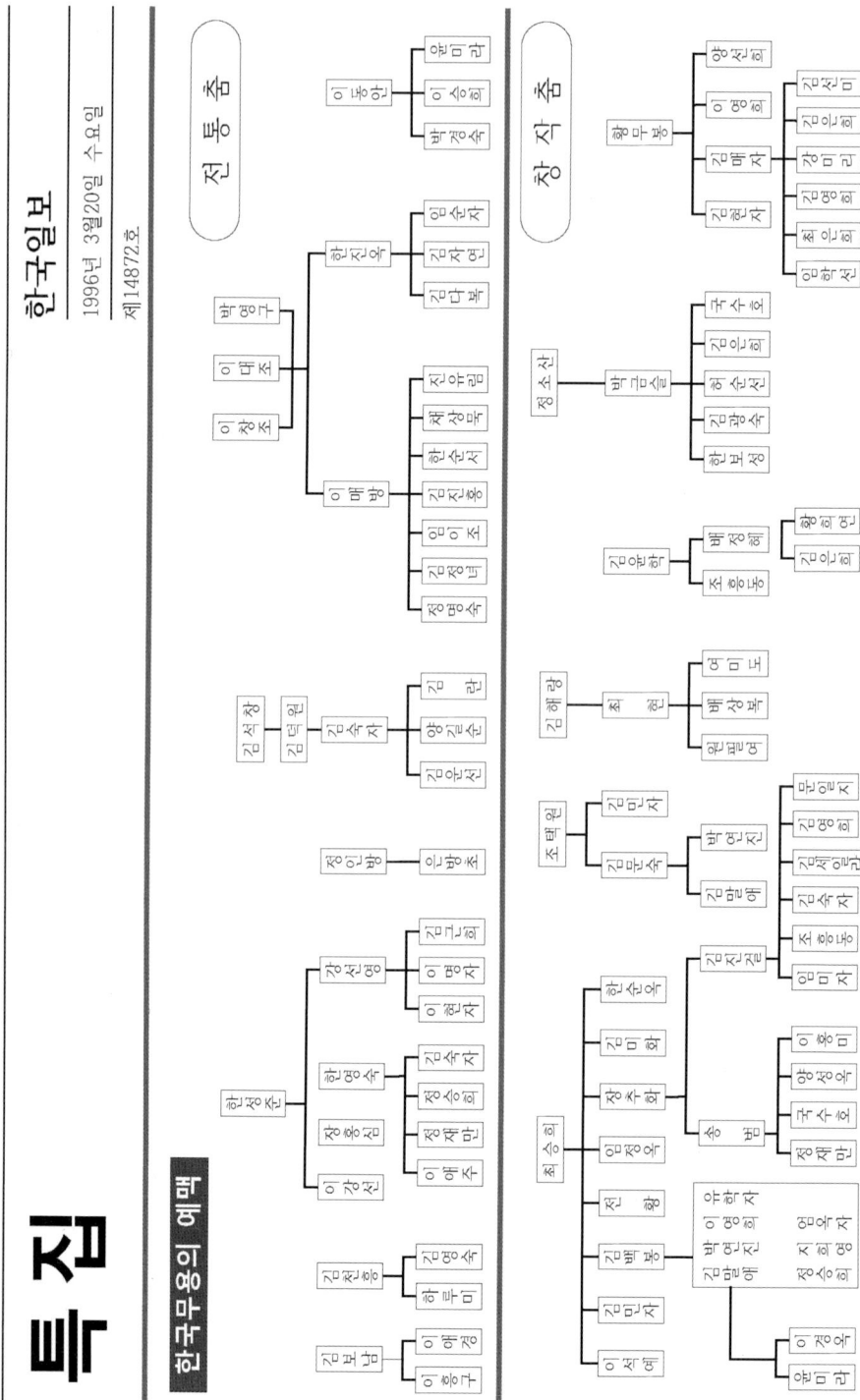

한국일보
1996년 3월20일 수요일
제14872호

★이 계보도는 정병호 중앙대명예교수, 성기숙 국립문화재연구소 예능민속실연구원, 무용계 원로들의 이견을 종합해 작성했음.

한국무용의 예맥

전통춤

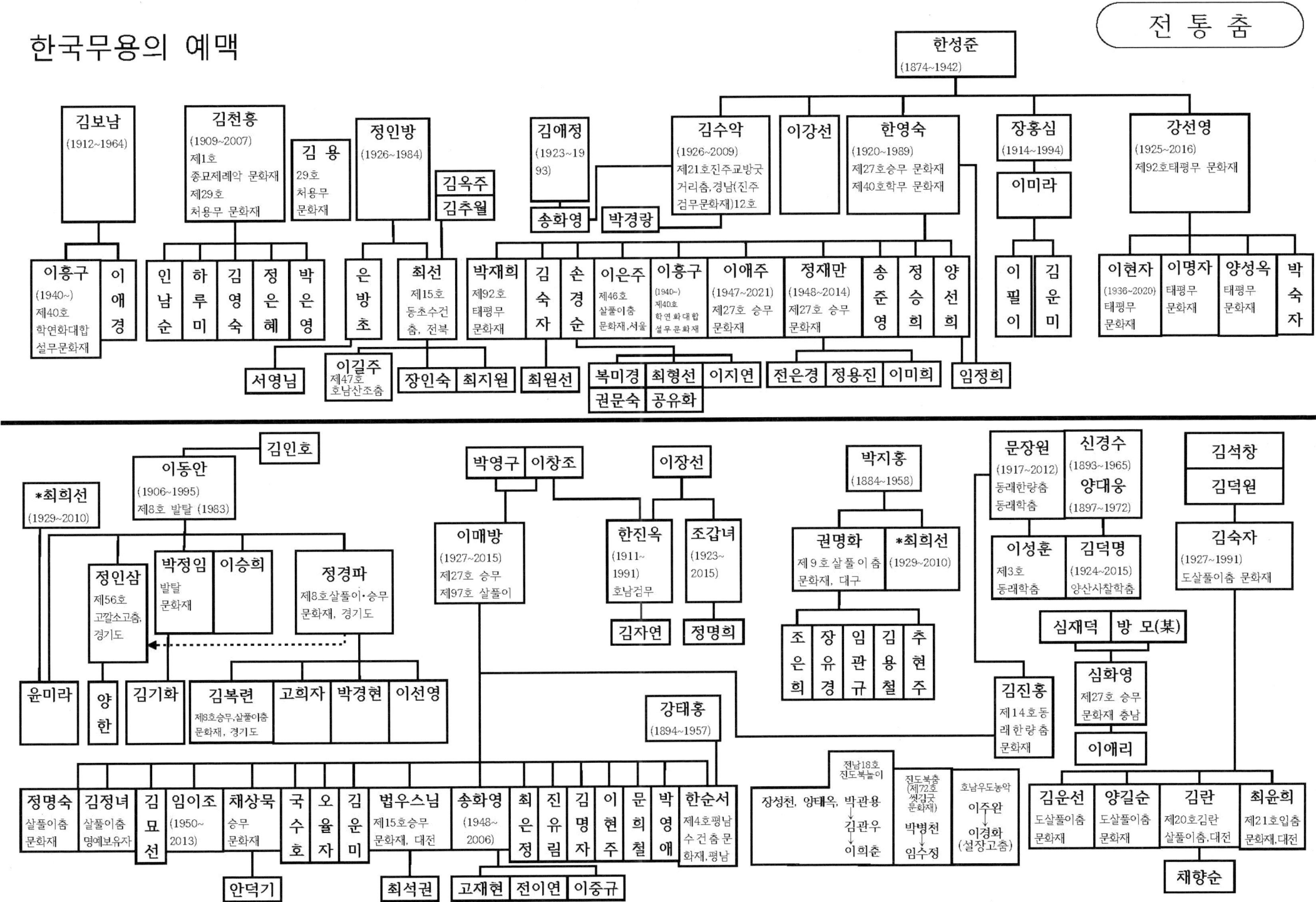

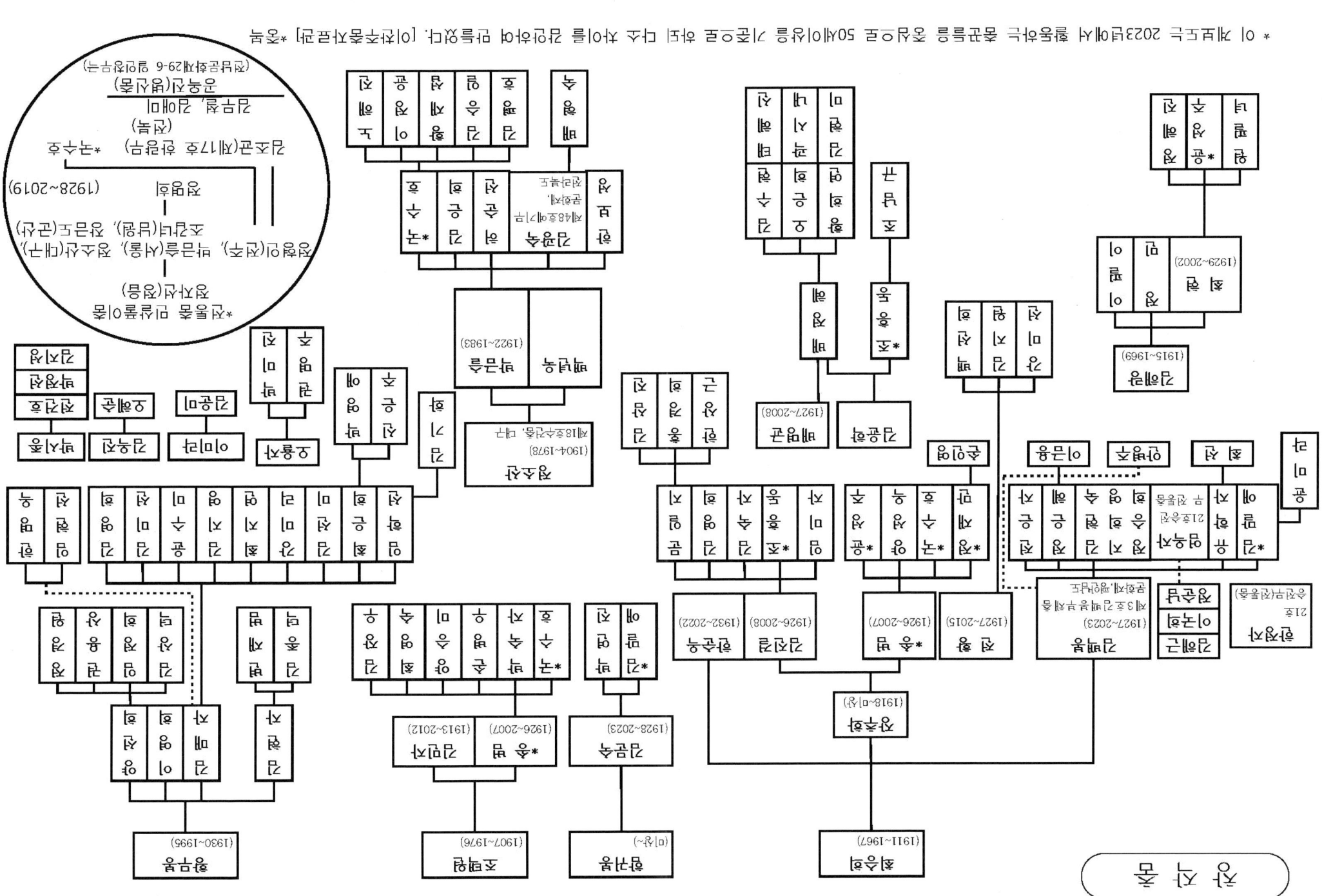